暨南大学企业发展研究所
企业发展研究书丛

U0657145

本书受广东省普通高校人文社会科学重点研究基地
——暨南大学企业发展研究所资助出版

# 旅游企业业务外包
# 战略实证与对策研究

文吉 著

科学出版社
北京

## 内 容 简 介

旅游企业业务外包是指"旅游企业以签约的方式让组织外部的供应商或服务商接手组织内部的业务"。在经济全球化、顾客需求多样化以及市场竞争日趋激烈的背景下,面对复杂的经营管理,越来越多的旅游企业开始聚焦于其核心能力,通过利用外部资源达到经营目标。具体来说,就是旅游企业将企业认为高增值的部分掌握在自己手中,而把自己不擅长、实力不够或没有优势的其他部分外包出去,通过与他人联盟,达到整合外部资源、弥补自身劣势的目的。本书结合国内外业务外包研究中关注度较高的问题和旅游企业的具体情况,主要总结旅游企业外包战略实施的历程与演变,探索旅游企业业务外包研究的理论创新和研究方法,在总结和剖析广东省旅游企业外包战略实施现状的基础上,诠释现代信息化、经济全球化下广东省旅游企业外包特点,并选择旅游企业中的酒店业进行典型实证研究,关注其业务外包的普及状况、影响酒店业务外包决策的因素、选择承包商时酒店主要考虑的因素、酒店业务外包的绩效、未来酒店对外包战略的态度几大问题,构建基于利益相关者考量下的旅游企业业务外包战略选择的模式和基于顾客感知的旅游企业外包绩效最优化的模式,最终提出针对旅游企业业务外包优化对策。

本书可供大专院校旅游业相关专业师生阅读,也可供从事旅游业的工作人员参考。

**图书在版编目(CIP)数据**

旅游企业业务外包战略实证与对策研究/文吉著. —北京:科学出版社,2014

(暨南大学企业发展研究书丛)

ISBN 978-7-03-042548-5

I. ①旅… II. ①文… III. ①旅游企业-企业经营管理-对外承包-研究

IV. ①F590.65

中国版本图书馆 CIP 数据核字(2014)第 268464 号

责任编辑:李 莉 / 责任校对:刘亚琦
责任印制:李 利 / 封面设计:蓝正设计

科学出版社 出版
北京东黄城根北街 16 号
邮政编码:100717
http://www.sciencep.com

中国科学院印刷厂 印刷
科学出版社发行 各地新华书店经销

*

2015 年 3 月第 一 版 开本:720×1000 1/16
2015 年 3 月第一次印刷 印张:13
字数:250 000
定价:76.00 元
(如有印装质量问题,我社负责调换)

# 总　　序

暨南大学企业发展研究所成立于 2003 年，为广东普通高校第一批人文社会科学重点研究基地，历史悠久，实力雄厚。近年来，本所充分发挥特色学科优势，集中利用暨南大学管理学院的科研资源与力量，以现代商业理念为指导，以企业转型发展为研究重点，运用多种先进方法，加强多学科协同，有针对性地开展研究和成果转化。形成了方向明确、特色鲜明的五个研究方向：社会责任观下的企业价值创造、行为公司财务和管理会计、组织行为与人力资源管理、生产运营与物流管理、品牌营销与旅游管理，取得了丰硕的研究成果，为广东省的经济建设和企业发展提供了有力的智力支持。

当前，我国的经济发展进入新常态阶段，经济结构与发展方式的不平衡性、不可持续性矛盾日渐凸显。企业作为经济发展的微观基础，既是社会价值和财富的创造者，也是经济状况的预报员。唯有多数企业实现以技术和管理创新为核心的转型发展，不断提高其自身的竞争力，才是应对当前挑战、实现经济结构调整和发展方式转变的根本途径。应当看到，我国企业在目前的转型发展过程中依然受到市场化改革不够深入、核心技术难以突破、先进的管理人才与理论普遍缺乏等瓶颈的制约，对企业转型发展理论新的进展需求也非常迫切。这就需要学者能够与时俱进，以更开阔的视野在相关领域开展理论与案例研究。

在上述目标的指引下，本所结合自身的研究特色，资助出版了这套"暨南大学企业发展研究书丛"。本套书丛不求全但求新，围绕以下三个方面开展研究，以反映最新的研究成果，突出实用性：

（1）依托中国本土文化特色，借鉴社会学与社会心理学的理论成果，探究互动行为与服务品牌资产之间的关联，寻找企业通过品牌管理获得竞争优势的路径；

（2）从企业持续发展的战略高度入手，开展管理模式创新研究，探索投资、知识创新、技术革新等要素对企业转型的推动作用，根据客户需求指引生产系统的动态定制，推动企业朝规范化、服务化、创新化方向转变；

（3）顺应旅游活动综合性的要求，用多维视角审视旅游业现状，不断创新旅游管理的理念、内涵、方法与模式，分析旅游业各要素的作用机制和影响效应等问题。

这套书丛囊括了本所部分学者长期研究积累的成果，本次结集出版也得到了科学出版社的大力支持。在书丛的编辑过程中，不仅注重每本书的学术水平，而且关注其使用价值，各位作者也都尽可能地将自己的最新研究成果阐述得通俗易懂，以启发更多的读者。由于这些研究成果仍有待完善，理论和方法运用还有不少值得改进之处，探索企业转型发展的研究还有待进一步深入。

希望通过此次的出版工作，一方面可以与国内外有关专家和同行分享相关领域的研究成果；另一方面接受各位专家的批评和建议，不断提高科研工作质量和科研成果水平，为我国和广东的企业转型发展贡献绵薄之力。

特此为序！

卫海英

暨南大学企业发展研究所

2015 年 3 月

# 目　　录

## 第 1 部分　导　　论

## 第 2 部分　实　证　研　究

# 第 3 部分　对 策 研 究

# 第 4 部分　案 例 研 究

# 第 1 部分 导 论

理论上，对于企业外包研究的理论已经比较完善，理论界基于管理学、经济学以及社会学的理论视角形成了各自的企业外包理论，但是针对旅游企业的外包研究却非常有限，在国内，研究者停留于对现状的一般描述。随着我国旅游业的蓬勃发展，旅游业在第三产业的龙头地位越来越凸显，提高旅游业的国际竞争力，对企业竞争力提升路径之一的外包战略显得更为重要。从外包的概念内涵和外包的相关理论研究可以看出，一般企业选择外包战略的动因可以分为市场因素、资源因素、价值链因素和企业发展宏观环境的变化，大部分企业的业务外包动因是单一要素的或是以某一种要素为主。目前旅游企业业务外包现象十分普遍，涉及旅行社的导游业务外包、网站系统业务外包，旅游会展外包，旅游景区人力资源业务、营销业务外包等，其中有超过八成的酒店已经或计划实施业务外包战略。旅游企业业务外包随着旅游产业由为生活消费服务向为生产者服务功能转变而呈现出新的特点。

# 1 绪 论

## 1.1 研究的背景与意义

### 1.1.1 研究的背景

当今世界，由于全球化经济、市场和技术的变革、顾客需求的增长和激烈的市场竞争，商业环境充满了不确定，新的竞争环境更难预测，经营管理也更加复杂。为了应对急剧变动的市场需要，许多企业将知识、技术等依赖性强的高增值部分掌握在自己手中，而把自己不擅长、实力不强或没有优势的其他部分外包出去，通过与他人联盟，达到整合外部资源、弥补自身劣势的目的，即业务外包。

1）业务外包受到企业瞩目，是企业应对复杂多变市场环境的有效经营模式

外包的出现可以追溯到 20 世纪初以分工整合为本质的现代经营管理思想，直到 20 世纪后期，它才真正成为企业经营的一种战略手段得到广泛关注。20 世纪 80 年代以来，伴随着科学技术的迅猛发展和经济全球化，企业单靠自身的能力已难以应付日益复杂的竞争环境和强劲的竞争对手，业务外包成为企业应对复杂多变市场环境的有效经营方式。1989 年，柯达公司将其大部分的信息技术职能（IT）外包给 IBM 公司并取得了成效。这一标志性事件产生的"柯达效应"对后来企业外包决策造成了深远的影响。从企业自身与外部环境特点出发，充分发挥各自优势，与全球范围内的合适企业建立合作关系，成为许多企业的选择。企业剥离外包部分非核心业务，可以帮助企业集中自身有限的能力和资源，专注于核心业务、提升核心能力、强化竞争优势，还能达到保证业务质量与降低成本的目的。

从 20 世纪 90 年代开始，外包作为一种充分利用有限的资源、降低成本以及提升企业核心能力的战略，被理论界和实务界广泛关注。通过外包，企业一方面可以集中资源于最能创造价值的业务，从而使外包业务的潜在效益最大化（Hilmer and Quinn，1994）；另一方面，企业可以突破内部资源的约束，充分利用外包商的优势资源以及基于企业间关系的网络资源来培育企业的核心竞争力，从而提高企业的经营业绩。Bettis 等认为企业进行业务外包能够降低其在设施设备、人力资源等方面的经营成本（Bettis et al.，1992）。

近年来，外包对企业的战略意义日益显著，在各个行业迅速发展，外包的范

围日渐扩大。业务外包在广度与深度上都获得了较大的发展，从过去的信息技术外包，到现在的业务流程外包，企业价值链上的几乎每一种活动都可能被外包。通过外包，企业可以通过利用外部优秀资源回归价值链核心环节，实现资源优化配置、构筑自身的核心竞争力，达到降低成本、提高效率、企业可持续发展的目的。业务外包战略在西方发达国家得到了极大的重视、推广和运用，外包已经成为一种标准的发展模式，是企业用以巩固自身市场份额的战略性手段。目前，亚太地区的企业也在朝外包方向发展，并且发展十分迅猛。2002～2007 年，亚太地区的外包以 24％的年增长率增加，其中中国大陆成为外包增长最快的市场，在整个亚太外包市场的占有率从 15％增加到 26％。

2）旅游企业业务外包日益广泛，但效益不一

伴随着旅游市场竞争的日益激烈和游客的日益成熟，不断变化、难以预测的外部商业环境增加了旅游企业管理的难度。以酒店来说，在酒店行业市场竞争日益激烈、行业经营进入微利时代的背景下，迫切需要降低自身经营成本和风险、提升核心竞争力，外包成为许多酒店应对复杂竞争环境的举措之一。

旅游企业将自己不擅长的业务外包出去，从而集中精力发展自己的核心业务，其目的就是提高旅游企业的服务水平和生产能力，在市场竞争中获得长期稳定的竞争优势。作为接包方的专业化组织拥有该业务的先进管理经验或先进技术，具有更高的生产效率，拥有更多的符合该业务的高素质的人力资源，可以提供更多种个性化和专业化的服务，在该业务领域具有更好的组织协调和控制管理能力，提供更好的服务，与顾客结成联盟。旅游企业将信息系统或预订呼叫中心外包给专业组织，降低信息出错率，确保能及时解决顾客提出的问题。然而在现实经营中，企业业务外包的效益不一。有的企业进行业务外包后竞争力增强，绩效提高；也有的企业外包之后竞争能力丧失，绩效下降，甚至岌岌可危。Gottfredson 等发现在他们所调查的企业中，50％的企业指出外包活动未能达到预先的期望，只有 10％的企业对于外包带来的成本方面的节约非常满意（Gottfredson et al.，2005）。类似的现象在旅游行业也屡见不鲜，这一方面是由于外包的管理模式对于旅游企业仍是一个新生事物，外包的各个环节还处于不断完善的阶段；另一方面，也是由于一些旅游企业盲目跟风，在决策过程中缺乏科学的论证，尤其是在决策的最初阶段——是否应该外包——不经过周密的考虑就贸然作出决定。

3）关于业务外包的研究成果对旅游企业业务外包的指导作用有限

伴随着旅游市场竞争的日益激烈和游客的日益成熟，旅游企业面临着不断变化、难以预测的外部商业环境，从而增加了旅游企业管理的难度。旅游企业为了应对这样的环境，外包成为许多旅游企业应对复杂的市场竞争环境的重要战略。

　　旅游企业业务外包本身的特殊性以及实务界对指导旅游企业外包的理论需要，学术界近年来开展了不少相关的研究。这些研究多在传统制造业、服务业的研究成果的基础上展开，研究的问题虽然也覆盖了传统行业业务外包关注的一般问题，但总体而言目前行业内对旅游企业业务外包的关注度不足。在推进旅游企业业务外包研究的过程中，缺乏相关数据的统计，对旅游企业外包的基本情况了解不足等问题，成为研究者进一步深入研究的瓶颈之一。

　　基于对旅游企业业务外包基本情况了解的需要，本书以旅游企业的典型代表——酒店作为典型案例和落脚点，从企业外包动因、影响企业外包决策的因素出发，考察该阶段酒店业务外包决策的影响因素，并通过顾客感知价值分析其外包绩效。本书不仅仅停留在理论的探讨，更希望研究的结果能为业界提供一个了解行业外包状况的机会，也能为未来旅游企业业务外包研究的进一步深入提供更加详尽的统计数据。希望本书能起到抛砖引玉的作用——引起相关部门和机构对旅游企业业务外包，乃至企业运营其他方面的重视，从更高的层面推动旅游行业相关统计数据进一步的完善以及行业运营与学术界研究更紧密、有效的结合。

## 1.1.2　研究的意义

### 1）理论意义

　　近年来，业务外包在广度与深度上都获得了较大的发展，从过去的信息技术外包，到现在的业务流程外包，企业价值链上的几乎每一种活动都可能被外包。随着这种外包广度和深度的发展，学者所提出的资源基础理论、资源依赖理论、交易费用理论、代理理论、核心竞争力理论、伙伴关系理论等都不能仅利用其中一种理论来阐述企业外包的行为，特别是以旅游企业为代表的服务业。以旅游企业的主要支柱——酒店企业来说，外包成为许多星级酒店已经或即将采取的战略手段，而其外包的业务类型中大部分是将其核心业务外包，如餐饮、客房等一线业务部门，这与学者们所研究的其他行业的外包业务类型形成了较大的反差，仅用单一理论很难解释这种现象的产生，因此本书尝试运用系统论的方法来解释旅游企业业务外包选择的原因。

　　科学技术与信息技术的飞速发展使社会分工日益细化，产品交换的渠道和方式日趋复杂多样，企业所面临的竞争环境更为复杂多变。企业的经营已逐渐从原来少品种、大规模生产的大众营销阶段转向了以多品种、小批量生产、快速反应为特征的差异化经营阶段。面对经济全球化、产品与服务个性化和及时供货的要求，企业完全依靠自身能力已经难以实现和保持竞争优势。旅游企业更是通过外包战略，实现个性化产品。由于旅游企业产品生产和消费的同时性以及产品的不可储存性，旅游企业的外包行为对其企业品牌和形象的影响远远大于非服务行业，因此对于外包的绩效影响包括旅游企业外包的风险评估以及外包战略实施后对旅游企业组织的绩效评估显得格外重要，而这也是大部分学者对旅游企业外包问题研究常常忽视的一个方面。基于此，本书在某种程度上是对传统服务行业外包理论的一种新的尝试研究，有着重要的学术价值。

2）实践意义

伴随着旅游市场竞争的日益激烈和游客的日益成熟，旅游企业面临着不断变化、难以预测的外部商业环境，从而增加了旅游企业管理的难度。旅游企业为了应对这样的环境，必须采取一些新的管理组织方式。在这样的日益变化的环境下，旅游企业若是想在市场上做大做强就必须加强自身的核心竞争力。外包成为许多旅游企业应对复杂竞争环境的举措之一，有数据显示，2002年上海就有将近92.11%的酒店实施外包（韩小坚，2002）。无论何种企业采取业务外包这种管理模式，其最终目的都是为了提高企业的竞争能力，进而提高企业的整体绩效。据调查，采取业务外包模式的酒店中有90%的企业没有达到预想的目的，有些甚至由于核心业务的外包造成回头客的流失。如何保证产品链上外包产品与非外包产品的质量一致性以维护企业整体产品形象，成为旅游企业实施外包战略面临的问题，本书正是从外包动因研究和从客户的体验角度来评价外包绩效，试图解决旅游企业外包战略的瓶颈问题，具有很强的实践意义。

随着旅游业的快速发展，以及网络的兴起与企业经营者观念的改变，业务外包的可行性会越来越大，外包的范围会越来越广，外包的形式也会越来越多。当前旅游企业的竞争日益激烈，企业要想拥有持久的竞争力，获得持续发展，就必须转变观念，改变过去"小而全，大而全"的经营模式，专注于企业最具竞争优势的业务，这一改变会在宏观上促进资源的优化配置与旅游产业结构的合理化。因此，研究旅游企业业务外包不仅有利于旅游企业的发展壮大，而且对推动旅游产业结构调整，促进旅游经济繁荣都具有重要的作用。

# 1.2　研究目标和方法

## 1.2.1　研究目标

1）基于多层次因素的旅游企业业务外包决策模型

从文献研究综述和外包的概念内涵可以看出，一般企业选择外包战略的动因可以分为市场因素、资源因素、价值链因素和企业发展宏观环境的变化，大部分企业的业务外包动因是单一要素的或是以某一种要素为主。而在旅游企业业务外包战略中承包方的地位和影响远远高于其他行业承包方的影响，旅游企业业务外包的承包方的质量承诺往往在发包方还未检查时已由顾客体验，所以旅游企业对于外包业务的质量监控因难以掌控而显得更为关键。大部分旅游企业属于传统基础服务行业，其行业的范式比较固定，客人对旅行社、酒店等旅游企业的业务需求比较固定，而旅游企业提供产品的不可移动性，决定了许多旅游企业并不是经营具有优势的业务，这使得旅游企业在选择外包模式时的动因更为复杂和无规律性，基于以上原因，构建旅游企业业务外包的决策模型，以多因素分层理论来研究旅游企业业务外包决策不失为好的途径。

2）基于顾客感知的旅游企业外包绩效最优化模型

旅游企业提供的产品是服务，其服务是否完美取决于顾客的感知评价。旅游企业要获得成功在很大程度上取决于是否能留住顾客，这也是"顾客就是'上帝'"这句话最初起源于酒店业的原因之一。旅游企业外包业务的绩效和业务外包对组织绩效的影响，从顾客的角度来评价显得更为实用和客观。顾客对外包业务和业务外包模式的认同感成为旅游企业衡量外包战略实施成功与否的尺子。

3）旅游企业业务外包战略优化对策

本书的研究不仅仅停留在理论的探讨，更期望对企业的实际运作有所帮助，在对旅游企业业务外包决策模型和基于顾客感知的旅游企业外包绩效最优化模型的研究基础上，提出对旅游企业业务外包战略优化对策的分析，最终实现本书相关研究的实践意义。

## 1.2.2　研究方法

本书在管理学、旅游管理及外包理论基础上，借用相关学科理论和多种方法相结合的交叉理论体系和综合研究方法，从宏观到微观、从群体到个案、从纵向到横向，从历史到现在等多层面展开研究，涉及管理学、经济学、社会学、心理学等学科领域的理论与方法。在宏观、微观、纵向和横向分析的基础上，利用大量的统计资料和文献分析，结合田野调查等方法对旅游企业外包发展与演变机制等进行系统研究。

1）文献分析法

大量阅读国内外文献资料，对相关文献进行深入研究，了解企业外包战略决策与绩效评价的影响因素，以及顾客感知价值的维度和影响因素，理清企业业务外包的研究现状与理论基础，在此基础上，构建相关的理论模型和量表。此外还通过阅读书籍了解 SPSS 分析、结构方程模型等统计方法的基础理论。

2）深度访谈法

走访外包旅游企业管理人员、从业人员、相关政府部门管理者、研究机构中的专家学者，与他们进行深度访谈，或组织专题座谈会，了解他们对相关问题的看法。

3) 实证调查研究

通过对酒店企业、顾客进行大规模问卷调查，获取研究所需要的样本数据，并对问卷调查的结果采用 SPSS 17.0 和 AMOS 5.0 进行信度检验、描述性统计分析、探索性因子分析、相关分析、回归分析等定量数理统计方法。通过对数据资料进行分析，确定各变量之间具体的影响关系，验证理论假设模型是否成立，同时对理论模型进行修正和调试，使所构建的模型达到最优化。

# 1.3　研究的创新之处

（1）理论上的创新。对于企业外包研究的理论已经比较完善，但是针对旅游企业的外包研究却非常有限，国内研究者仅仅停留于对现状的一般描述。随着我国旅游业的蓬勃发展，旅游业在第三产业的龙头地位越来越凸显，旅游业的国际竞争力亟待提高，作为提升企业竞争力方法之一的外包战略就显得更为需要。本书可以在一定程度上弥补这一不足。

（2）研究视角的创新。对于外包的研究，很多学者单从动因或对组织绩效的影响出发，而本书则认为对于任何企业的外包行为而言，动因会影响绩效，而绩效也会反过来影响企业外包动因，两者是一个相互循环和互为作用的过程，对单一方面的研究并不能反映出问题的本质。基于此，本项研究把动因和绩效作为一个研究对象来研究，而且在对于外包绩效的研究中，不只停留在外包对组织绩效影响的研究还包括外包业务本身绩效的研究。

（3）研究思路的创新。本项研究的整体思路是基于对旅游企业外包战略特点来展开的，外包动因和绩效研究的终点都落脚于旅游企业生产与消费同时性这一实质特点上，因此研究具有较强的行业特色。

（4）研究方法的创新。对于企业外包绩效的研究，很多学者采用平衡计分法从财务和非财务的角度来衡量外包绩效。由于旅游企业的产品设计和销售基于顾客为导向，而本书则认为影响外包绩效的因素会通过影响顾客感知价值来影响企业外包绩效，因此采用心理学的研究方法，由顾客感知来构建企业外包的绩效评价体系，把顾客感知价值作为一个中间变量，研究各变量对外包绩效的影响，使研究成果更具有实践意义。

# 2 企业业务外包的理论基础

业务外包作为现代企业组织经营活动和新的战略手段，有着很深的经济学、管理学、社会学等理论基础，企业业务外包正是这些经典理论基础的应用与实践。

## 2.1 相关概念界定

### 2.1.1 业务外包的概念

1990 年，Hamel 和 Prahaoad 在《企业的核心竞争力》（*The Core Competence of the corporation*）一文中首次使用了外包这一词（曹航，2007）。外包的英语词源是 "outsourcing"，即 "out source using" 的简称，意思是利用外部资源。它被译为资源外包、外部寻源、业务外包、外源化等。本书以外包或业务外包的提法来进行论述。随后，国内外学者相继提出不同的定义，如美国业务外包协会指出，外包是一种通过有选择地将一些功能（及其日常管理）转交给第三方供应商来围绕核心能力进行的企业重新设计（伍蕾，2011b）。国内外学者都对业务外包的定义进行了不同解释，但本质基本相同：首先，企业选择业务外包的目的是利用外部资源，降低经营成本，提高经营业绩；其次，外包出去的业务都是企业不具竞争优势的非核心业务；再次，业务外包是企业的一种经营管理战略，通过实施业务外包来优化企业内部的组织与管理方式；最后，通过合理利用外部组织的专业化资源，集中精力发展企业自身的核心业务，提升企业的竞争力，在激烈的市场竞争中获得持续发展（表 2-1）。

表 2-1　国内外学者对业务外包的定义与理解

| 学者 | 对业务外包的定义与理解 |
| --- | --- |
| Hamel 和 Prahalad（1990） | 指企业利用外部专业化组织的资源，来降低成本、提高效率、增强自身核心竞争力，使企业集中资源在其最具竞争力的业务和功能方面，从而提高企业的整体竞争力 |
| Loh 和 Venkatraman（1990） | 由外部供应商在提高用户信息技术基础的物力或人力资源方面作出的显著贡献 |
| Quinn（1994） | 指能够实现企业的核心竞争力、提高经营业绩、增强企业可持续发展能力的运营管理战略 |

续表

| 学者 | 对业务外包的定义与理解 |
|---|---|
| Lacit 和 Willcock（1995） | 指企业为了获得预期的结果，将组织的部分或全部 IT 及相关的服务交给外部组织管理 |
| Mariotti（1996） | 认为外包是企业从外部的专业独立组织获取商品和服务的战略决策，而不是通过企业内部组织完成这项商品和服务 |
| Johson（1997） | 企业将组织内部的管理责任或业务转移到外部组织，这种转移能够改变服务传递与组织内部的管理模式安排 |
| Dunn（1999） | 指企业把内部能够完成的业务或活动通过长期合约的形式交给外部专业化组织 |
| Mahnke（2002） | 由外部供应商完成原先由企业内部组织的价值链活动 |
| 美国业务外包协会 | 指企业把非核心业务、没有价值增加的生产活动通过合约的形式委托给外部的专业化组织 |
| 杨成刚（2002） | 企业集中精力发展有核心竞争能力的业务，对于非核心业务采取由外部企业按照规定要求提供优质服务的一种经营模式 |

资料来源：刘涛，2006；邓奕辉，2012；吴志方，2010；田新华，2009

　　Hätönen 和 Eriksson（2009）在回顾三十多年来外包在实践和研究中的发展历程后，提出"外包"这一概念经历了交易型（transactional）—资源获取型（resource seeking）—变革型（transformational）—发展型（developmental）几个阶段的演变；与交易型和资源获取型不同，"变革型外包"（transformational outsourcing）侧重指外包是企业获取自身缺乏的能力的一种手段，是一种能提升企业灵活性的战略；发展型的外包则强调外包过程中企业与外包服务的提供商共同发展（Hätönen and Eriksson，2009）（表 2-2）。

表 2-2　　"外包"概念的几个阶段列表

| 项目 | 交易型 | 资源获取型 | 变革型 | 发展型 |
|---|---|---|---|---|
| | 1980~1990 年 | 1990~2000 年 | 2000~2007 年 | 2007 年后 |
| "外包"的内涵 | 将组织的业务转给能够在某些领域通过市场机制获得较低交易成本的外部供应商 | 依靠外包资源完成元件制造或其他增值活动 | 将组织的部分或全部业务活动移交给外部供应商 | 将组织内业务活动或流程的管理、发展和持续改善移交给外部供应商 |

资料来源：根据 Hätönen 和 Eriksson（2009）的相关资料整理

　　尽管学者对外包的定义不同，但各种定义中最核心的一点是组织外部的供应商或服务商提供原组织内部进行的业务。本书把业务外包定义为"组织以签约的方式让组织外部的供应商或服务商接手组织内部的业务"。

此外，国内研究者对"outsourcing"一词有不同的表述方法，如外包、战略外包、业务外包、资源外包等。根据旅游行业的特性，本书对于旅游企业业务外包的定义在参考学者伍蕾在 2011 年发表的文章中对酒店"业务外包"定义的基础上，提出旅游企业业务外包的定义，旅游企业业务外包是指"旅游企业以签约的方式让外部的供应商或服务商接手企业内部的业务"。根据相关研究，旅游企业业务外包有如下基本特征：业务外包的内容是可以整合在企业内部的；业务外包不仅涉及相关的资源转移，而且涉及相关的管理职能的重新定位；业务外包活动的内容是重复性的，外包活动双方的合作不是一次性的购买关系；业务外包的形式介于完全自制（或完全一体化）及完全外购之间（王立明和刘丽文，2007）。根据旅游企业业务外包的定义和特点，整体租赁不属于研究的旅游企业业务外包的范畴，而且外包的业务不是简单地填补没有的业务，它涉及外包业务与旅游企业其他业务的整合，以及旅游企业自身资源的重新分配。

## 2.1.2 业务外包的研究内容

Hätönen 和 Eriksson（2009）认为，多年来外包的实践经过了大爆炸—潮流—无障碍组织三个时期，每个时期外包的主要动机、外包的地域范围、业务类型等都有不同的侧重点（表 2-3）。

表 2-3 外包战略实践的三个阶段列表

| 发展阶段 | 大爆炸时期<br>（big bang） | 潮流时期<br>（bandwagon） | 无障碍组织时期<br>（barrierless organizations） |
|---|---|---|---|
| 时间 | 20 世纪 80 年代到 90 年代初期 | 20 世纪 90 年代早期到 21 世纪初期 | 自 21 世纪初期起 |
| 主要动机 | 降低成本 | 降低成本，提升组织能力 | 组织变革 |
| "流行词" | 外包 | 战略外包 | 变革型外包 |
| 外包地域范围 | 国内 | 国际间 | 全球 |
| 业务类型 | 结构化、明确的整体制造流程 | 具有战略重要性的组织流程 | 创新、高度知识密集的项目 |

资料来源：根据 Hätönen 和 Eriksson（2009）的相关资料整理

自 20 世纪 80 年代后期至今，人们对外包战略的认识也从单一视角到多元化的视角，其研究内容也十分丰富。Dibbern 等（2004）在回顾信息系统的外包研究中，归纳了外包的研究内容可以根据外包的阶段分为以下五个方面：为什么外包（why）、外包什么（what）、外包哪些业务（which）、怎样外包（how）、外包的结果（output）（Dibbern et al.，2004）。Hätönen 和 Eriksson 也有类似的观点，他们认为三十多年来外包的研究内容的五个方面依次是：为什么外包（why）、怎样外包（how）、外包什么（what）、外包到哪里（where）、何时外包（when），并指出了每个研究内容的时间跨度和主要的理论基础，如图 2-1 所示（Hätönen and Eriksson，2009）。

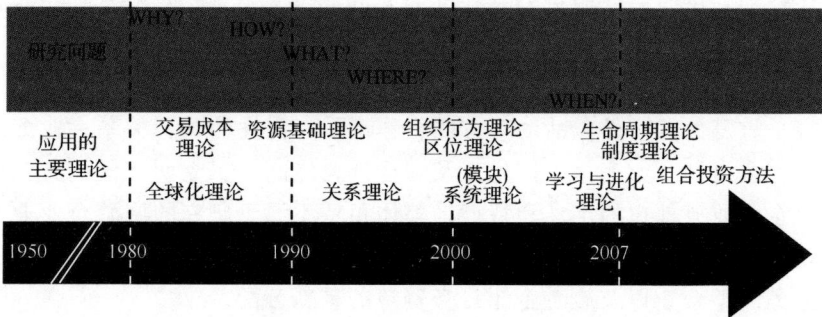

图 2-1　外包研究问题及主要理论

资料来源：根据 Hätönen 和 Eriksson（2009）的相关资料整理

尽管学术界对外包的研究成果颇丰，但具体落实到旅游企业业务外包的研究则相对较少。国外对旅游企业业务外包的研究开始于 20 世纪 90 年代后期，而国内则更晚些。近年来，国内学术界对旅游企业业务外包的研究越来越多，这与国内旅游企业业务外包市场升温密切相关。在研究的主题方面，伍蕾（2011）指出，国外业务外包文献研究经历了从早期讨论自制还是外购、动机/原因、外包的范围，到研究外包的绩效、影响外包成功的因素，再到外包合同管理、外包关系管理等这样的一个涵盖了外包整个生命周期的研究主题变化。

## 2.1.3　业务外包的特征

1）多业务同时进行

企业业务外包是一种企业虚拟经营的模式。企业把非核心的业务交给其他企业运行，在传统的企业经营中，各个业务有着职能重要性的前后顺序，业务外包使得企业的各个业务活动在同一时间段内在不同地点进行，企业的生产服务效率提高。

2）组织结构更加精简和富有弹性

传统企业注重横向一体化，追求小而全的发展模式，组织机构复杂，企业的业务外包就是针对这种模式的一种进步，大量的非核心业务由承包商来完成，企业结构精简化，传统的总公司和子公司的金字塔形结构呈现出扁平化趋势。这种组织结构能够更好地应对市场的变化,更加富有生命力和发展前景。各个业务部门的岗位、人员等都能够根据市场的需求作出快速精确的调整。

3)组织管理动态化

企业业务外包的另一个重要特征就是和企业所处的大环境的联系更加频繁。把业务外包给外部的企业,承包商更能够洞悉市场变化作出产品服务的调整,所以企业在进行业务外包的时候一般采取适度的分权和放权,改变原有的集权化的组织管理模式,企业高层制定总体战略,外包业务的承包商则集中分析市场动态,保证总体战略计划的实施。

4)注重核心竞争力

由于企业要区分业务外包的范围和类型,外包型企业更加注重自身的核心竞争力,维护自身的竞争优势。企业通过外包业务范围的扩大很容易走向市场外部扩张来扩大市场规模。专注于核心竞争力才能够对核心竞争要素进行积累和强化,企业不可能将闲置的资源、能力和时间在所有的领域都有所突破,只有将柔性的生产技术和有知识的劳动力融合在一起提升和巩固核心竞争力,才能在外部市场变化的时候保证市场份额占有率。

5)注重和外部企业的协作

业务外包是一种虚拟经营,维持经营有序进行使得外包企业更加注重和承包商的合作关系。双方互相信任、相互合作,通过资源技术的共享实现优势互补,提高外包业务价值链的系统效率。企业可以获得更高质量的服务产品,承包商获得用自身核心竞争来强化效益的机会。

## 2.1.4　旅游企业的界定

旅游企业是指以旅游资源为依托,以有形的空间设备、资源和无形的服务效用为手段,为旅游者提供旅游服务,在旅游消费服务领域中进行独立经营核算的经济单位。按照从事旅游产品经营的产业链划分,主要包括:有赖于旅游者的旅游消费行为而生存的直接旅游企业,如旅行社、宾馆、饭店、旅游购物商店、度假村、旅游交通公司、旅游景区、旅游娱乐经营企业等;间接从旅游消费中获益的企业,如餐馆、零售业、旅行公司、旅游管理公司、银行、影视公司、信用卡公司、服务公司、出版企业、食品、通信企业等生活服务部门;旅游社会公共组织,包括相关的政府机构、旅游行业组织、旅游院校、旅游研究机构等(宁泽群,2005)。

旅游企业的业务是指企业为满足旅游者的旅游消费所提供的产品或服务活动,既包括旅游者能接触和感知的主要旅游服务业务,也包括为完成旅游消费活动所需要的一切后台运行支持和辅助功能性活动。非旅游企业涉及面非常广，是指除旅游企业以外的所有企业或机构（范蓓和田彩云，2012）。

## 2.2　企业业务外包的理论基础

理论界对企业业务外包的发生机理有着不同的解释，主要是基于管理学、经济学以及社会学的理论视角。不同的理论基于不同的研究视角和剖析重点，得出的结论也各不相同。

### 2.2.1　基于经济学的业务外包理论

#### 2.2.1.1　交易成本理论

1）交易成本理论概述

所谓交易成本，是指完成一笔交易所需付出的货币和非货币费用。任何一种交易行为的出现，都可以在交易成本的节约这一层面上讨论。科斯是最早探讨"交易成本"概念的学者，在其著名论著《企业的性质》中指出利用市场中的价格机制组织生产存在交易成本（Coase，1937）。科斯认为交易成本与企业规模是同一问题的两个方面，当企业规模扩大时，企业内部资源配置效益可能下降，企业内部在完成更多的交易时，会导致成本的增加，即企业内部成本的变化与市场交易成本决定了企业规模。当企业内的一项业务交易成本与在市场中公开交易成本相等，或与其他企业组织进行此项交易的交易成本相等时，企业的生产规模就达到了均衡状态。而且，随着企业内部经营活动的增加，配置资源的能力就会下降，当资源浪费造成的损失等于市场上的交易成本时，企业就会达到最大规模而停止扩张。

交易成本包括三种：一是在交易准备阶段用于发现相对价格所产生的成本，主要是搜集有关交易对象和市场价格的确定信息所必须付出的成本，这是在交易准备阶段发生的成本费用；二是为完成市场交易而进行的谈判和监督履约的成本，包括讨价还价、订立合约、执行合约并付诸法律规范而必须支付的有关成本，这是交易过程中发生的成本；三是由于对未来情况的不确定而产生的费用。

在20世纪70年代，交易成本理论得到了很大的发展，许多学者都对交易成本理论进行了新的研究界定。尤其是Williamson进一步深化交易成本的概念，提出以资产专用性、频率和不确定性三个维度来衡量交易成本。资产专用性是指交易中资产的可转移性，若一种资产对于某产品的生产具有特定的价值，而用于其他用途其价值就会降低，则该资产具有资产专用性，支持一项业务的专用性资产越多，交易成本越高，企业外包该项活动的可能性就越低；频率是指交易的次数，一般而言，频率越高，交易成本越高，外包的可能性越低；不确定是由于有限理性和信息不对称，一般而言不确定性越高，交易成本越高，外包的可能性越低（Williamson，1979）。在企业业务外包的过程中，外包商通过承接多家企业的同类业务，实施标准化的生产，降低了资产专用性程度，进而降低交易成本。

交易成本理论认为，组织在经济交易中有两种制度选择——市场化和内部化，相应的选择产生的交易费用分别叫做内部交易成本和外部交易成本。若一项交易的内部交易成本少于外部交易成本，则企业应该选择内部化（如兼并、合资）的方法使交易成本更低；反之，企业则应该选择市场化（如外包）来节省交易成本。从这一角度看，当企业自营一项业务产生的费用高于外包所产生的交易成本，企业就应该采取外包的方式来经营该项业务。

2）交易成本与业务外包

交易成本理论是企业业务外包决策的基础。企业降低交易成本的传统方法是通过纵向一体化和企业合并。企业规模的扩大会导致企业内部交易成本的增加。同时，由于现实环境的复杂与多变性，通过价格机制进行市场交易的成本会有不确定性。因此，外包成为企业一种新的制度安排。当企业组织内部生产的费用高于外包交易费用时，企业就可以进行业务外包。同时，外包有助于建立企业间的合作伙伴关系，降低双方采取投机行为的机会主义成本。企业之间的合作避免了无休止的讨价还价，降低了交易成本。在通常情况下，企业选择是否外包需考虑三类成本：生产成本、机会主义成本和交易成本。

通过对交易成本理论的阐述可知，交易成本理论为企业业务外包战略的选择与指定提供了重要的分析依据。当企业业务外包所引发的交易成本的增加低于业务外包所带来的生产成本的下降时，企业就会选择对业务进行外包。

### 2.2.1.2　劳动分工理论

1）劳动分工理论概述

劳动分工理论是对企业业务外包起源最早的理论解释。亚当·斯密（2011）在《国富论》一书中，首先对劳动分工进行了探讨。斯密认为提高劳动生产率可以增加财富，而分工能极大地提高劳动生产率。1928年，美国经济学家阿林·杨格在《收入递增与经济进步》一文中指出，收入递增的本质是市场规模的扩大带来的专业化和分工水平的加深，分工的深化又可促使市场规模进一步扩大，从而形成一个分工深化与经济增长循环累积、互为因果的演进过程；斯蒂格勒在《市场容量限制劳动分工》一文中，将分工与产业生命周期相联系，讨论了企业内部分工和社会分工的关系（邵金菊等，2011）。

劳动分工理论的主要思想是：劳动分工有利于提高劳动的生产率，促进生产的专业化，实现企业的规模经济。亚当·斯密认为劳动分工有以下好处：劳动分工可以提高劳动者的熟练程度；劳动分工可以节省劳动者工作的转换时间；劳动分工增加劳动机械的发明，简化劳动的复杂性。同时亚当·斯密又将劳动分工分为三种：企业内劳动分工、企业间劳动分工和社会劳动分工。企业间的劳动分工就是企业网络组织依据的理论基础。

2）劳动分工理论与业务外包

依据劳动分工理论，企业将一些业务交给外部专业化的公司完成，实质上是对某项业务在企业层面的一次分工，从而可以提高生产效率，降低经营成本，改善企业的服务和品质。业务外包可视为劳动分工的延伸，旅游企业将部分业务外包给外部专业化组织，使企业和外包商能集中于各自有绝对优势的核心业务，提高了资源的利用率，双方都能获得最大化的利益，同时提高企业的专业水平，实现了社会分工。劳动分工节约劳动转换的时间并节约人力。劳动分工还可以减少一些不必要的部门，降低企业组织管理的复杂程度，提高企业的管理效率和降低经营成本。

业务外包与劳动分工是相互促进、相辅相成的。只有当劳动分工发展到一定程度，企业才能找到自己擅长的业务活动或领域，专业化程度逐渐提高，出现专业化的生产厂商，生产成本也随之下降。此时企业才能找到比自己做得好且成本低的供应商，业务外包才可能出现。企业业务外包的发展会促进劳动分工的深化。随着业务外包的发展，市场上会有更多的专业化生产商，企业将非核心业务外包出去，专注发展核心业务从而更加专业化。外包供应商的熟练程度将不断提高，成本会逐渐下降，随着接收业务量的增加，外包供应商变得更加专业化，促进了整个社会分工的不断深化。

## 2.2.2　基于管理学的业务外包理论

### 2.2.2.1　资源基础理论

1）资源基础理论概述

资源基础理论是战略管理理论的一个最新发展方向。Wernefelt 在其论文《企业资源基础论》中首次完整表述资源基础观（Wernefelt，1984），但直到Barney 的《企业资源与持续的竞争优势》发表，才标志着资源基础理论的诞生（Barney，1991）。该理论以企业内部视角，关注企业资源和资源的差异，以及企业业绩和企业获得竞争优势的能力。该理论认为，企业应发展那些有价值的、不易被模仿和替代的、稀缺的异质性能力和资源，不断开发利用外部的互补性资源，从而保持竞争优势。

Barney 认为，资源是企业控制的所有资产、能力、组织过程、企业特质、信息、知识等，是企业为了提升自身的效率和效益而创造并实施战略的基础，这些资源可以分为物质资本资源、人力资本资源和组织资本资源三类（Barney，1991）。但是，并不是所有资源都对企业竞争力有促进作用，Barney 认为，在企业的资源中，只有战略相关资源才能对企业竞争力起到促进作用。在资源基础理论中，资源属性可以作为外包决策的出发点，一般而言企业会外包与企业竞争力关系较弱的资源，而对企业竞争关系较强的战略属性资源，企业则更倾向于自制（Barney，1991）。

对于战略资源的性质，Wernerfelt 归纳出四点：必须是有价值的资源、必须是稀缺的资源、必须是不完全模仿的资源、必须是不完全替代的资源（Wernefelt，1984）。Wernetfelt（1984）对战略资源性质的四点认识，奠定了资源基础理论最重要的基石，Barney 在此基础上，利用发展的观点进一步解释资源从一般资源到战略资源的演变过程，他先提出"有价值资源"——那些有助于企业创造并实施战略以提高效率和效益的资源——这一概念，但是有价值的资源还不能作为企业竞争优势或持续竞争优势的源泉，因为其他企业也可能复制这些有价值的资源（Barney，1991）。企业的竞争优势来自企业的"稀缺资源"，拥有了稀缺资源企业就拥有了竞争优势。但是，这种竞争优势只能说是先发优势，企业要获得持续的竞争优势（长期不被其他企业复制的竞争优势），则必须保证稀缺资源同时是不完全模仿和不完全替代的资源（Wernefelt，1984）。

Barney 主要是从一般的资源概念入手，最终分解出导致竞争力差异的战略性资源，着重于对资源概念的剖析。另一种思路是由 Peterf 提供的，他是从企业的资源差异入手，研究如何分离出不同的竞争战略，侧重于对竞争战略及其结果的解剖。在分析中，Peteraf 完全应用经济学中的租金思想，认为能够带来竞争优势的资源有四个条件，即企业的异质性、对竞争的事后限制、不完全流动性、对竞争的事前限制（Peteraf，1993）。Barney 的思路遵循战略管理的传统，从企业的层面展开研究；Peteraf 的思路则强调从市场的层面进行研究，把企业放到市场中来分析。战略资源与竞争战略之间的联系，就如同经济学中资本存量与投资流量之间的关系，因此 Barney 的思路和 Peteraf 的思路完全可以统一起来。

2）资源基础理论与业务外包

资源基础理论从企业内部的角度，关注企业的资源和资源的差异，关注企业业绩及其获得竞争优势的能力，它强调企业是由一系列有形和无形的资源束所组成的集合。Grant 提出整合利用外部资源的观点，他指出任何企业都无法完全掌控和拥有所需的所有资源，因此为了更好地利用资源，从外部采购互补的资源和能力是十分必要的。可见，企业不仅需要关心现有资源和能力的部署情况，而且资源的稀缺性会促使企业发展与外部组织之间的关系以更好地利用外部组织的资源和力量，而外包就是其中一种与外部组织机构建立关系的方式，它既是企业获取新资源的方式，也是增加存量资源和能力以加强企业的竞争地位和战略可行性的有效方式。外包可以在一定程度上弥补发包企业在资源和能力上的缺陷。通过将企业内非核心资源进行外包，发包企业就可以集中有限的资源发展具有竞争优势的核心业务，以巩固自身的核心竞争力。

### 2.2.2.2　核心竞争力理论

1）核心竞争力理论概述

1990 年，Prahalad 和 Hamel 在《企业核心竞争力》一文中首次提出核心竞争力理论，该理论认为，企业的核心竞争力是指企业开发独特产品、发展独特技术和独特营销手段的能力（Prahalad and Hamel，1990）。核心竞争力是企业发展新业务、增强竞争力、获取竞争优势的关键。核心竞争力对企业具有重要的战略价值，企业的核心竞争力是组织中的积累性学识，通常包含一项或多项核心技术，这些技术相互联系与配合，共同促进核心竞争力的发展。核心竞争力是企业竞争优势长期存在的基础，是将技能、资产和运作机制融合的企业的组织能力。它可能是优于竞争对手的关键技术，也可能是忠诚的员工和共同的企业价值观，还可能是企业良好的品牌声誉与形象，以及管理运作机制等。这也说明企业的无形资产也是与企业相伴而生的，是企业难以被模仿、学习和转移的重要的核心竞争力。

核心竞争力理论的内涵包括：第一，核心能力是技能和知识的集群，是企业组织内部协调不同生产技能和有机结合多种技术组合的知识；第二，核心能力具有市场价值，能对企业整个价值链产生独特的拉动和放大作用；第三，核心能力是一个技能源，能使企业保持持久的竞争优势；第四，核心能力是不断变化的，具有动态性，会随着企业的发展而发展，会在应用与共享的过程中得到加强（伍蕾，2011b）。

企业的核心竞争力具有以下特点。第一是价值性，核心竞争力具有战略价值，能对企业最终产品价值产生直接显著的贡献；帮助企业保持竞争优势，方便企业开拓新的业务市场，为企业创造超过行业平均利润的超值利润。第二是稀缺性，有限的几个现实的或潜在的竞争企业才拥有核心竞争力，它在战略上没有替代品和等同物。第三是延展性，核心竞争力不仅仅局限在某一种产品或服务上，而是能够帮助企业在实施产品或服务的多元化战略时提供有效的支持。第四是动态性，企业的核心竞争力有自己独特的生命周期，它最终也会演变为普通的企业能力并随着企业的发展不断改进和完善。

2）核心竞争力与业务外包

（1）核心竞争力的识别是业务外包决策的基础。企业业务外包的本质在于保留具有竞争优势的核心能力资源，而将非核心能力的业务转包给外部专业化组织，从而优化企业资源配置，实现企业价值的最大化。核心竞争力理论为企业外包业务的选择提供了重要的理论依据，对企业核心能力的识别是业务外包决策的先决条件。在业务外包决策之前，企业必须对内部的业务活动进行识别和控制，业务外包必须以本企业核心能力的识别与加强为基础与目标。企业通过核心能力的识别，使业务外包战略有的放矢，降低企业的投资成本和风险，获得较高的外包效益。如果业务外包前企业不了解自己的核心竞争力就会导致外包决策的失误，从而无法达到通过外包增强核心竞争力和提高经济效益的目的。

（2）业务外包是提升企业核心竞争力的有效手段。在人们对核心竞争力越发重视的情况下，企业业务外包得到了广泛的实施与发展。通过对非核心业务的外包，企业将有限的资源和精力应用于发展企业核心竞争力，将企业核心竞争力得到有效的提升与巩固。将非核心业务转包给外部专业化组织后，还能快速改善其业务质量，从而对核心业务起到支持与推动的作用，增加企业的整体经济效益。业务外包也满足了企业精简机构，管理事务简单化，降低内部交易成本的需求，让企业专注于核心能力的培养。企业业务外包优化了企业资源配置，使企业有限的资源效率最大化，增强了企业对组织外部环境的反应能力，增强了组织的敏捷性和柔性，对提高企业的核心竞争力和持续的竞争优势具有显著的促进作用。

## 2.2.3 基于供应链管理的业务外包理论

1）供应链理论概述

自 20 世纪末以来，由于科学技术飞速进步和生产力的快速发展，企业面临的环境发生巨大的变化：技术迅速发展，产品生命周期越来越短，对订单响应周期的要求、对产品和服务的期望越来越高。企业要在市场竞争中获胜，不仅需要在产品的质量、价格和售后上取得优势，更需要企业自身快速应对市场的变化。由于供应链管理的对象是企业在生产或服务过程中的物流、信息流和资金流，因此，外包是供应链管理的重要实现形式和组成部分。这主要源于：第一，供应链管理强调在整个供应链上实现最优的资源配置，构成了外包的动因基础，即将业务交给外部更具有生产优势的供应商，可以提高整个供应链的效率；第二，供应链管理强调通过企业之间的合作来实现整个供应链的发展与协调，这正符合外包这种管理方式的本质（王立明和刘丽文，2007）。

供应链管理的思想就是为适应市场多样化的需要发展演变而来的。它是相对于"纵向一体化"的"横向一体化"管理思想，是以快速响应市场、提高企业柔性、降低成本为目的的现代管理思想。供应链管理的思想精髓是企业应该主要发展核心业务，充分发挥核心业务为企业带来的核心竞争能力。从提出至今，供应链管理思想不仅已被国内外商界和管理学界广泛接受，在实践中也取得了巨大的经济效益。"供应链"的概念是在"价值链"的基础上提出的。国内外学者对供应链的解释不同，国内较多采用马士华的解释：供应链是围绕核心企业，通过对信息流、物流、资金流的控制，从采购原材料开始，制成中间产品以及最终产品，最后由销售网络把产品送到消费者手中的将供应商、制造商、分销商、零售商、直到最终用户连成一个整体的功能网链结构（马士华和林勇，2010）。而一条高效运作的供应链，必须是链上的节点企业达到同步、协调运转，这样才能实现供应链管理所追求的专业、速度、灵活性和创新。

2）供应链理论与业务外包

供应链管理的精髓是企业把主要精力放在核心业务上，这与业务外包的初衷不谋而合。在供应链管理的背景下，业务外包可以看成将企业内部供应链转移到外包供应链，与企业外的精英组成横向一体化的战略联盟。这种供应链外包的理念是把企业供应链上某些不是最好的，又不能为企业带来竞争优势的环节交给外部最好的专业公司做，从而使企业将更多的资源投放到核心业务的发展。这不仅达到归核的需要，而且外部专业的公司能提供比企业更好的业务质量水平，企业还可以节省一些投资、分散经营风险，使企业更加灵活地面对市场。而且，业务外包可以把外部专业公司和企业的优秀人才"集合"在一起，为企业所用。企业将非核心业务外包给具备此优势的外部企业完成，能够实现企业间的优势互补与双赢。供应链理论为企业采用外包战略提供了指导思想。

## 2.2.4　基于社会学的业务外包理论

1）社会交换理论概述

社会交换理论是一种以经济学、心理学、人类学和冲突社会学为理论的基石发展起来的社会学理论。该理论认为人类的一切活动都可以视为一种交换。它以特定的人性假设为基础，强调人在交换过程中对自身所获利益的衡量。该理论从微观的角度研究人与人之间、组织与组织之间的社会交换，以"报酬和互惠"为理论基石。以社会交换理论为基础对业务外包的研究主要是基于企业之间的相互信任、协作、承诺和合作关系，探求企业与外部建立合作的原因（李元旭和黄平，2010）。

社会交换理论的代表人物主要有霍曼斯、彼得·迈克尔·布劳和理查德·埃默森（周志娟和金国婷，2009）。以霍曼斯为代表的学者以心理学和经济学的理论构建了社会行为主义交换理论。该理论认为人是利己的，即每个人都想以最小的成本获得最大化的利益。结果使交换行为本身变为一种得与失的权衡，交换双方都必须要调整自己的利益与资源，实现双方的交换与合作。布劳从经济学的视角入手，认为经济动机是社会交换的条件。他认为个体间和群体间的交往模式大致可分为宏观结构和微观结构，提出社会结构"吸引—竞争—分化—整合"的过程，社会交换的过程是公平和互惠的。理查德·埃默森将网络分析与交换理论相结合形成了社会交换网络理论。该理论强调交换双方以对彼此间的依赖度决定双方的相对权利，这种权利关系会影响交换的效果。

2）社会交换理论与业务外包

企业的业务外包属于社会交换中的组织与组织之间的交换。首先，企业和供应商之间的业务活动转移过程就是一个交换过程，在这一过程中双方都想以最小的成本获得最大的利益，只有双方具有相互吸引的价值时，企业才能有合适的合作伙伴，由此才能建立长期稳定的合作关系。

其次，社会交换理论的一个重要原则是互惠，互惠能降低外包企业与供应商感知到的机会主义行为。有利于企业与供应商之间建立信任的关系，从而减少外包中的风险成本和不确定因素，并有助于双方建立长期的合作关系实现互利共赢。这有利于外包企业与供应商之间的关系治理，防范外包风险。

最后，在交换的过程中，由于企业双方为了实现自己的利益最大化，就会产生冲突。冲突也是交换关系中非常重要的、不可避免的要素之一。如果双方之间建立了互惠互利的合作关系，那么双方在合作时不仅会考虑自己的利益，同时也会考虑对方的利益。在这种情况下，外包企业找到了合适的供应商，而供应商也获得了收益，这样合作双方之间的沟通就会越来越顺畅，从而建立共担风险、共享信息、互惠互利、共享收益的良好合作关系。

## 2.2.5 业务外包理论的集成模型

通过从经济学、管理学、供应链管理和社会学的角度阐明业务外包的理论基础，可以发现这些理论之间具有很强的互补性，企业进行业务外包决策时如果仅仅考虑单一的理论要素，就很容易形成片面性，不利于企业作出科学合理的业务外包决策。把业务外包的相关理论整合起来，可以使企业在决策时更加充分、全面地考虑业务外包的相关因素，建立企业业务外包理论的集成模型可以更好地指导企业的战略决策。在参考王建军（2006）建立的模型基础上，本书提出旅游企业业务外包理论的集成模型，见图2-2。

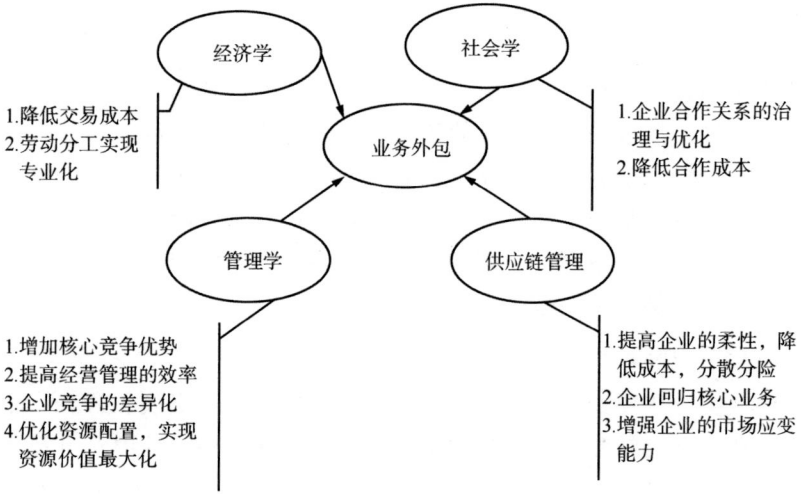

图 2-2　业务外包理论集成模型

# 3 旅游企业业务外包的发展

## 3.1 旅游企业业务外包的发展现状

旅行社和酒店是经常采用业务外包战略的旅游企业。欧洲的著名旅行社 Thomas Cook 将它的在线发展活动业务外包；亚洲的美国运通公司和澳洲的 WebJet 公司将旅行社代理费的数据输入和处理工作外包；欧洲联合航空公司将其乘客奖励计划的管理工作外包；中东沙特阿拉伯航空公司将其面向高端市场的大型客机预订系统的部分开发和维护工作外包；希尔顿酒店集团将分布在某些国家的希尔顿酒店的市内呼叫中心和预订业务外包给当地公司；北美的凯悦酒店与一家跨国技术公司签订了为期五年的合约，其合约主要内容则是凯悦将全球技术业务的管理工作外包给该技术公司。

### 3.1.1 酒店企业业务外包

早在 1960 年，酒店企业就选择洗衣、娱乐、绿化等配套功能业务外包，而且不受地域、规模和星级的限制。随着酒店行业专业化程度的提高，酒店行业与其他行业的合作变得更加频繁，酒店可以在更大范围内选择合作伙伴，酒店业务外包的深度和广度都在不断地拓展（伍蕾，2011c）。目前我国酒店外包业务范围极为广泛（表 3-1）。

**表 3-1　酒店业务外包部门和项目**

| 外包部门 | | 外包项目 |
|---|---|---|
| 一线部门 | 前厅部 | 呼叫中心、大堂吧 |
| | 客房部 | 客房清洁、洗衣服务 |
| | 餐饮部 | 整体外包、咖啡厅、中餐厅、酒吧、各类特色餐厅、厨房、员工餐厅 |
| | 康乐部 | 健身馆、美容美发、游泳馆、SPA |
| 二线部门 | 营销部 | 网络促销、客户关系管理、预定中心、客户调查 |
| | 财务部 | 审计、会计报表监控、薪资管理 |
| | 工程部 | 设备维修、管理信息系统、通信业务 |
| | 人力资源部 | 招聘、培训、档案管理、工资发放、雇员信息调查 |
| | 公关部 | 广告宣传、策划 |
| | 其他部门 | 部分物资的采购与配送、保安、绿化、酒店公共区域保洁、质量稽查 |

资料来源：那英续，2012；祝招玲和谷松，2011

1) 酒店企业信息化服务外包

酒店信息化服务业务外包是指酒店将有关的网络信息技术从酒店业务中剥离,外包给酒店外部的专业服务提供商来完成。这部分的业务一般包括:网站设计,即设计一个酒店的网站,这要求设计者具备专业的网络技术和酒店行业知识,相对于酒店内设置专业部门,外包这部分业务使得企业在人力资源成本和网站制作效果上更有优势;网站维护;网站文案公关。现在一些酒店引进酒店管理系统(包括前台管理系统、销售会议系统和信息管理系统),酒店将系统升级和维护以及操作的培训进行外包,拥有了专业的管理系统,规范酒店的操作和管理,提高了酒店工作效率。

2) 经营服务业务外包

酒店经营服务外包业务包括:餐饮外包、工程外包(洗熨、车队、精简管理维护)、财务外包(会计报表监控、薪资管理)、行政外包和美容美发外包。服务业务外包可以降低酒店的经营成本,通过洗熨业务的外包不但可以解决旅游旺季酒店服务跟不上或者单机设备、人员闲置的矛盾,而且为酒店节省20%～30%的硬件成本;提高服务质量,餐饮业务的外包使得整个酒店的管理更加轻松。由于外部专业餐饮管理公司对餐饮市场更加了解,对市场动态反应更加灵敏,菜单和餐饮产品不断更新,服务业务更加专业,消费者满意度提高,酒店餐饮服务质量得到提升。在这些经营服务业务上的外包避免了酒店企业在非核心业务上和餐饮核心业务的资源浪费,如果这些业务均由酒店内部来完成则需要投入大量的设备费用、维护费用和人员费用,而且还要面临不能达到专业服务水平的风险,既浪费了资源又无法获得专业化的规模效益。

3) 管理业务外包

企业管理外包,即CMS(consignable management service)服务模式是指企业法人将企业的整体或者部分运营的管理权、监控权、处置权,以契约的形式在一定条件和期限内,委托给其他法人或者个人进行管理,从而形成所有权、经营权、管理权分离,把有效的经营机制、科学管理手段、技术成果、优质品牌引入企业,对企业实行有效管理。在管理业务外包的过程中,被委托方凭借自身的管理优势获得经济回报。管理业务外包包括三种形式:酒店管理整体外包,微利或者亏损的酒店企业一般采用这种形式;酒店管理分层外包,大型连锁酒店对其下属的连锁子公司进行分层管理外包;部分管理外包,酒店企业从酒店业务中划出几项管理范围,对其进行管理外包。

4) 人力资源外包

随着酒店企业的发展壮大,企业需要将传统冗杂的组织结构向精简的扁平式组织结构发展。专注于企业核心优势是企业赢得市场的关键，但是企业内部不可能在人力资源管理的招聘、职务设计、薪金管理、职位分析和员工关系等各个方面都具有优势。而且企业内部人员完成人力资源管理职能的各个环节，需要企业大量的专职人员处理社会保险、员工档案管理或者耗费大量的资金购买各种人力资源管理系统；大规模的招聘需要协调应聘者、企业等多方面，人力资源协调成本将会大大提高。因此大部分酒店选择将人力资源这部分业务外包，使得企业能够获得廉价的人力资源外包服务。这样酒店既获得优质的服务，又可招聘到专业的高技能员工。

就我国酒店企业来看，进行业务外包的发展也存在一些问题：

（1）外包成本难以控制。外包的经营成本是推行业务外包的关键，但是国内的一些企业并没有设立服务收费标准，部分专业外包服务由于专业化业务收费价格高昂，使得许多酒店企业无力承受。对于酒店企业而言怎样衡量专业公司的收费高低，如何掌控经营成本的高额支出是无法回避的问题。

（2）业务外包管理效率不高。专业服务外包公司在地理位置上临近酒店企业的概率很小，以酒店洗衣业务外包来说，大型清洗装置一般在偏远的地方，取送衣物存在时间差，有可能会导致顾客投诉，这也是酒店业务外包后续管理不尽如人意的地方。

从目前的酒店企业业务外包发展趋势来看，我国酒店业务外包范围和频率一定会有所延伸和提高。业务外包的规模会变大，外包金额也会越来越高。随着酒店企业和承包商的合作越来越频繁，以及合作期限的延长，酒店企业和承包商之间的关系将会从外包关系朝合作伙伴的关系方向发展，这种合作伙伴关系是基于酒店和承包商之间的信任控制、价格控制和权力控制。

## 3.1.2 旅行社业务外包

### 3.1.2.1 旅行社导游业务外包

作为旅行社服务之一的导游服务工作非常适宜于采用服务外包模式进行管理和运作。导游服务外包就是将旅行社部分或全部导游服务工作外包给专业化的导游服务公司承担，旅行社可以集中精力做好团队管理。导游服务外包属于服务外包中的企业内部管理服务外包，即为客户企业提供企业专业人力资源服务。

导游服务质量对旅行社有着重要意义。可以说，导游服务质量是旅游企业形象的缩影。服务质量的优劣，不仅直接关系到旅行社的企业形象和行业的发展，而且很大程度上影响到国家的形象。良好的导游服务质量不仅是吸引"回头客"的重要手段之一，还会产生良好的"口碑效应"，成为无需成本而效力强大的"活广告"，可以为旅行社创造更好的经济效益。提高旅游者的满意度、满足旅游者对优质服务的渴望是旅行社实施质量管理的首要目标。因此旅行社都非常重视导游服务质量。

虽然旅行社的导游培养工作已经取得了一定成绩，基本满足了企业的日常需要，但这种自我培养还存在很多问题，如规模有限、培训目标不够明确、内容不够完整系统、培训形式单一等。导致导游的服务意识和服务水平不能得到很好的提高，进而影响对游客的服务质量。导游服务外包，可以从根本上解决这些问题。专门承接导游服务外包的企业是专业化的研究导游服务质量问题的企业，它们会全面研究确定最需要的导游培训内容，采用生动活泼、效果良好的培训形式，也会建设合适的培训场所。导游服务外包企业可以通过规模培训，选拔培养优秀的导游人员，供企业选用。旅行社选用导游人员的数量直接关系到外包企业的生存和发展，因此企业会倍加努力。而旅行社可以按照自己的要求随时选用合适的人员，完全可以做到先培训后上岗，只有考核合格后才能上岗，从根本上保证了导游服务质量。实行导游服务外包，旅行社可以从繁琐的导游员日常管理中解脱出来，把更多的时间和精力用于导游服务质量管理体系的建立。通过设计、建立、实施和优化质量管理体系，对导游服务工作进行全面的质量监控，使导游服务质量在制度和程序的保障下得到提升（胡强，2010）。

实现导游服务外包，可以大大简化旅行社内部管理，特别是人力资源管理。现在很多旅行社都未能及时与导游人员签订劳动合同。这是由于导游人员用工具有季节性和时间性的特点。每逢旺季，导游人员需求量很大，旅行社需要急招大量导游员，每逢淡季，导游人员需求量很小。

导游服务外包，形成一种劳务派遣关系。劳务派遣，亦称人力资源派遣，是近年来我国劳务市场根据市场需求而开办的新的劳务中介服务项目，是一种新的用人方式。《劳动合同法》对劳务派遣关系予以认可，对劳务派遣单位应当承担的义务有明确规定。旅行社可以根据自身工作和发展需要，通过正规导游服务外包企业得到所需要的导游人员。旅行社与导游服务外包企业签订派遣合同或派遣协议，导游服务外包企业与导游人员签订《劳动合同》，实际使用导游的旅行社与导游人员签订《上岗协议》。这对于旅行社而言，既可以满足自身实际需要，又简化了内部管理手续，避免了违法风险，是一种较好的管理模式。

从表面上看，大部分旅行社导游服务管理成本不高，但实际开支的隐性成本还是很大的，特别是由较高风险引发的物质成本和声誉成本。如果从规范人力资源管理、促进企业快速发展的角度来说，旅行社的成本开支更大。例如，人力资源原始成本，即为了获得和开发人力资源而必须付出的费用，包括招聘、选拔、录用发生的广告费、代理费、差旅费、安置费和有关人员薪金等，以及使员工达到职位所需技能并取得预期业绩而付出的费用，如培训的学费、材料费、咨询费、劳动时间损失与生产率损失、学员的薪金、医疗保健费用、保险费用、工作场所改善费用等；人力资源重置成本，即因员工离职（组织辞退、个人辞职）而发生的成本、获得和开发其替代者所发生的成本、因员工工作不力或离职给组织带来的损失等。这些成本，是一个规范企业的常规开支，有些旅行社因为目前规模较小、管理松散、劳动部门市场监管不到位等原因开支不大，但后续支出是不可避免的。如果实现导游服务外包，旅行社可以在这方面节省大量成本，这将有利于旅行社轻装上阵，快速成长。

### 3.1.2.2 旅行社网站系统外包

在当今的电子商务时代，很多旅行社都有自己的网站或者是将要建构自己的网站，一方面可以进行产品的推广，另一方面可以进行企业形象的宣传。但网站设计和网站维护都需要一定的人力和物力，因此更多的旅行社都是将建站业务外包，即将这一部分业务外包给专业的公司。旅行社将非核心技术业务外包的首要条件是这一外包业务会给企业带来优势，而网站外包也确实给企业带来了便利。

网站系统外包能够为企业节约大量的资金。要运营一个高端的网站系统，企业必须至少拥有一台服务器，充足的电力保障和优秀的技术管理人员，这些因素都需要高昂的资金成本来支撑。如果把网站系统建在企业内部，将会影响企业员工的日常通信，尤其是在企业网站使用高峰时段会造成网速下降。若将这一业务外包，就能保证企业内部的日常网络稳定，不受其他竞争因素的影响。随着网站系统的发展壮大，规模可伸缩性变得至关重要，企业必须能够即时地升级它的网络设备和容量，而这一点在企业内部是很难实现的。

大多数旅行社对于网站的运营并没有足够的经验和认识，它们往往将其作为企业内的信息系统部门工作的延伸，这会导致该部门工作负担加重甚至是使它们失去工作重点。网站系统外包给专业的数据中心，旅行社不仅能够获得专业的网站管理技术和网络咨询服务，同时也可以专注于自身的主营业务。

旅行社网站系统外包也存在一定的风险。第一，网站改版困难。旅行社的网站与自身业务密切相连，随着企业经营状况或者业务的改变，网站的内容和结构也需随之改变。将网站系统外包，外包公司往往采用自己开发的模板建设网站，减少了网站设计的个性化。如果需要个性化模板或是后期修改，则需旅行社再次向外包公司购买。第二，公司资料被盗。旅行社的网站一般存在注册功能，顾客在注册之后，资料就被放在服务器的数据库中，外包公司完全有可能盗取客户资料（孔兵，2000）。因此，对于这部分的业务外包，许多公司也采取谨慎态度，不会轻易将该业务外包出去。

### 3.1.2.3　旅行社网络推广服务业务外包

一方面，随着现代网络技术的快速发展，网络营销越来越受到大家的欢迎。网络营销也开始涉及越来越多的行业，旅游业就是其中之一。旅游产品营销面临激烈和复杂的竞争环境。绝大多数的旅行社认识到了网络营销带来的积极作用，开始通过网络推广产品，也开始关注网络传媒的作用，积极投放以销售为导向的广告。大部分旅行社的经营者已经对网络营销达成共识，即通过互联网营销，可以获得更详细的客户互动信息，并达成更好的效果，但它们并不了解如何实现。因此，绝大部分旅行社在面对网络推广时陷入困境，这是因为线路广告具有很强的时效性，但绝大部分广告产品以品牌广告为主，难以在短期内带来效果。

另一方面，网络推广是一系列复杂的过程，具有很强的专业性。由于网络营销工作的复杂性，其营销效果难以评估，造成投资回报率的降低。当旅行社面临进入网络营销尴尬时，专业化的网络推广公司凭借其出色的技术、专业的团队可以帮助旅行社克服在网络营销中的各种难题，而且针对旅行社的网络业务外包需求提供定制化的服务。一些专业化的旅游网络营销平台已成为大型旅行社通过互联网寻找有效用户的全新平台。把旅行社的网络推广服务外包给这些专业化的服务组织，既避免了旅行社进入网络营销的尴尬，又帮助旅行社降低成本。旅行社网络推广服务业务外包使旅行社营销的风险可控，实现推广效果可量化，同时提高旅行社的经营业绩，拓展旅行社的客源市场。正如神舟国旅的曹经理称，"我偏向于将旅行社的网络推广服务外包，并且开始和专业的互联网广告公司（浪淘金）合作。这节省了组建专门网络营销队伍的成本，同时按效果付费，投入可以衡量，这相当合理。更重要的是，浪淘金还为我们旅行社提供完善的服务管理平台，彻底解决了电话质量监控和管理的难题，通过其推广引导而来的业务，成单率可达到50％"。

## 3.1.3　旅游景区业务外包

### 3.1.3.1　旅游景区人力资源业务外包

作为劳动较为密集的服务行业，人力资源管理水平的高低直接影响到旅游景区的服务质量及其提升，进而影响到旅游景区的形象、竞争优势的获得和未来发展。在国内，旅游景区人力资源外包正处于起步阶段，但已显示出高速的成长性和巨大的市场潜力。旅游景区往往是饭店、旅行社、旅游车船公司等在旅游资源开发规划地域范围内形成的复合体，更接近于多元化大型企业集团或企业联盟的形态。旅游景区的人力资源管理也比较复杂，在发挥"宏观调控，协调各方"功能的同时，又掺杂了旅游饭店和旅行社人力资源管理的细节。

景区成本按经济职能可分为营业成本、营业费用、管理费用和财务费用。与景区生产有直接关系的称为"直接成本"，没有直接关系的称为"间接成本"。降低景区成本主要是降低间接成本，也就是营业费用、管理和财务费用。如果将人力资源外包，势必有很大一笔的管理费用将由外包公司负担，景区的运营成本就会大幅度下降。此外，景区将自身不擅长或不能形成规模的业务外包给专业公司，能够弥补自身能力的不足（曾明星和薛莹，2007）。

旅游景区市场经济运行和业务活动的复杂性、经营者知识水平与认识能力的有限性，以及景区规模扩大后游客与景区关系的多样性等原因，使得景区面临来自法律、政策、景区治理、金融、技术、旅游关系等一系列的风险。将这部分职能外包给专业的公司，可以使企业获得专业高效的服务，更好地适应变化的外部环境，并能够有效地降低景区风险。

### 3.1.3.2　旅游景区营销业务外包

旅游景区在经营过程中几乎都会努力提高景区核心竞争能力，即景区的核心竞争优势。景区的核心竞争优势体现在提供高品质的旅游产品与完善的旅游配套服务，景区不可能在每个运营环节上都能建立强有力的竞争优势。景区必须集中有限的资金与资源，不断聚焦、强化自身的竞争优势，从而实现竞争优势所带来的经济效益的最大化。而景区营销，特别是现实的销售，对于景区来讲，是一个不可回避的问题，它直接影响着一个景区的生存与发展。在市场压力下，景区往往会盲目花费巨大的投资在景区营销上，但从市场反应与现实客源组织来看，收效甚微，大投入换来小收益的现象普遍存在。为改变营销现状，景区常常采取重整营销团队、聘请专家顾问等方法，与此相比，营销外包有着无可比拟的优势。所谓景区营销外包，是指景区为维持自身的核心竞争力，且因内部人力不足面临困境时，将营销的部分或全部工作内容委派给专业旅游营销服务公司，以降低营运成本，改善经营现状的业务模式。

景区营销外包作为一种景区运营的战略思维，它不仅是指景区营销部门这种外在形式的外包，更强调景区营销的职能、功能、操作上的外包。景区营销外包是社会分工的必然趋势，是顺应中国旅游市场经济特定历史环境的产物。景区营销是一个高度知识密集型的系统工作。面对旅游市场环境的瞬息万变、旅游出行方式的改变及游客需求多元化的趋势，只有少数景区找到了有效的营销途径，大多数景区深陷营销困境。为达到赢得游客、树立品牌以及二次提升的综合目标，景区不仅需要专家顾问的智力支持，更需要一支专业营销团队的长期实战奋斗。适应社会分工和景区运营专业化的大趋势，将更具专业性与时效性的营销职能板块外包给的营销公司来运作，让整个社会的品牌、市场、营销的优势资源在景区的平台上得到整合必将为景区带来"1＋1＞2"的整合效应。

　　与重整营销团队相比，营销外包具有很强的适时性和经济性。处于营销困境的景区往往经营业绩不佳，缺少资金和时间来组建一支高素质的核心团队。营销工作涉及诸多领域，如广告学、市场营销学、心理学、管理学等，需要众多具备专业素质、经验和能力的营销管理人员，这些人才在景区向市场经济转型的历程中非常稀缺，一将难求。景区组建这样的团队不仅耗时耗力，而且需要承担很高的人力成本，这就是为什么往往只有具备一定财力的景区或综合性旅游企业，才会拥有一套系统的营销工作班底。对尚在急于改善现状的景区而言，选择与已深耕旅游营销多年的专业服务公司合作，借助其已有的复合型团队力量，可以在短时间内迅速诊断出营销症结并提供有针对性的解决方案，并在营销的执行层面得到现实支持，这不失为适时的明智之选。

　　与聘请专家顾问相比，营销外包更具完整性、稳定性、持久性和互动性。每个人的知识体系都有限度，专家也不例外，"术业有专攻"与营销体系的复杂性之间存在矛盾；同时，专家因受到个人的行程、时间、精力等因素限制而与景区合作的紧密性不够。承接营销外包的机构则可以保证用百分之百的精力投入并全程支持，从而保证了合作的稳定性与持久性。另外在合同约束下的营销外包服务团队与景区以合作伙伴关系开展工作，有利于平等沟通与互动（黄春香，2014）。

### 3.1.3.3　旅游景区旅游纪念品业务外包

　　旅游纪念品外包一般是指把旅游纪念品的创意设计与加工生产以合同的方式委托给专业公司，自己保留营销环节（朱元恩，2013）。我国旅游景区众多，但大多数旅游景区都实力较弱，不具备旅游纪念品创意设计与加工制作的能力，而且旅游景区纪念品同质化的现象日益严重，通过外包借助专业化的公司生产具有景区特色的旅游纪念品才能吸引消费者购买，提高景区的经营业绩和竞争力。发展旅游纪念品外包有助于改变现有的旅游景区纪念品同质化的现象，通过外包还可以增加旅游纪念品的创意，丰富现有旅游纪念品的种类和样式，提高旅游纪念品的档次和形象，增加旅游景区的购物收入。延伸现有旅游景区的产业链，提高景区的现代化经营管理水平，同时还能增加旅游景区的附加值与收入。例如，迪斯尼的旅游纪念品就形成了庞大的与之相关的产业链，产生了巨大的经济效益。

## 3.1.4　会展企业业务外包

　　我国会展业经过二十多年的发展，从开始在原有的旅行社内设立会展部门到成立专业会展公司，目前已经成为市场经济的一个重要组成部分。随着产业自身的壮大，会展业开始谋求产业链的延伸，会展服务外包业务雏形已经显现。旅游会展服务外包在现代旅游产业发展中，起着引领旅游产业结构优化和能级提升的作用。随着展览行业的不断发展，特别是国际大型展会的增多，品牌展览会的要求不断提高，会展企业必须不断提高服务质量。而要真正把最优质的展览服务提供给参展商和观众，就一定要在整个展览环节上提供最优化的服务。要达到这样的目的，只靠展览企业是难以完成的，采用服务外包这种模式已被越来越多的会展企业所接受。

会展企业的目的是通过提供（或者销售）最优质的展览服务，为参展生产企业、专业技术人员、采购商、经销商、代理商和终端用户提供最佳的信息平台和交易平台，促进某一行业的发展，从而获得自身最大经济效益和社会效益。因此展览企业提供的服务质量是其核心竞争力的直接体现。会展服务的广泛性决定了由于资源的稀缺使会展公司不可能实现完全的自营，必然将部分非优势、非核心服务外包出去，可以说会展业的服务外包发展是由会展业的本质特性所决定的，是市场经济发展的必然产物。

会展服务中的许多业务，如会展信息技术、会展设备、展台搭建、物流运输、专业观众邀请、组织协调、信息搜集、统计评估等既要求技术支撑又要求产业与资金铺垫。一般的会展公司不可能提供所有的专业化服务，将这些服务外包，是满足会展服务专业化的最佳选择，也是提高企业核心竞争力的必然选择。

1）会展企业的人力资源外包

随着我国举办大型国际会展及大型赛事的增多，传统的会展用工模式已经不能满足需求，而新兴的人力资源外包能够满足会展企业对人力资源的新需求。当大型会展急需大量临时员工时，使用人力资源外包的用工模式比在外招聘员工要节省很多用人成本，同时也规避了会展企业薪酬发放、社保缴纳、劳动合同纠纷解除等用工风险，为用工方和劳动者都解决了很多后顾之忧。会展企业的用工需要在短期内完成招聘、办理用工手续、工资发放、人事档案管理等事务，并对员工进行专业的培训。人力资源外包使会展企业既能高效完成项目任务，又能减少员工管理方面的很多事务，大大降低了用工成本，从而实现效益最大化。

同时会展企业服务外包的大部分的业务以人力资源和知识资本作为主要投入，如会议展览的全程策划和创意、商务谈判的筹划与技巧、市场调研与信息技术的运用等，都需要高水平的专业技术人才的支持。因此，会展业中人力资源外包显得尤为重要（王琼英，2009）。

2）会展企业物流外包

会展企业的物流是指把参展物品或相关的辅助用品从参展方处运到会展场

馆,会展结束后再送回参展商处或送到展品购买者处的物品的空间转移过程。由于会展物流的供应链较短,其同时涉及多个参展商的物品转移,因此物流的配送过程复杂,难以控制。另外,由于有时间的限制,需要快捷、准确、安全的物流配送服务。会展企业把物流业务外包给专业化的市场物流公司可以降低经营成本,专业化的物流公司能以较低的价格同时为多个参展商提供仓储、配送、包装等服务,而且还能保证服务的效率和质量。会展企业物流业务外包可以使企业以较低的成本为客户提供高质量的物流服务。

目前我国会展业存在的服务外包业务主要有安保、清洁等劳动密集型、低知识与低技术含量的业务,对展会所产生的经济效应非常有限。未来许多专业化的信息技术及服务将为会展业所采用,成为外包的重要内容之一。随着传统业务逐渐走向服务外包,组展商更有精力关注于展会的效果以及展会品牌的塑造。未来,组展商将不断创造并开发一些新型的增值服务,或者是对展会服务流程不断进行优化再造,从而吸引并留住参展商。

### 3.1.5　旅游企业外包业务的主要类型

依据对酒店、旅行社、旅游景区和会展企业业务现状的分析,可以归结出旅游企业外包业务的主要类型,包括信息技术外包业务、职能外包业务、知识流程外包业务和客户关系管理外包业务。

1) 信息技术外包业务

信息技术外包业务是指旅游企业以合同的方式把相关的信息系统、软件、办公系统、通信系统等外包给外部专业化的信息网络通信公司。为了在激烈的市场竞争中取得优势,越来越多的旅游企业开始把全部或部分的信息技术业务外包给供应商,以便于企业用最低的成本获取最好的信息网络通信技术。同时企业也可以将有限的资源集中到企业的核心业务,培育企业的核心竞争能力。由于信息技术集技术、应用和管理于一体,决定了信息技术的外包要比其他业务的外包更加复杂,更需要考虑外包什么业务、选择什么样的供应商和如何管理外包关系等问题。一般来说,信息技术外包业务的合同金额都比较大,需要投入的成本也较高,因而对外包商的选择就显得更加重要。

旅游信息系统外包业务主要运用于旅游景区、酒店和旅行社企业。这部分外包业务主要有两个方面:一方面是信息系统运营和维护服务外包业务,另一方面是基础信息技术服务外包业务。旅行社的网站的基本运营也是旅游信息系统外包业务的一部分。

2) 职能外包业务

旅游企业的职能外包业务,包括人力资源、财务管理、物资采购、餐饮业务、清洁业务等。

　　旅游企业中的酒店企业的人力资源外包主要是邀请咨询公司评价其专业技术与能力，对整个人力资源管理的涵盖内容进行重新设计，这其中包含人员的配置、培训与发展、薪酬福利、绩效考核、企业人力资源的人事架构及岗位设置等五个方面。旅游企业完成诸多人力资源管理体系的设计后，仍然需要聘用专业外包公司来实施日常繁琐的操作和管理，如薪资福利管理、薪资福利数据的获得、能力评估、人员培训与发展等。旅游酒店与旅行社行业的季节性使得酒店或旅行社的经营淡旺季明显，旺季时往往劳动力短缺，旅行社与酒店可与外包商签订人员外包合同，外包商将根据签约企业的要求在适当的时间内提供一定数量的工作人员，充当旅游企业工作人员的灵活后备军。通过这种与外包服务机构签订人才外包合同来获得柔性流动的员工队伍，既可减少旅游企业用于人才招聘、培训等方面的不菲成本，转移人才市场的巨大风险，同时也可提高组织对市场环境变化的反应速度。

　　财务管理外包主要是指旅游企业将整个财务管理活动根据企业的需要划分成若干板块，如总账核算、往来账款管理、工资核算、固定资产管理、报表系统、纳税申报等模块以合同或协议的形式将全部或部分业务交给具有行业领先水平的外部专业财务管理机构处理。承包商利用自己的专业优势为企业提供相应的服务与咨询。现在一些酒店企业也会引用网络财务外包，如 ASP 应用服务提供商搭建的网络财务应用平台，旅游企业通过合同或者协议的模式，将财务系统外包给服务商，即可以实现整体财务职能的外包而且效率极高，从而更有利于发挥财务的分析与决策功能，它改变了企业现有财务管理的空间，提高了工作效率、节省了时间。使企业的财务管理从内部走向外部，从事后核算转向实时核算，从静态工作走向动态工作，提高了旅游企业财务水平和效率，同时也大幅度地降低了企业的财务管理成本。企业通过财务外包的方法来摆脱财务管理失控的局面，获得较高品质的专业服务，可以说已经得到了广泛的认可。

　　3）知识流程外包业务

　　主要是指旅游企业的知识或业务流程的解决方案，包括提供分析咨询工具和相关报告，如旅游区规划、公园设计、旅游目的地策划、旅游企业运营管理及营销策划、旅游项目投资论证、客源地市场开发等相关业务。

　　旅游企业的营销外包非常常见。这些企业把营销广告策划交给专业的营销服务机构，如广告公司、影视公司、旅游营销策划公司、咨询顾问公司等。一般旅游景区会将营销经营权、营销策划、市场营销、营销人才培训全部外包给营销策划公司来做。酒店企业的外包网络直销不仅能为顾客提供更加个性化的服务，而且有利于客户忠诚度的建立。由于在外包网络直销中，消费者可以直接与酒店取得联系，酒店可以询问他们对服务的特殊要求，如关于浴缸、窗户、楼层等各方面的要求并通过自己的预订系统记录下来，这将大幅度地提高顾客的满意度，有利于酒店市场的开拓。

4）客户关系管理外包业务

主要是指旅游企业的顾客相关的预订、客户资料的管理与分析、顾客关系的管理等业务，包括呼叫中心、预订中心、联络中心、客户分析、客户支持服务、订单处理等业务。

在激烈的市场竞争中，如何获取更多的客户资源是旅游企业生存发展的关键，而令人满意的客户关系管理是赢得市场客户的重要途径。客户关系管理外包就是指旅游企业把那些非核心业务活动和花费较高成本维护的客户外包给专业化的市场客户服务机构。例如，携程国旅公司把其客户服务交给外部的市场组织，给企业带来了很大的利益与竞争优势。可见，旅游企业选择客户管理业务外包主要是基于经济性和专业性的原因。

## 3.2　旅游企业业务外包的特征

与其他服务业外包相比，旅游企业业务外包具有自己的特点，旅游外包战略中承包方的地位和影响远远高于其他行业承包方的影响，这是因为承包方的质量承诺往往在发包方还未检查时已由顾客体验。旅游企业外包的特征主要有三个方面。

### 3.2.1　外包业务内容层次化

旅游服务外包的对象是服务业务，其本质就是"服务"。由于业务服务目标对象的差异性，以及旅游企业需要在有限的资源基础上进行有效的市场竞争决定了旅游企业业务外包的层次性特征。根据旅游企业业务需求的知识内容和技术含量水平的差异，可以把旅游企业的外包业务内容划分为三个层次。一是低端的业务外包，主要是指旅游企业外包出去的业务内容相对比较简单、固定和程序化，如预定中心、呼叫中心、一般员工的派遣、基本的会计业务以及各种票务的预订、租车等。二是中端的业务外包。根据旅游企业的特定业务需求提供具有针对性的专项服务，如旅游企业人力资源的培训与管理、旅游企业所需的办公自动化的网络服务、财务报表的处理与监控、客户关系的管理等。三是高端的业务外包，是指承包商针对旅游企业的特殊业务要求提供有针对性、定制化、个性化的业务服务，如针对旅游企业不同的业务和经营管理方式提供适合该企业的应用软件系统专业化的定制数据库、景区营销策划、旅游景区的规划开发方案等知识服务。

### 3.2.2 外包业务的服务手段 IT 化

现代信息技术的发展已经融入各个行业的各个企业中，企业的日常生产、经营与管理都离不开现代信息技术的支持。旅游企业在业务外包过程中也注重信息网络技术的应用和交易平台的 IT 网络化。旅游企业的 IT 信息技术和通信基础设施的外包，其实就是利用 IT 网络技术工具为旅游企业提供 IT 网络服务。旅游企业的每一个业务项目流程以及与知识相关的业务都离不开现代网络技术的支持。这种支持主要是通过硬件系统平台或相关的专业软件来完成。例如，旅游企业的人力资源外包业务，承包商要利用自身在人力资源管理方面的信息系统平台优势，根据旅游企业人力资源管理的具体职能（如招聘、工资与福利、医疗、保险、纳税、培训与开发等）开发适合该旅游企业的人力资源管理系统。该系统要能优化和整合旅游企业的人力资源规划、开发和管理等职能，而且要实现与其他业务部门之间的交互。知识流程业务外包、客户服务业务外包等都需要网络信息技术的支持，都需要依靠计算机操作完成，采用现代化的网络通信手段交付。采用现代化的网络信息技术和先进的企业管理理念对外包出去的传统业务进行优化升级，对旅游企业外包业务的服务手段 IT 化将发展得越来越快，IT 化特征也将表现得越来越明显。

### 3.2.3 外包业务链条网状化

旅游产业涉及的内容广泛，与旅游直接相关的产业有餐饮、住宿、交通、游览、购物、娱乐等。间接相关的产业有保险、金融、印刷等多个产业部门。旅游者的旅游活动是从旅游客源地到旅游目的地的一种空间移动，游客在旅游目的地的一系列游览活动需要涉及多个产业和部门。这就决定了旅游企业外包的业务范围广泛且彼此关联。旅游企业可以把企业业务中的一块或多块业务外包给一个或多个非旅游企业，接包的非旅游企业也可以把部分业务再外包给一个或多个旅游企业。范蓓和田彩云（2012）认为可以形成以旅游服务业务为中心，多级相连，环环相扣的外包服务网络结构；而且由于接包企业位于不同的地方，外包业务的链条在组织结构和空间分布上形成纵向化网状式结构。旅游企业的业务外包可以在电子网络技术和信息网络技术形成的支持平台中呈现外包业务链条网状化发展。

# 3.3　旅游企业业务外包的模式

业务外包模式的概念起源于业务外包这一活动的开始，"模式"的意思是"事物的标准样式"，迄今为止关于企业业务外包模式的研究都是附属在业务外包决策、业务外包类型、业务外包评价的研究课题中进行论述的（伍蕾，2011c）。一般把业务外包模式等同于业务外包类型。

从现有的研究文献来看，业务外包的划分形式也不尽相同。金辉和杨帆（2001）根据外包对象将外包划分为资源外包、客户关系外包、电子商务外包、研发外包和人事外包。刘景江（2003）根据网络时代的特点将业务外包划分为委托型业务外包模式、横向虚拟化一体外包模式、利用中介服务组织的业务外包模式、锥体型纵向一体化外包模式、大公司内部的模拟外包模式、企业研发的外包模式以及新项目的外包在线团队模式七类模式。Tomás 和 Padón Robaina（2006）从外包业务维度将业务外包划分为三种模式：核心业务外包、补充型业务外包和非核心业务外包。Hilmer 和 Quinn（1994）根据控制需要和灵活性需要将企业业务外包划分为完全所有权、部分所有权、联合开发、预先保留、长期合同、买入期权和短期合同七种业务外包方式。Lacity 等（1996）根据业务市场地位贡献和业务运作功能贡献将业务外包划分为关键并与众不同、关键业务、有用业务、有用并且与众不同等四种业务外包模式。Arnold（2000）提出由外包主体、外包目标、外包合作者和外包设计四个单元组成的外包结构模型，将企业活动划分为企业核心业务与核心业务密切相关的业务、支持性业务和可抛弃性业务，并由此来决定外包的类型。

还有学者根据不同的维度总结出业务外包的不同模式（表 3-2，表 3-3）。不难看出，多维度的外包模式划分缺乏系统性，对旅游企业的外包决策指导作用意义不大，在旅游企业业务外包中比较常见的还有根据市场经营的多样性，将旅游企业外包分为生产外包、营销外包、人力资源管理外包、网络定制外包。生产外包是指将企业内部非核心的业务外包给外部专业、高效的服务提供商，从而降低成本。营销外包是指旅游企业将自己的营销业务给承包公司经营，由广告公司等帮助企业树立企业形象、产品形象。人力资源管理外包，是指企业将录用优秀的人员、培训等方面的业务外包给人力资源管理公司，如"猎头"公司。网络定制外包是指如今电子旅游商务发展得如火如荼，越来越多的旅游企业建立起自己的营销网络，但是由于这部分业务的专业性强，资源配置要求高，企业内部很难自我消化，于是普遍把这部分业务外包给专业的网络公司。

**表 3-2　基于单维度划分的外包模式**

| 分类标准 | 业务外包模式 | 支持学者 |
|---|---|---|
| 决策分析水平 | 战略业务外包、战术或传统业务外包 | Ford 和 Farmer（1996）、Lacity 等（1996）、Stuckey 和 Whit（1993） |
| 业务外包范围 | 增提业务外包、选择或者部分业务外包 | |
| 一体化程度 | 业务外包、准业务外包 | |
| 产权关系 | 集团或内部；外部业务外包或者非集团业务外包 | |
| 行政控制 | 绩效业务外包、资源业务外包 | Jennings（1997）、Greaver（1999）、Gilley（2000）、Ulli（2000）、Espino 和 Padron（2004） |
| 所有权关系 | 私人业务外包、公共业务外包 | |
| 战略关系 | 替代性业务外包、期权业务外包、核心业务外包、外围业务外包 | |

资料来源：伍蕾和郑向敏（2011a）

**表 3-3　基于多维度划分的外包模式**

| 维度 | 划分标准 | 业务外包模式 | 学者 |
|---|---|---|---|
| 二维度 | 控制需要和灵活性需要 | 将业务外包划分为七种方式，即完全所有权、部分所有权、联合开发、预先保留、长期合同、买入期权和短期合同 | Quinn 和 Hilmer（1994） |
| | 以业务外包商参与的程度（业务外包商的能力与行为）与应用信息系统对企业的战略影响程度（企业目标及业务外包决策） | 支持型、合作型、依赖型和联盟型 | Nam 等（1995） |
| | 业务市场地位贡献和业务运作功能贡献 | 关键并与众不同、关键业务、有用业务、有用并与众不同 | Lacity 等（1996） |
| | 价值性和独特性 | 核心业务、传统业务、异质业务和外围业务 | Park 和 Snell（1998） |
| | 交易性和战略性 | 高战略性和交易性、高战略性低交易性、低战略性和交易性、高交易性低战略性（事务性业务、传统性业务、战略性业务） | Speaker（1998） |
| | 复杂性和资产专用性 | 低专用性低复杂性、低专用性高复杂性、高专用性低复杂性、高专用性高复杂性；其中高专用性高复杂性对应自制，而低专用性低复杂性则对应市场化购买，介于两者之间的两种情况都可实施资源业务外包战略 | Vining 和 Globerman（1999） |

| 维度 | 划分标准 | 业务外包模式 | 学者 |
|---|---|---|---|
| 二维度 | 业务流程或功能的专用性本质和业务流程或功能的独特性 | 当业务流程的专用性和独特性越低时，企业业务外包性越强 | Redson 等（2005） |
| | 业务外包的内容及在整体战略中的重要性 | 效率模式、能力模式和战略模式 | 邱家学和袁方（2006） |
| | 战略和经济 | 根据核心活动的特征构建基于改进的 ELECTREI 法的核心业务识别决策模型和核心业务识别的系统分析模型 | 王建军（2006） |
| | 业务外包与自营的成本/收益比、业务战略重要性 | 自营、业务外包、自营/业务外包、外包/自营 | 刘涛和徐福英（2008） |
| 三维度 | 技术（熟悉或不熟悉）、市场（新或旧）、创新（渐进或突破） | 九种业务外包模式 | Bala Chanda（1997） |
| | $z$（业务外包市场成熟度）、$y$（技术通用性）、$x$（生产计划确定性） | 理想业务外包模块、理想纵向一体化模块和部分业务外包模块或选择性业务外包模块 | 张达凯（2006） |
| 多维度 | 企业 IT 背景、IT 应用战略地位、IT 业务外包成本和业务外包商因素 | 构建 IT 业务外包模式，设计 ANP 模型 | 张培（2008） |
| | 研发业务外包的目标、技术、市场及业务外包项目的创新程度 | 效率型和创新型 | 伍蕾（2008） |

资料来源：伍蕾和郑向敏（2011b）

按照旅游企业对外包业务控制能力（即指旅游企业对已外包的具体操作过程可施加的影响力）的强弱，将外包分为几种类型。

补充性人力资源引进（supplement staffing）：从企业以外聘用临时员工或其他人员提供临时性服务。这种方式也被人为临时服务委托，在旅游企业中的酒店企业较为常见。旅游企业用最少的雇员，最有效地完成规定的日常工作量，而在有辅助性服务需求的时候雇佣临时工去处理，这部分临时雇员对失业的恐惧或报酬的重视，使他们对被给予的工作认真负责，工作效率得到显著提高。补充性人力资源引进的优势在于企业需要有特殊技能的人员而不需要长期拥有固定员工，可以缩减过量的经常性开支，降低固定成本，同时提高生产率。

战略联盟（strategic alliance）：与一个或多个商业伙伴结成战略联盟，共同投资，分享收益。一个旅游企业不仅仅可以与供应链上的企业结成联盟，也可以与自己的竞争者合作，使得双方可以把资源投入共同的任务（如一个旅游景区的共同规划与开发），可以使企业共同分担开发的风险，在共同开发的过程中还能够激发企业的创新能力和创造性。

选择性外包（selective outsourcing）：将业务流程的某一环节外包出去，并以合同的形式明确期望的结果。例如，旅游景区将景区的营销业务交给专门的广告公司，网上营销平台交给专门的互联网公司平台来研发，会展公司的创意和策划、安保与清洁等业务都是选择性外包，酒店把一些人员的选择全部交给某个人力资源公司，将人力资源业务外包。

完全外包（full outsourcing）：将核心业务以外的整个业务流程都外包出去，并以合同的方式明确期望的结果。例如，国内的酒店将管理运营完全交给国外的酒店管理集团。

另外还有转包合同（contract transfer）；利益关系（benefit-based relationship）等比较特殊或崭新的概念，相信在不久的将来还会有更多的外包类型出现。

目前来说，旅游企业业务外包采用最多的就是补充性人力资源外包，最少采用的是合资形式，在未来的几年中，旅游企业用于业务外包的开支将会大幅度增加，用于保存性人力资源引进的开支将不会有显著增长，而用于其他形式的外包开支将有所增长。

## 3.4　旅游企业业务外包发展趋势

旅游业长期以来被认为是消费型产业，而不是产出型产业。旅游确实是为生活消费服务的，但是如果以商务旅游的角度来认识，旅游也是为生产者服务的，这是一个根本性认识的变化。旅游业的高速发展仅依靠持续增长的生活性市场需求支撑的前景已经改变，这就迫使旅游业整个行业不得不转型。因此，业务外包是旅游企业向生产者服务功能转变的重要契机。

1) 外包的内容由低端向高端发展

随着社会科技的进步，旅游企业业务外包的内容也从低端向高端发展。国际上旅游企业外包的内容主要表现在信息技术与业务流程的外包，一般外包的业务具有较高的技术含量。而目前我国旅游企业的外包大部分限于安保、清洁等这类劳动密集型、低知识与低技术含量的业务，对旅游行业产生的经济效应非常有限。未来旅游服务企业服务外包业务将逐渐从低技术含量向高技术含量发展，特别是会展行业，许多专业化的信息技术及服务将更快地为会展业所采用，成为外包业务的重要内容之一。

2）信息技术的应用更加普及

我国旅游业正进入快速发展期，特别是其中的科技、研发及营销、设计等环节，对整个产业链的技术进步和创新越来越起到决定作用。随着信息技术的发展，企业外包内容将不断丰富，外包形式也将更趋多元化，外包的规模也会不断扩大，并且随着互联网技术的进一步发展，如 Web 2.0、移动互联网、手机终端等技术的成熟应用，人们的生活方式、社会环境都将会有翻天覆地的变化，那时旅游企业的生产运作方式将是另一种状况，旅游企业的外包模式将会有巨大的变化。服务外包也将由低技术含量向高技术含量的业务外包发展。而基于信息网络技术的旅游企业业务流程再造可以实现旅游生产商、消费者、外包商间实时有效的信息交流与反馈，进而实现个性化、定制化旅游服务（梁峰，2010）。

信息技术的普及应用也推动了虚拟企业的发展。互联网通信技术的发展使企业之间的沟通联系更加方便快捷，降低了企业之间的沟通交易成本，也使外包业务的管理更加容易。旅游企业与承包商之间通过外包，建立优势互补的网络体系形成虚拟企业。网络成员在发挥核心优势的基础上，可以使整个网络体系的使用效率和价值最大化，以最快的速度应对市场需求的变化，通过网络实现企业之间的资源知识共享，实现资源的优化配置。例如，现在的旅游电子商务就是一种虚拟化的旅游服务。再如，酒店把客房销售外包给专业化的网络电子商务平台就是旅游企业之间通过网络进行的一种虚拟化的业务合作。旅游企业通过业务外包进行虚拟化经营管理的势头越来越明显。

3）外包业务向部分核心业务扩展

在当前竞争日益激烈的环境下，随着旅游行业发展越来越成熟，旅游企业增多，企业实力越来越强，旅游企业业务外包的市场规模也会越来越大。外包的业务会触及生产供应链的大部分环节，外包产业已经开始向各个行业蔓延，服务外包市场潜力巨大，发展势头不可逆转。目前国内的旅游企业业务外包主要出现在支持性服务行业以及小部分辅助性服务行业，而大部分的辅助服务行业以及核心服务仍然是由政府或者企业自行经营。欧美许多国家的核心服务业务也已经出现了服务外包现象，相信不久之后我国旅游企业业务外包也会拓展到核心业务上来。

4）强化专业外包人才的培养

旅游企业开展业务外包离不开大量既具备相关业务外包理论知识，又熟悉旅游企业经营管理模式和外包实践经验的专门人才。我国旅游企业业务外包尚处于起步发展阶段，旅游业务外包专业人才非常短缺，尤其缺乏具有项目管理能力和相关业务外包经验的高级管理人才。由于旅游企业人员的流动性较大，旅游产品易被模仿，产品缺乏相应的知识产权的保护，也会阻碍旅游企业业务外包的深入发展。因此，对于旅游企业来说，建立一套完善、有效的人才供给机制显得更加紧迫。根据旅游企业业务外包的发展趋势与行业特点，包括沟通、策划、法律、管理、运作、风险、外语能力等，未来旅游企业将更加强化专业外包人才的培养。

　　5）注重外包双方组织文化协同

　　外包双方的组织文化协同是指在外包运作过程中，外包双方能相互尊重，求同存异，努力扩大双方产业文化的兼容性和共识面，从而有效地减少因文化冲突和摩擦带来的不利影响。旅游服务外包涉及不同的行业、不同地区的企业，因此在这种和外部的合作关系中，很容易出现文化差异造成的摩擦，企业注重文化协同意识的培养，就可以和承包商建立相互信任的关系，树立正确的精英观，消除地域差异，这样旅游企业和承包商的合作就会更加长久。

# 4 广东省旅游企业的业务外包

近年来，广东省服务外包发展迅速，数据显示，2012 年，广东服务外包企业接包合同额和执行额分别为 81.1 亿美元和 52.2 亿美元。广东服务外包产业仍处于起步阶段。据业内人士介绍，全省服务外包发展水平不平衡，业务主要集中在广州、深圳两市（占全省的 95%以上），其余各市的服务外包产业发展缓慢；本土服务外包企业规模普遍较小，缺乏品牌效应。因此在本书展开研究时主要针对广州地区进行调研，并以在旅游企业业务外包中最为典型的酒店为具体的调查行业。

## 4.1 广州地区酒店企业业务外包现状

调研主要针对的是广州地区的酒店，以广州地区酒店行业协会会员酒店为样本，采取简单随机抽样的方法发放问卷来了解分析广州地区酒店企业业务外包状况。对广州市酒店业务外包现状的调查共发放了 300 份问卷，回收 250 份，问卷回收率为 83%，有效问卷 200 份，问卷有效率为 80%（表 4-1）。

表 4-1　有效问卷酒店信息表

| 酒店信息 | | 比例/% | 酒店信息 | | 比例/% |
|---|---|---|---|---|---|
| 酒店类型 | 单体酒店 | 83.2 | 酒店类型 | 度假型酒店 | 15.6 |
| | 连锁酒店 | 16.8 | | 商务会议型酒店 | 79.2 |
| 酒店性质 | 国营 | 49.5 | | 公寓式酒店 | 2.1 |
| | 合资 | 12.6 | | 其他 | 3.1 |
| | 外资 | 5.3 | 酒店等级 | 非星级酒店 | 品牌经济型 | 5.2 |
| | 股份制 | 9.5 | | | 国际品牌酒店 | 3.1 |
| | 集体所有制 | 7.4 | | | 其他 | 10.4 |
| | 其他 | 15.8 | | 星级酒店 | 一星级 | 0.0 |
| 客房规模 | 99 间及以下 | 8.5 | | | 二星级 | 4.2 |
| | 100～199 间 | 35.1 | | | 三星级 | 33.3 |
| | 200～299 间 | 24.5 | | | 四星级 | 32.3 |
| | 300～499 间 | 24.5 | | | 五星级（包括白金五星） | 15.6 |
| | 500 间及以上 | 7.2 | | | | |

### 4.1.1 酒店的业务外包现象十分普遍

被调查酒店中有 79.8% 的酒店目前采取了外包战略并外包了一项或多项业务，19.2% 的酒店目前尚无业务外包计划，有 1% 的酒店计划在未来五年内实施业务外包战略（图 4-1）。可见，有超过八成的酒店已经或计划实施业务外包战略，广州地区酒店的业务外包现象十分普遍。

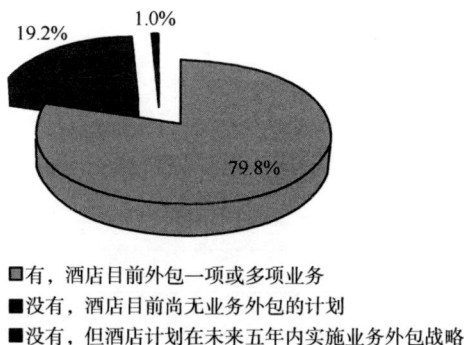

■有，酒店目前外包一项或多项业务
■没有，酒店目前尚无业务外包的计划
■没有，但酒店计划在未来五年内实施业务外包战略

图 4-1 酒店业务外包现状

### 4.1.2 酒店外包业务类型多样、涉及范围广

表 4-2 中的业务覆盖了酒店的主要业务，除了销售和酒店推广两项业务外，其他业务都由酒店选择外包，可见酒店外包的业务范围十分广。最常见的前三项业务是洗衣服务（65.4%）、绿化（52.0%）、商场（40%）；娱乐服务（36.8%）、公共区域保洁（34.1%）、中餐厅（34.6%）、康体服务（25%）、设备维护与管理（23%）也是酒店比较常见的外包业务。部分酒店还补充了问卷设计中未提及的包括内部保洁、汽车服务、厨房清洁等业务员。调查结果表明酒店业务外包涉及的业务类型范围多样，在酒店通常拥有的 20 多项业务中基本涉及。

表 4-2 酒店外包的业务类型列表（%）

| 项目 | 自营 | 外包 |
| --- | --- | --- |
| 洗衣服务 | 34.6 | 65.4 |
| 绿化 | 48.0 | 52.0 |
| 商场 | 60.0 | 40.0 |
| 娱乐服务 | 63.2 | 36.8 |
| 中餐厅 | 65.4 | 34.6 |

| 项目 | 自营 | 外包 |
| --- | --- | --- |
| 公共区域保洁 | 65.9 | 34.1 |
| 康体服务 | 75.0 | 25.0 |
| 设备维护与管理 | 77.0 | 23.0 |
| 特色餐厅 | 80.6 | 17.7 |
| 大堂吧 | 84.8 | 15.2 |
| 西餐厅 | 85.3 | 14.7 |
| 酒店信息系统 | 87.7 | 12.3 |
| 酒吧 | 89.1 | 10.9 |
| 后勤（包括员工饭堂、员工宿舍管理） | 94.4 | 5.6 |
| 酒店安保（保安及监视） | 94.6 | 5.4 |
| 采购及进货 | 94.7 | 5.3 |
| 房间保洁 | 95.1 | 4.9 |
| 员工招聘 | 95.9 | 4.1 |
| 会议服务 | 98.6 | 1.4 |
| 财务管理 | 98.6 | 1.4 |
| 培训 | 98.6 | 1.4 |
| 预订 | 98.8 | 1.2 |
| 销售 | 100.0 | — |
| 酒店推广 | 100.0 | — |

注：百分比＝选中某选项的酒店数量÷回答该题的酒店总数

这一调查结果与国内外对酒店业务外包的研究成果十分吻合。Espino-Rodríguez 和 Padrón-Robaina（2004）的研究发现，饭店外包中使用最多的是洗衣、保安、监管、娱乐、园艺等服务，因为这些业务外包不会导致酒店失去核心技能和能力；而且，只要找到合适的，能比酒店提供更好服务的供应商，餐厅、酒吧、厨房等业务也可外包，即使是构成酒店核心竞争力的业务，如接待、预订、商务管理等业务，酒店也会外包，只是会选择推迟外包。颜澄（2005）认为在众多的饭店外包的项目中，餐饮项目的整体或部分外包又是最普遍的。近年来，酒店业务外包在国内得到了较快的发展，业务外包涉及的领域越来越广泛、部门越来越多，著名的国际酒店集团喜达屋就将自己招聘实习生的人力资源业务外包给我国的招聘网站中华英才网。南京金陵饭店集团则先后将自己信息化管理研发的业务外包给 IBM 公司、西湖软件、金蝶公司。宋立（2008）认为饭店外包的模式主要包括预订和前台外包模式、销售和营销外包模式、财务和行政外包模式、服务外包模式、人力资源管理外包模式。可见酒店外包的业务类型范围之广，涉及一线业务部门和职能部门。

而且，未来五年里，公共区域保洁、洗衣服务、餐饮（包括中西餐、特色餐饮）、绿化等业务依然会是酒店最常见的外包业务类型。

### 4.1.3 酒店性质影响酒店业务外包决策

研究的结果[①]同时表明酒店的类型、星级或客房规模与酒店某些业务的自营或外包存在关联：对于公共区域保洁，连锁酒店比单体酒店更倾向于外包；对于洗衣服务，单体酒店则更倾向于外包，星级酒店比非星级酒店更倾向于外包，低星级比高星级更倾向于外包，中小客房规模的酒店更倾向于外包；对于中餐厅，客房规模小的酒店比客房规模大的酒店更倾向于外包，低星级酒店比高星级酒店更倾向于外包；对于设备维护与管理业务，度假型酒店比商务会议型酒店更倾向于外包；对于酒店信息系统，非星级酒店比星级酒店更倾向于外包。进一步分析的结果显示，酒店是否外包与酒店是单体或连锁酒店、酒店客房规模、酒店星级等均没有显著的联系，但与酒店的类型有一定的联系，有超过八成的商务会议型酒店实施外包，商务会议型酒店比度假型酒店更倾向于实施外包。这一现象部分证明了国内外一些研究的结论，即企业是否实施外包与企业的性质、企业规模等因素有关（表 4-3）。

**表 4-3 酒店外包的业务类型及外包的年限**

| 项目 | 自营/% | 外包/% | 外包平均年限/年 |
| --- | --- | --- | --- |
| 洗衣服务 | 34.6 | 65.4 | 2.6 |
| 绿化 | 48.0 | 52.0 | 3.2 |
| 商场 | 60.0 | 40.0 | 4.0 |
| 娱乐服务 | 63.2 | 36.8 | 7.0 |
| 中餐厅 | 65.4 | 34.6 | 7.5 |
| 公共区域保洁 | 65.9 | 34.1 | 2.3 |
| 康体服务 | 75.0 | 25.0 | 7.4 |
| 设备维护与管理 | 77.0 | 23.0 | 3.3 |
| 特色餐厅 | 80.6 | 17.7 | 6.0 |
| 大堂吧 | 84.8 | 15.2 | 3.8 |
| 西餐厅 | 85.3 | 14.7 | 4.9 |

① 分别对各项业务与酒店的基本信息（酒店的性质、规模、星级等）进行检验，得出 $p < 0.05$ 的则说明酒店性质对业务外包或自营存在关联。

| 项目 | 自营/% | 外包/% | 外包平均年限/年 |
|---|---|---|---|
| 酒店信息系统 | 87.7 | 12.3 | 4.2 |
| 酒吧 | 89.1 | 10.9 | 4.8 |
| 后勤（包括员工饭堂、员工宿舍管理） | 94.4 | 5.6 | 3.3 |
| 酒店安保（保安及监视） | 94.6 | 5.4 | 1.0 |
| 采购及进货 | 94.7 | 5.3 | 1.0 |
| 房间保洁 | 95.1 | 4.9 | 2.0 |
| 员工招聘 | 95.9 | 4.1 | 1.0 |
| 会议服务 | 98.6 | 1.4 | 3.0 |
| 财务管理 | 98.6 | 1.4 | 1.0 |
| 培训 | 98.6 | 1.4 | 1.7 |
| 预订 | 98.8 | 1.2 | 5.0 |
| 销售 | 100.0 | — | — |
| 酒店推广 | 100.0 | — | — |

## 4.2　广州地区酒店业务外包决策的影响因素

### 4.2.1　酒店作出外包决策时考虑的主要因素

表 4-4 列举了酒店业务外包决策的影响因素，其中各因素均出自国内外外包研究的文献。在实施外包战略的酒店中，业务外包对降低其成本的作用、业务外包过程中酒店对承包公司管理控制能力是酒店外包决策中最重要的两项影响因素；该业务要求的专业知识和技能程度、业务外包对提升其质量的作用、酒店业务外包市场法律法规的完善程度、外包市场是否具有能够提供良好服务质量的承包公司、业务对酒店的重要性、业务外包对降低酒店运营风险的作用、业务外包对酒店提升核心业务关注度和竞争力的作用、该业务的交换成本、外包市场是否有一定数量的承包该业务的承包公司也是决策中比较重要的因素。

国内外关于外包的研究表明，成本和质量等外包收益方面的因素是促使企业实施外包战略的重要原因，本次研究的发现也印证了这一结论。总体而言，在外包决策中，外包的收益（如降低成本、质量提升等）和外包市场的完善程度（法律法规、承包商数量、服务水平等）方面的因素是酒店最重视的因素。而外包的风险（对酒店文化、员工、知识技能的不良影响、外包商的机会主义行为）是决策中重要性较低的因素这一发现则与国内外的研究结论有所不同，尤其是"外包会导致知识技能流失"这一项，这或许是因为酒店行业并非知识密集型行业。

**表 4-4　酒店业务外包决策影响因素及各因素的重要性**

| 项目 | 重要性（均值） |
|---|---|
| 该业务外包对降低其成本的作用 | 4.12 |
| 业务外包过程中酒店对承包公司管理控制能力 | 4.07 |
| 该业务要求的专业知识和技能程度 | 3.99 |
| 该业务外包对提升其质量的作用 | 3.96 |
| 酒店业务外包市场法律法规的完善程度 | 3.96 |
| 外包市场是否具有能够提供良好服务质量的承包公司 | 3.94 |
| 该业务对酒店的重要性 | 3.91 |
| 该业务外包对降低酒店运营风险的作用 | 3.9 |
| 该业务外包对酒店提升核心业务关注度和竞争力的作用 | 3.88 |
| 该业务的交换成本（包括金钱成本和时间、谈判、监督等非金钱成本） | 3.83 |
| 外包市场是否有一定数量的承包该业务的承包公司 | 3.8 |
| 该业务要求的灵活性及个性化程度 | 3.73 |
| 该业务外包对酒店获得外部专业资源的作用 | 3.73 |
| 该业务外包对酒店灵活性的提升作用 | 3.67 |
| 该业务的外包是否会有隐藏的成本 | 3.64 |
| 该业务被替代的难度 | 3.49 |
| 同行业竞争者是否实施外包战略 | 3.48 |
| 该业务外包是否会导致酒店信息安全问题 | 3.41 |
| 酒店是否有该业务或其他业务的外包经验 | 3.41 |
| 该业务外包是否会对酒店文化造成不良影响 | 3.35 |
| 该业务外包是否会对其他一线员工造成不良影响 | 3.32 |
| 该业务外包是否会引起员工士气（工作热情、工作效率等）问题 | 3.3 |
| 该业务承包商采用机会主义行为的可能性 | 3.27 |
| 该业务外包是否会导致知识与专业技能的流失 | 3.15 |

## 4.2.2　酒店实施业务外包决策战略的原因

图 4-2 描述了阻碍酒店实施业务外包战略的原因。在目前尚无业务外包的计划的酒店中，49.2%的酒店是因为担心外包会导致酒店失去业务的控制权，42.7%的酒店是因为难以在市场上找到可靠的承包商。担心外包会对酒店文化造成不良影响（39.0%）和不认为外包能达到节约成本的目的（37.3%）也是阻碍

不少酒店外包的主要原因。

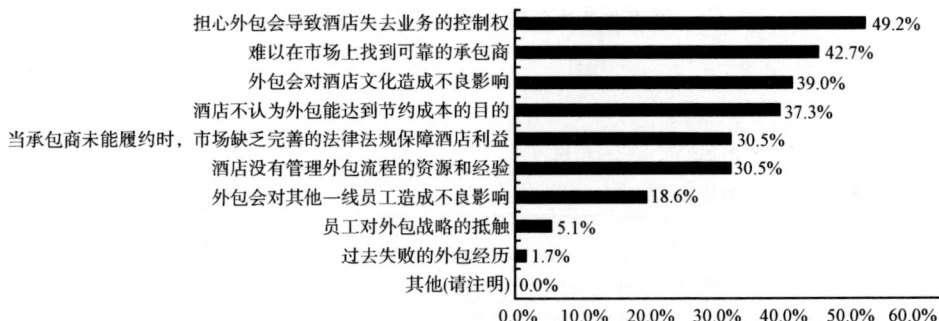

图 4-2　　阻碍酒店实施业务外包战略的原因

### 4.2.3　酒店业务外包决策是多阶段的，决策过程受多方面因素影响

国外的一些研究认为酒店的外包具有战略和战术双重原因，国内的一些学者则从宏观环境和行业环境角度讨论影响酒店外包决策的因素。伍蕾认为，酒店外包的动机可以分为两个方面：一方面包括酒店外包条件、起因、决定因素和支撑要件（function/antecedents/situation）；另一方面涵盖酒店外包的风险、优势、劣势和回报（risk/advantage/disadvantage/reward）（伍蕾，2011a）。然而，无论是国外还是国内的研究，酒店外包决策的复杂性、决策受多方面因素影响是毋庸置疑的。

调查结果显示，在决定是否外包的过程中，业务外包对酒店提升核心业务关注度和竞争力的作用、业务外包过程中酒店对承包公司管理控制能力、外包业务要求的专业知识和技能程度、业务外包对提升其质量的作用、酒店业务外包市场法律法规的完善程度、外包市场是否具有能够提供良好服务质量的承包公司、业务外包对降低其成本的作用、外包业务的交换成本、外包市场上承包公司的数量等是决策中比较重要的因素。总结以上因素发现，在该阶段的决策中，外包业务的收益（如提升竞争力、质量提升等）和外包市场的完善程度（法律法规、承包商数量服务水平等）是酒店最重视的因素。

在未实施外包的酒店中，阻碍酒店实施业务外包战略的原因主要为难以在市场上找到可靠的承包商、担心外包会对酒店文化造成不良影响。

图 4-3 描述了被调查酒店在选择业务承包商时考虑的因素。在实施外包战略的酒店中，承包商高质量、有保障且稳定的服务水平（89.0%）是选择承包商时考虑得最多的因素，其次是承包商过去的承包经验和表现（75.3%）、承包商的专业水平（75.3%）。可见，尽管酒店实施外包策略的原因中成本因素占十分重

要的地位，但在承包企业选择上酒店关注更多的是承包的企业是否具有良好的服务水平。

　　不同类型的酒店对不同因素的关注存在一定的差异。数据分析的结果[1]显示，星级酒店比非星级酒店更重视承包商的专业水平，星级酒店与国际品牌酒店比品牌经济型酒店更重视承包商过去的承包经验和表现，星级酒店中尤其是五星级酒店对灵活的合同选择比较重视。

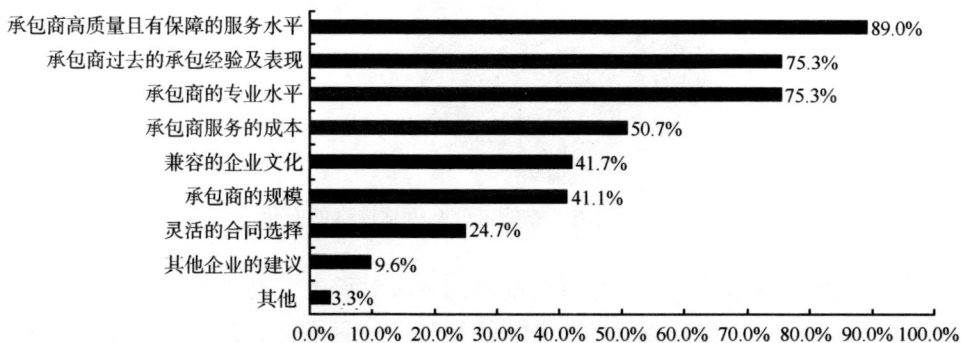

| 因素 | 百分比 |
|---|---|
| 承包商高质量且有保障的服务水平 | 89.0% |
| 承包商过去的承包经验及表现 | 75.3% |
| 承包商的专业水平 | 75.3% |
| 承包商服务的成本 | 50.7% |
| 兼容的企业文化 | 41.7% |
| 承包商的规模 | 41.1% |
| 灵活的合同选择 | 24.7% |
| 其他企业的建议 | 9.6% |
| 其他 | 3.3% |

图 4-3　酒店在选择承包商时主要考虑的因素

　　调查结果印证了外包决策中酒店考虑的因素是多方面的。在决定是否实施外包战略的决策上，外包业务的收益和外包市场的完善程度是酒店十分重视的决策因素，可见酒店对外包战略的期望较高，并希望外包市场能提供良好"配置"以达到组织的期望。酒店对市场配置的期望，一方面体现在酒店在选择承包商时非常重视承包商的能力，尤其是承包商能否提供高质量、有保障而且稳定的服务水平，另一方面，从阻碍酒店外包的因素中，难以在市场上找到可靠的承包商这一原因也从另一个角度说明了酒店对外包市场的要求。而以上提到的因素，都应该是酒店业务外包决策中应该考虑的重要因素。

# 4.3　广州地区酒店业务外包评价

## 4.3.1　广州地区酒店业务外包总体评价

　　外包一直被认为是降低成本的有效途径。对酒店而言，成本一直是其十分关心的问题。调查统计实施外包战略的酒店中，76.0%表示外包后酒店总成本有所降低，4.0%表示无明显变化。另外，有一成左右的酒店表示成本提高，十分之

---

　　[1]　分别使各因素与酒店的基本信息（酒店的性质、规模、星级等）进行检验，得出 $p < 0.05$ 的则说明酒店性质与该因素存在关联，并根据结果进一步分析关联。

一的酒店表示不知道外包后酒店成本的变化（图 4-4）。

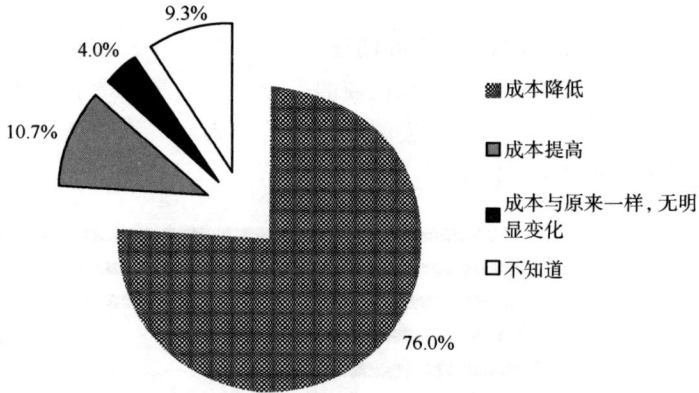

图 4-4　实施业务外包后酒店总成本的变化

在外包实施的过程中，实施外包战略的酒店对承包商服务质量和外包双方关系持肯定态度。对承包商提供的服务质量和与承包商的关系表示"满意"的酒店均超过六成，表示"一般"的也有将近四成，只有极少数的酒店表示不满意(图 4-5)。

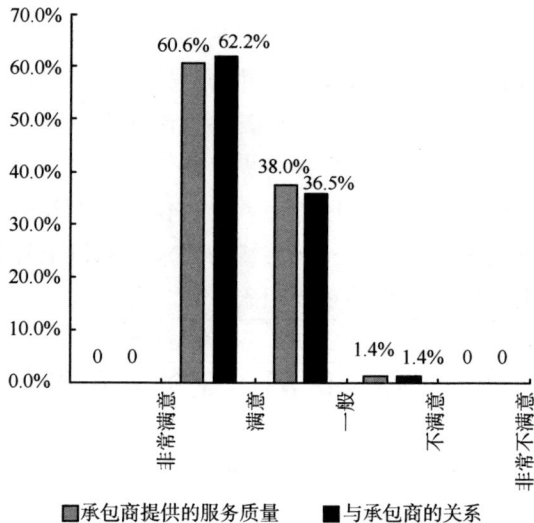

图 4-5　酒店对承包商服务质量和外包双方关系的满意程度（％）

实施业务外包后酒店总成本降低，超过六成的酒店对承包商表示满意，这些都从侧面印证了图 4-6 反映的酒店对业务外包战略的良好评价——有超过八成的酒店表示外包超越或达到了组织的期望。

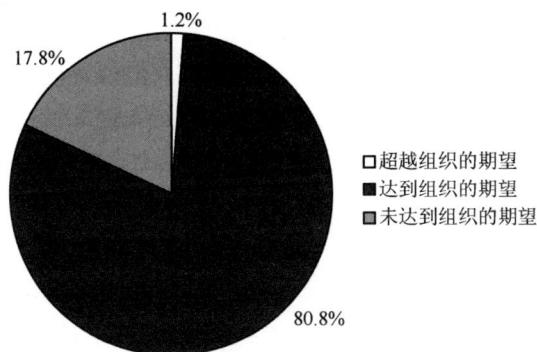

图 4-6　酒店业务外包达到组织的期望程度（%）

## 4.3.2　广州地区酒店业务外包的绩效评价

对酒店业务外包绩效的衡量指标，目前国内外尚未较权威的评价体系，因此在研究中选取了文献（Tamer and Ozgur，2009；Tomas et al.，2004；Tomas et al.，2005）中的 7 个一级指标（经营效果、生产率、盈利能力、质量、不断改进、工作生活质量、社会责任）21 个二级指标。

从表 4-5 中可以看出，对业务外包之后酒店各方面的绩效，总体来说酒店认为是处在一般水平，对于不同绩效的衡量指标也存在某些差异："实施外包后投诉客人的人数"和"实施外包后辞职的员工的人数"的均值都低于一般水平，而"实施外包后酒店营业收入利润率"和"实施外包后本酒店获得社会的一致好评的程度"两个题项的均值略高。但是，本次研究所得各子项的均值都不高，这可能是因为酒店难以识别业务外包对酒店整体绩效的影响。

表 4-5　酒店实施业务外包后各方面的绩效

| 项目 | 平均值 |
| --- | --- |
| 实施外包后酒店经营目标的完成程度 | 3.23 |
| 实施外包后酒店市场份额目标的完成程度 | 3.23 |
| 实施外包后酒店客房入住率目标的实现程度 | 3.20 |
| 实施外包后原材料的生产力 | 3.13 |
| 实施外包后员工的生产力水平 | 3.16 |
| 实施外包后使用电力、燃油等能源的生产力水平 | 3.14 |
| 实施外包后酒店营业收入利润率 | 3.25 |
| 实施外包后投入资本的盈利水平 | 3.18 |
| 实施外包后酒店分配给股东的利润比率 | 3.20 |

续表

| 项目 | 平均值 |
|---|---|
| 实施外包后投诉客人的人数 | 2.89 |
| 实施外包后客人的满意度 | 3.20 |
| 实施外包后回头客人数 | 3.30 |
| 实施外包后酒店提供给客人新服务的数量 | 3.14 |
| 实施外包后酒店提供给客人新活动的数量 | 3.09 |
| 实施外包后在服务的过程中进行服务创新的数量 | 3.04 |
| 实施外包后辞职的员工的人数 | 2.86 |
| 实施外包后酒店对员工的激励水平 | 3.14 |
| 实施外包后员工工作满意度水平 | 3.18 |
| 实施外包后本酒店获得社会的一致好评的程度 | 3.25 |
| 实施外包后本酒店对于社会问题的敏感度 | 3.18 |
| 实施外包后本酒店承担社会责任的程度 | 3.18 |

根据所得数据进一步分析检验的结果表明，某些业务的外包的自营或外包对酒店某方面绩效的影响程度有差异[①]。分析结果显示：商场的自营和外包在酒店市场份额目标的完成程度上具有显著差异；娱乐服务的自营和外包在酒店回头客人数的影响上具有显著差异；绿化的自营和外包在酒店客人满意度的影响上具有显著差异。房间清洁和西餐厅的自营和外包在酒店投入资本的盈利水平的影响上具有显著差异；康体服务的自营和外包在酒店投诉客人的人数的影响上具有显著差异；设备维护与管理的自营和外包在酒店使用电力、燃油等能源的生产力水平的影响和在酒店承担社会责任的影响上具有显著差异。

### 4.3.3　广州地区酒店对未来外包战略的态度

图 4-7 反映了未来五年酒店对业务外包的态度。在目前实施外包的酒店中，有将近六成的酒店表示在未来五年里会保持现在的外包水平，32.4% 的酒店表示会提高业务外包的程度，只有不到十分之一的酒店表示会降低外包程度，可见超过九成的酒店在未来五年里对外包战略持相对乐观态度。

但是，从酒店的类型而言，国有酒店对外包的态度则不如外资、合资和集体所有制酒店乐观，国有酒店有超过一成的酒店表示要降低业务外包的程度，合资

---

① 采用 T 检验，对问卷中的 26 项（包括其他项）酒店外包业务进行检验，分析各项业务的自营和外包对酒店绩效影响的差异。若 sig 小于 0.05 说明自营和外包业务对酒店经营效果绩效的影响是显著的；若 sig 大于 0.05 则说明两者对酒店经营效果绩效的影响不显著。

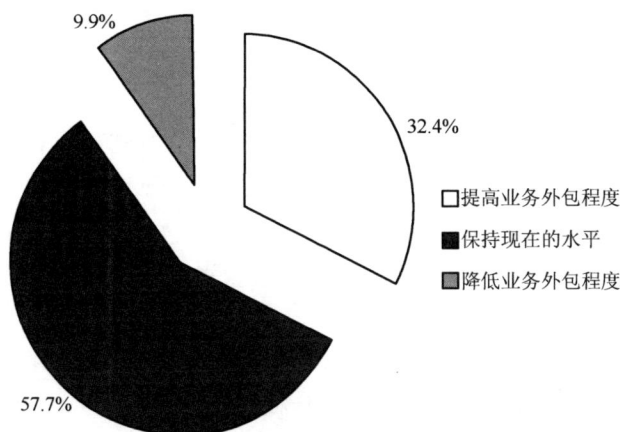

图 4-7　未来五年里酒店对业务外包的态度

酒店则有将近三成，而外资、合资和集体所有制酒店均表示保持或提高现有外包水平；另外，非星级酒店对外包的态度也不如星级酒店乐观，前者有三分之一的酒店表示要降低业务外包的程度，后者则不足一成。

外包业务类型方面，未来五年，公共区域保洁、洗衣服务、餐饮（包括中西餐、特色餐饮）、绿化等业务依然会是酒店最常见的外包业务。值得一提的是，销售和酒店推广两项业务在未来也会成为酒店外包的业务类型（表 4-6）。

表 4-6　未来五年里，酒店计划外包的业务类型（％）

| 业务 | 未来五年外包 | 业务 | 未来五年外包 |
|---|---|---|---|
| 预订 | 7.00 | 会议服务 | 2.30 |
| 房间保洁 | 25.00 | 设备维护与管理 | 36.40 |
| 公共区域保洁 | 50.00 | 绿化 | 50.00 |
| 洗衣服务 | 47.70 | 酒店信息系统 | 6.80 |
| 中餐厅 | 25.00 | 财务管理 | 4.50 |
| 西餐厅 | 13.60 | 培训 | 11.40 |
| 特色餐厅 | 13.60 | 员工招聘 | 13.60 |
| 大堂吧 | 15.90 | 销售 | 4.50 |
| 酒吧 | 11.40 | 酒店推广 | 9.10 |
| 康体服务 | 13.60 | 酒店安保（保安及监视） | 9.10 |
| 娱乐服务 | 22.70 | 后勤（包括员工饭堂、员工宿舍管理） | 22.70 |
| 采购及进货 | 2.30 | 其他 | 5 |
| 商场 | 25.00 | | |

酒店行业的特殊之处使其业务外包的决策更加复杂，因此在外包决策中，酒店考虑的因素是多方面的。在决定是否实施外包战略的决策上，外包的收益（如降低成本、质量提升等）和外包市场的完善程度（法律法规、承包商数量服务水平等）是酒店十分重视的决策因素，而外包的风险（对酒店文化、员工、知识技能的不良影响、外包商的机会主义行为）是决策中重要性较低的因素，可见酒店对外包战略的期望较高，并希望外包市场能提供良好"配置"以达到组织的期望。正因为如此，酒店在承包商的选择上非常重视承包商的能力，尤其是承包商能否提供高质量、有保障而且稳定的服务水平。

最后，酒店的类型、星级、客房规模、产权性质等特点会在一定程度上影响酒店对外包的态度、外包业务类型和承包商的选择。研究结果表明，在广州省内商务会议型酒店比度假型酒店更倾向实施外包，国有酒店对外包的态度则不如外资、合资和集体所有制酒店乐观；不同类型的酒店在公共区域保洁、洗衣服务、中餐厅、设备维护与管理几项业务的外包或自营的选择上存在差异；星级酒店更重视承包商的专业水平，以及承包商过去的承包经验和表现，五星级酒店对灵活的合同选择比较重视。

# 4.4　广东省旅游企业业务外包特点

## 4.4.1　旅游企业外包现象较普遍，成市和质量是业务外包的主要动因

尽管以酒店为代表的广东旅游企业担心外包会导致企业失去业务的控制权，但广东省旅游企业外包现象较为普遍，业务外包范围也十分广泛。目前外包的业务中以比较低层次的外包业务为主，但是以知识流程业务外包为代表的中高层次业务将成为未来广东省旅游企业最为关注的外包业务。

在调查中发现，大部分企业实施外包的主要动因还是降低成本或者提高服务质量，两动因具有先后顺序，企业在选择外包时往往先考虑成本，成本是一些企业外包的唯一动因。而有些企业则会在成本允许的条件下，考虑提高企业服务质量，从而作出外包决策。

## 4.4.2　外包市场成熟度低，高质量的专业公司缺乏

由于广东省目前的旅游服务外包市场仍比较混乱，企业仅仅是将一些低技术含量的业务外包给其他公司，这在一定程度上阻碍了旅游服务外包市场的发展。另外，采取外包形式的企业大部分是借鉴其他成功企业的经验，市场并未形成一套完善的外包机制可供参考。因此，旅游企业在业务外包时仍保持较为谨慎的

态度。

　　旅游企业业务外包的推广度是与专业化的业务服务公司的成熟度和专业化程度相辅相成的。专业服务公司的概念十分宽泛，其内容涵盖了从管理咨询、法律咨询等到销售推广多个行业。对旅游企业而言，专业服务公司包括两种：管理咨询类和业务类。前者如专业的人力资源组织机构、市场调查公司、管理咨询公司、专业的信息技术支持机构、软件开发机构等，后者指洗衣公司、保安公司、清洁公司、设备维修公司等。但是目前在广东省除餐饮业外，还缺少高质量的、专业的旅游企业外包业务服务公司。

### 4.4.3　业务外包行业集中度高

　　旅游企业的业务外包主要集中在酒店企业。酒店企业的业务外包不仅出现在一线部门，而且二线部门的业务外包也很普遍。外包的业务较其他旅游企业不仅外包业务范围广、项目多，而且外包业务的档次和程度也高。而其他旅游企业的业务外包主要集中在一些非核心领域，外包的范围和业务层次也相对较低。由于我国旅行社企业的散、小、弱、差的发展特点，造成很多旅行社还在沿用传统的经营方式。只有那些相对较大的旅行社集团外包的业务多些。因此从总体上来说，广东省旅游企业的业务外包主要集中在酒店业，外包的行业集中度高。

### 4.4.4　企业难以把握外包战略对企业整体绩效的影响

　　在外包的绩效方面，广东旅游企业能较为清晰地宏观评价业务外包的效果，但难以识别外包对企业绩效的作用机理。在宏观上，多数企业认为外包达到甚至超越了组织的期望、实现了成本控制的目的，并且对承包商的质量和与承包商的关系表示满意。但在微观层面上，调查分析显示某些业务的外包的自营或外包对企业某方面绩效的影响程度有差异，但分析也显示所得各绩效的均值都不高，即业务外包之后企业对总体绩效的各方面的评价大体处于"一般"水平。这一结果表明，尽管业务外包对绩效存在影响，但总体而言，企业难以识别业务外包对企业整体绩效的影响。服务业的性质使承包方的质量承诺往往在企业还未检查时已融合到产品中由顾客体验。因此，未来旅游企业对外包绩效的评价应深入考虑这一特点，从服务企业自身和顾客感知两方面综合评价，或许才是评价外包绩效比较合适的方式。

# 第 2 部分　实证研究

　　旅游企业大部分属于传统基础服务行业，其行业的范式比较固定，客人对旅行社、酒店等旅游企业的业务需求比较固定，而旅游企业提供产品的不可移动性，决定了许多旅游企业鉴于客人的需求开展并不具备优势的业务，这使得旅游企业在选择外包模式时的动因决策更为复杂和无规律性。本书在构建旅游企业外包决策动因的动力模型的基础上，利用 AHP 的方法，从目标层、准则层和方案层三个层次构建模型，其中准则层是层次模型的核心，利用特菲尔分析法从业务性质、外包收益、外包风险和外包外部环境四个角度构建，最终通过应用模型来检测其科学性，整个外包动因的研究分析既吸取了相关研究的精华又结合旅游企业特殊性来进行，所构建的模型具有很强的实用性和创新性。

　　对于旅游企业来说，从顾客的角度来评价外包业务的绩效和业务外包对组织绩效的影响显得更为实用和客观。客人对外包业务和业务外包模式的认同感成为旅游企业衡量外包战略实施成功与否的标准。本书正是立足于旅游企业这一特点，以酒店餐饮部为研究目标，探讨外包的服务质量、顾客感知价值和外包绩效，尝试揭开服务质量与顾客感知价值之间的关系、顾客感知价值与外包绩效之间的关系以及服务质量与外包绩效之间的关系，通过这三种关系的论证，进一步深究顾客感知价值对于服务质量和外包绩效的调节作用，并验证相关假设。基于顾客感知价值的酒店外包绩效研究的成果适用于旅游企业对外包业务绩效的评价与评估，并为外包伙伴的选择奠定了理论和实证基础。

# 5　旅游企业业务外包决策模型研究

酒店是旅游企业的典型代表，研究选择将其作为典型研究企业，包括高星级酒店、低星级酒店和经济型酒店，通过开展深度访谈、发放问卷等，考察其外包战略实施的历史、模式、特点、伙伴治理、风险等问题，研究旅游企业业务外包特征，进一步分析旅游企业外包动因，构建出旅游企业业务外包动力模型。

## 5.1　研究设计

酒店业务外包决策模型的建立按照以下步骤展开，根据模型建构原则和对决策因素的分析，初步建立决策模型；进行第一轮调研，验证模型中因素的相关性、一致性以及模型的适合性；通过第一轮调研数据的分析，对模型进行必要的修改，形成最终的酒店业务外包决策模型。接着进行第二轮专家调研，按照层次分析法求因素权重的步骤，最后确定因素权重，如图 5-1 所示。

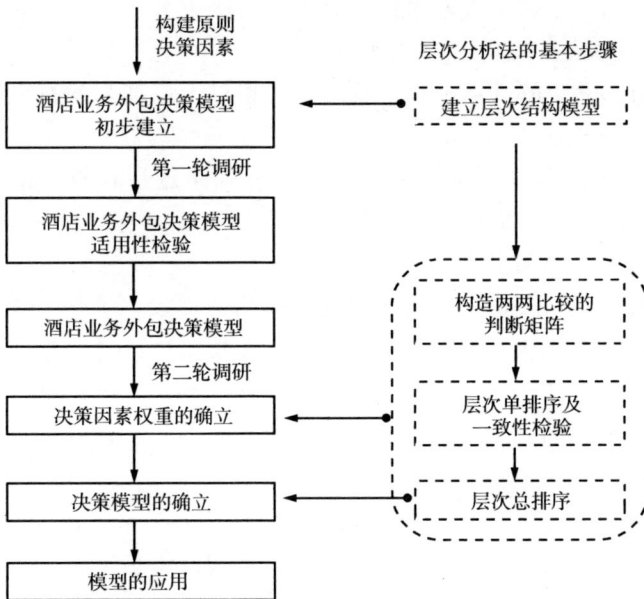

图 5-1　酒店业务外包决策层次模型的建立步骤

模型建立和因素权重的确立，主要使用层次分析法。层次分析法是由美国学者 Satty 提出的一种处理多目标、多准则、多因素、多层次的复杂问题，进行方案综合评价、决策分析的一种简单、实用而十分有效的方法，是一种定性分析和定量分析相结合的系统分析方法。它在一定程度上简化了系统分析和计算，把一些定性的因素进行定量化，尤其可用于对无结构特性的系统评价及多目标、多准则、多时期的系统评价。基于上述特点，它已经成为人们工作和生活中思考问题、解决问题的一种热门方法，在许多领域都得到了广泛的应用。层次分析法的基本原理可概述为：首先将复杂的问题分解成目标、准则、方案等若干层次的系统，在每一层次，按照一定准则对该层元素进行逐对比较，并按标度定量化，形成判断矩阵。然后通过计算判断矩阵的最大特征值以及相对应的正交化特征向量，得出该元素对该准则的权重。在此基础上，可以计算出各层次元素对于目标准则的比重。也就是说，层次分析法是在比原问题简单得多的层次上进行分析、比较量化、单排序，最终再逐级综合（总排序），最后得到问题的解。

按照层次分析法的基本原理，在运用层次分析法进行评价和决策时，主要有以下四个步骤：

步骤 1：分析系统中各因素间的相互关系，建立该系统的递阶层次结构模型；在层次分析法中，最关键的是建立一个合理的层次模型，因此本书在模型构建阶段，增加了对模型合理性的考察以便后面步骤的顺利展开。

步骤 2：对同一层次中各元素相对于上一层次中某一元素（准则）的重要性进行两两比较，构造出两两比较的判断矩阵。

步骤 3：由判断矩阵计算出被比较的元素相对于该准则的权重，然后进行层次单排序及一致性检验。

步骤 4：依照步骤 3，沿递阶层次结构由上而下逐层计算，得出最底层因素（如待选的项目、方案、措施等）相对于最高层（总目标）的相对重要度权值，进行层次总排序及一致性检验。

研究分为两个阶段。第一阶段通过阅读国内外文献，了解企业外包的动因和影响企业外包决策的因素，总结出影响企业外包决策的内部、外部因素。归结出影响酒店业务外包决策的因素，为决策模型的建立奠定基础。第二阶段主要为调研阶段。由于酒店外包的研究不多，尤其是对外包动因、影响外包决策因素方面的研究成果有限。为了使最终建立的层级模型更加合理，本书增加了一轮问卷调查，运用因子分析技术分析第一阶段从文献中归纳的因素，以此检查 AHP 层级模型的合理性，然后进行第二轮的问卷调查，通过调查最终建立酒店业务外包决策层级模型。具体的研究技术路线见图 5-2。

研究问题

酒店如何科学地作出业务外包战略决策

研究方法

| 文献法:采用历史 | 企业外包动因,影响企业外包决策的因素 | 酒店业务外包的基本内容 |

文献、统计年鉴等

综合分析文献、构建

企业外包决策
影响因素

外包决策模型

文献法、综合分析

解决问题

酒店业务外包决策影响因素

1.问卷调查法

2.描述性统计、因子

分析等问卷调查

基于AHP的酒店业外包决策层次

酒店业务外包决策影响因素的权重

酒店业务外包决策层次模型

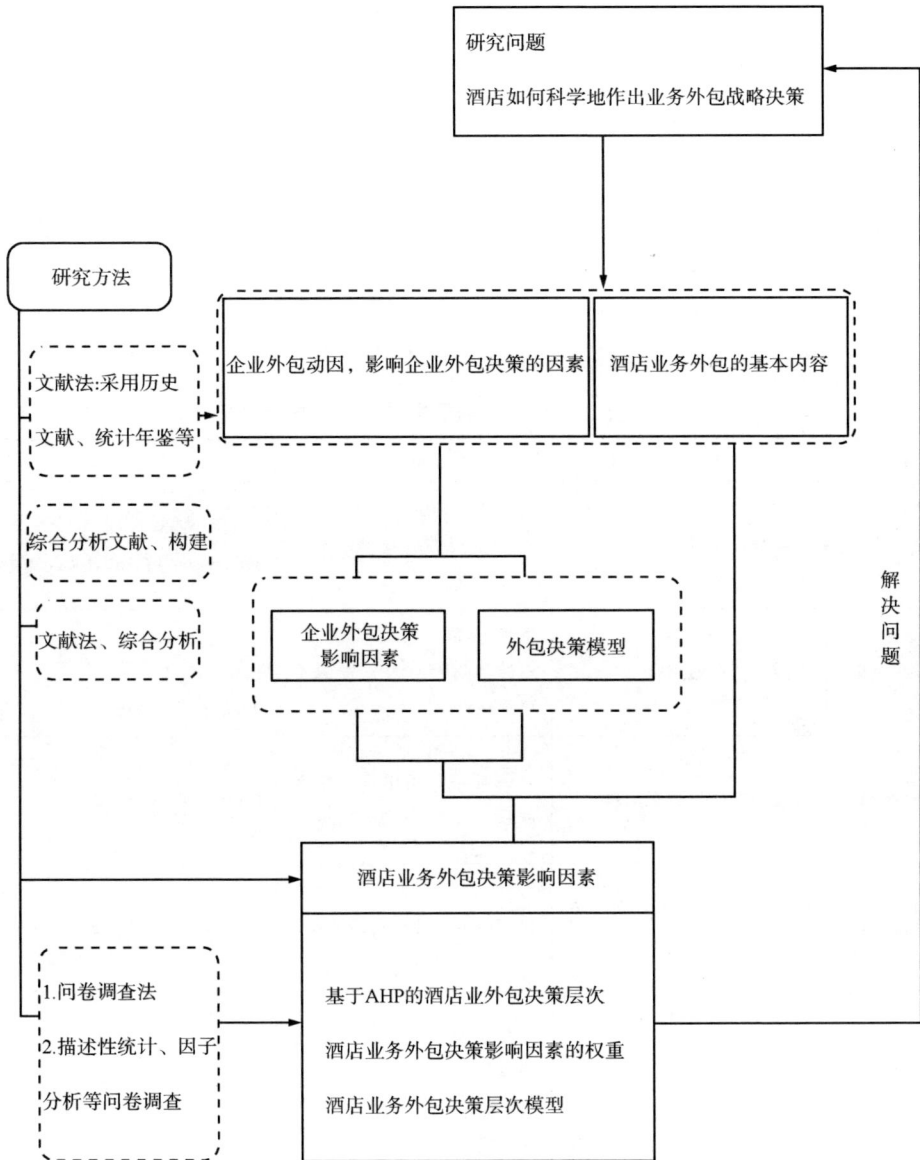

图 5-2  研究技术路线

# 5.2　文　献　研　究

## 5.2.1　外包决策研究综述

### 5.2.1.1　外包决策影响因素综述

早期对外包决策的研究，仅仅从成本的角度考虑，认为当外包的成本小于自制的成本时，企业就应该外包，这一视角涉及的内容和理论都相对简单。随着企业外包的深化发展，外包决策已经成为一项复杂的决策，单一的理论已经难以全面地解释这一问题。近年来外包决策研究主要围绕交易成本、资源基础、资源依赖、代理理论、战略管理、社会交换等理论展开（表5-1）。

**表 5-1　外包动因及影响因素主要理论基础列表**

| 理论基础 | 基本假设 | 主要变量/关注点 | 代表作者 |
|---|---|---|---|
| 交易成本 | 有限理性、机会主义 | 交易成本、生产成本；资产专用性、频率、不确定性 | Coase（1937），Williamson（1975，1981，1985） |
| 资源基础 | 企业是资源的集合 | 资源价值、资源稀缺性、资源不可替代性、资源不可模仿性 | Bamey（1991），Penrose（1959），Thompson（1967） |
| 资源依赖 | 企业与外部的相互依赖 | 外部环境、集中度、相互联系 | Pfeffer 和 Salancik（1978） |
| 代理理论 | 信息不对称、对风险的态度、不确定性 | 代理成本、理想契约关系 | Jensen 和 Meckling（1976） |
| 战略管理 | 企业设定长期目标，并以此为依据规划和配置资源以达成目标 | 战略优势、战略、个人选择等 | Chandler（1962），Miles 和 Snow（1978），Porter（1985），Quinn（1980） |
| 社会交换 | 交换中的参与发生与奖励的假设及对奖励有予以回报的义务 | 交换活动、收益/成本、利得、交换中的权利、信任等 | Blau（1964），Emerson（1972），Homans（1961） |

资料来源：Dibbern 等，2004；宋丽丽，2008

外包是一项复杂的决策，决策过程中涉及多方面因素的考虑。Dibbern 等（2004）在回顾信息系统的外包研究中发现，影响外包决策的因素有多个层面，

包括企业外包环境层面的因素、企业层面因素以及外包业务层面的因素。Kremic
等（2006）指出，外包决策需要考虑四类因素，即战略、成本、业务性质以及环
境。Yang 等（2007）则从期望、风险和环境三个方面来考虑外包决策因素。然
而，各研究中对决策因素的归类只是角度不同，研究发现的决策因素基本都涉及
企业内外部因素、外包收益和外包风险因素等。

### 5.2.1.2　外部环境因素

外部环境对外包决策的影响，早期更多的是着眼于宏观经济、政治环境方
面。研究指出，经济全球化、科学技术的发展、行业竞争等环境因素都促成了服
务外包的产生（陈菲，2005；姜灵敏，2010；Gupta U G 和 Gupta A，1992）。
Loh 和 Venkatraman（1992）在对 IT 外包的研究中指出，促使企业外包的动力
有不同层次，在宏观经济层面上，宏观经济暂时的经济周期和趋势推动企业通过
签订外包合同来实现 IT 基础设施管理的合理。国内学者的一些研究指出，政策
环境也是促进外包的重要原因（简兆权和王广发，2010；姚建明和刘丽文，
2011）。

宏观环境因素能够很好地解释企业外包产生的根源，但是随着外包的发展，
作用于外包的环境因素更多的是来自于行业层面因素，在学者的研究中也越来越
关注企业所处行业的市场环境对企业外包决策的影响（表 5-2）。Hilmer 和
Quinn（1994）指出市场成熟度、市场深度、供应商数量等环境因素影响着企业
外包的程度。对于市场成熟度的衡量，研究中多用可竞争性（contestability）来
衡量，一个可竞争的市场指的是当企业支付的价格超过了承包商的成本时，市场
上会有许多愿意提供服务的承包商。可竞争性阐述的是市场上承包商的数量，然
而除了数量外，承包商的服务质量也十分重要。Yang 等（2007）认为，许多企
业相信企业外包的承包商能够提供比企业内部"自制"更好的服务质量，因而采
取外包战略，承包商的服务质量是外包成功的重要因素。Dibbern 等（2004）在
影响企业外包决策的外部环境因素中提到了法制环境，认为完善的法制环境能够
降低企业外包的风险，有利于促进企业外包。许多学者还提到竞争对手对外包决
策的影响，Loh 和 Venkatraman（1992）指出，模仿行业中的竞争对手、来自供
应商压力和由于流行效应造成社会环境的压力都会使企业作出外包的决策。
McFarlan 和 Nolan（1995）在研究中就提到企业的外包行为部分归因于模仿行业
中的竞争对手。

表 5-2　外部环境因素及指标来源列表

| 外部环境 | 来源 |
| --- | --- |
| 经济全球化的发展 | 陈菲，2005；姜灵敏，2010；Gupta U G 和 Gupta A，1992；Loh 和 Venkatraman，1992 |
| 科学技术的发展（信息技术发展） | 陈菲，2005；姜灵敏，2010 |
| 行业竞争状况/市场环境状况 | 陈菲，2005；Gupta 和 Gupta，1992 |
| 政策环境状况 | 简兆权和王广发，2010；姚建明和刘丽文，2011 |
| 外包市场法律法规的完善程度 | Dibbern 等，2004 |
| 外包市场承包公司数量 | Quinn 和 Hilmer，1994；Yang 等，2007； |
| 外包市场承包公司服务质量 | Yang 等，2007； |
| 同行业竞争者外包战略实施状况 | Loh 和 Venkatraman，1992；McFarlan 等，1995；Dibbern 等，2004；Yang 等，2006； |

### 5.2.1.3　企业内部因素

企业内部因素对外包决策的影响，多从企业本身的性质和企业业务的特点展开。Bush 等（2008）在一项关于日本企业 IT 项目外包的实证研究中指出，项目的复杂性、项目的战略重要性、项目成果的可衡量性、内部技术专业性、项目要求的明确性、项目要求的变动性都会成为影响企业外包 IT 项目的因素。

在企业性质方面，研究的关注点是企业本身的哪些性质会对外包决策产生影响，企业所属的行业性质会使企业更倾向采取外包，进而这种倾向成为驱动企业外包的因素。Mojsilović 等（2007）、Hall（2003）指出，企业的本身的财务状况深刻影响企业外包，这是因为外包对成本的作用，当企业的财务状况不理想时，企业更倾向于外包。Mol 等（2005）指出，企业的规模和企业是否为跨国企业会对外包决策有重要影响，一般而言，规模越大的企业，越倾向采取业务外包。对于以上因素，学者也有不同的结论，Lacity 等（2009）在回顾前人 IT 外包的研究后指出，企业的财务状况不佳是促使企业外包的重要原因，而行业性质、企业规模大小的影响却依然不明。另外一个重要的因素是企业的外包历史，Gewal 和 Dibbern（2009）的研究指出，当企业本身有外包的历史会对企业的二次外包决策有重大影响，若之前的外包是成功的，则企业会对外包持乐观的态度，否则，企业将更审慎地对待外包。

在企业内部因素中，业务的特点对外包决策的影响是研究的热点，业务的特点决定了一项业务能否外包。Kremic（2006）指出，业务的复杂性、综合性（与组织内其他业务的联系程度）、资产专用性、结构、受影响员工的数量都是影响外包决策的业务特点。更多关于外包业务特点对外包影响的研究都是基于交易成本、资源基础等展开的。早期的研究结合交易成本理论，认为当交易成本较低的时候，企业应该采取市场型治理模式，而资产专用性、频率、不确定性是影响交易成本的三大维度。在外包的研究中，这三个维度常用于分析一项业务的性质及企业是否应该外包该项业务。Aubert 等（1996）以及 Poppo 和 Zenger（1998）的研究表明一项业务的资产专用性越高，外包的程度越低。但是，对于频率和不确定性，则要具体分析。然而，随着外包战略作用越来越得到认可，研究中对资源基础理论的关注越来越高。资源基础理论认为，当一项业务具有战略重要性时，这项业务就不宜外包，而价值、稀缺性、不可模仿性、不可转移性几个维度则是分析一项业务战略重要性的重要维度。Watjatrakul 在研究中对比交易费用和资源基础两个理论，研究发现根据交易成本中资产专用性作出的外包决策的结果要优于资源基础论（Watjatrakul，2005）。但是，更多的研究则指出，单个理论已经难以全面解释外包，应该结合多个理论，因此 Arnold（2000）结合交易成本、战略管理和核心竞争力理论，提出了一个业务外包分析框架。

### 5.2.1.4 外包收益因素

早期的业务外包，尤其是制造业生产职能、IT 服务等的跨国外包，都是源于企业对成本优势的追逐。在卖方市场为主导的市场中，价格优势是企业制胜的关键，企业通过各种手段压缩成本，外包就是在这种情况下产生的（表 5-3）。Wilding 等对物流外包的研究明确指出外包能获得供应商提供的专业化服务从而形成规模经济效益以降低物流成本（Wilding and Juriado，2004；Zineldin and Bredenlöw，2003）。IT 外包的研究也有类似的结论，与成本相关的因素是驱动企业采取外包的重要因素，此外外包降低了企业对 IT 的投入（包括设备和人员）从而降低了 IT 运营成本和企业总成本等（Gupta U G and Gupta A，1992；Mcfarlan and Nolan，1995；Smith et al.，1998；Bush et al.，2008；Baldwing et al.，2001）。除了直接的成本降低外，Kakabades 和 Kakabades（2000）认为由于专业性和规模经济获得的效率使企业直接降低成本，外包在许多方面也间接降低了企业成本。Lufrano 等（1996）指出企业能通过外包更好地预测并控制成本；Anderson（1980）则指出通过外包可将固定成本转变成可变成本。

表 5-3 外包收益因素及指标来源列表

| 外包的收益 | 指标来源 |
| --- | --- |
| 降低成本 | Gupta 和 Gupta，1992；McFarlan 等，1995；Smith 等，1998；Bush 等，2008；Baldwing 等，2001 |
| 提升质量 | Alner，2001；Daugherty，1996；Van Laarhoven 等，2000；Skjoett-Larsen，2000 |

| 外包的收益 | 指标来源 |
| --- | --- |
| 提升核心业务关注度和竞争力 | Gupta 和 Gupta，1992；Loh 和 Venkatraman，1992；McFarlan 等，1995；Smith 等，1998；Baldwing 等，2001；Van Laarhoven 等，2000；Alner，2001；Daugherty 等，1996 |
| 提升酒店灵活性 | Baldwing 等，2001；Hayes 等，2000；Gonzalez 等，2005；Van Laarhoven 等，2000；Skjoett-Larsen，2000 |
| 获得和利用外部专业的技术和人才 | Baldwing 等，2001；Grover 等，1994 |
| 提高绩效 | Lacity 和 Hirschhei，2012 |
| 推动企业创新、企业快速成长 | Quinn 和 James，2000；Lacity 等，2009 |

自 20 世纪后期至今，由于市场和劳务的全球化以及消费者生活水平的提高，企业面临的经营环境发生了很大的变化。传统的管理模式中"纵向一体化"的思想迫使企业从事不擅长的业务活动，每个业务领域内面临众多竞争对手，增大企业的行业风险（马士华和林勇，2010）。企业认识到需要利用外部资源应对市场的变化，企业的外包决策更多地出于战略层面的原因。学者的研究中也指出外包对企业的战略重要性，其中较具代表性的是 Quinn（1992，1999，2000）的三篇从理论层面上探讨外包的战略用途的文章。Chen 等（2011）指出企业在选择承包方时，经常出现选择的并不是能获得规模和范围经济、成本优势的承包商的现象，并认为这一现象产生的原因是企业的外包更多的是考虑战略层面，如考虑未来的竞争等因素而非单纯的成本因素。

在战略层面上，外包引起的企业资源重新分配，让企业将更多的资源集中于自己的核心领域，增强企业的核心竞争力。提高服务质量、提高企业的灵活性，也是学者认为外包对企业产生的重要作用。Alner（2001）、Baldwin 等（2001）、Gonzalez 等（2005）指出企业外包是出于归核的需要，认为外包有助于企业把资源集中于自己的核心领域，增强企业的核心竞争力。Alner（2001）、Daugherty 等（1996）、Van Laarhoven 等（2000）、Skjoett-Larsen（2000）指出，通过外包能够有效地提高服务质量。外包能够提升企业运作的灵活性和对市场变化的响应性（Baldwing et al.，2001；Gonzalez et al.，2005；Van Laarhoven et al.，2000；Hayes，2000）。

以上是在外包收益的研究中提得较多的因素，近年来研究指出了外包更多的作用。Baldwing 等（2001）、Grover 等（1994）认为，企业外包尤其是 IT 业务的外包有利于企业获得和利用外部专业的技术和人才；Lacity 和 Hirschheim（2012）认为通过外包获得的专业资源，企业能有效地提高绩效。Quinn（2000）、Lacity 等（2009）还指出，企业希望外包作为推动企业创新的工具、获得资金、促进企业快速成长，这些因素都影响着企业的外包决策。

#### 5.2.1.5  外包风险因素

不少文献中提到了外包本身存在着许多风险，正是由于外包的风险，学者认为在外包的决策阶段，应该考虑外包的风险因素（表5-4）。

表 5-4  外包风险因素的指标及来源列表

| 外包风险 | 来源 |
| --- | --- |
| 信息安全问题 | Kremic 等，2006；Yang 等，2007 |
| 员工士气（工作热情、工作效率等）问题 | Kakabadse 和 Kakabadse，2000；Quinn，1999；Yang 等，2007 |
| 酒店文化不良影响问题 | Willcock 和 Currie，1997；Kremic 等，2006 |
| 承包商的机会主义行为（损人利己） | Kremic 等，2006；Kakabadse 和 Kakabadse，2000；Quinn 和 Hilmer，1994 |
| 工会组织 | Yang 等，2007 |
| 权力转移到供应商（企业失去控制权） | Kakabadse 和 Kakabadse，2000；Quinn 和 Hilmer，1994 |
| 损失顾客/机会、企业声誉受损 | Kakabadse 和 Kakabadse，2000；Quinn 和 Hilmer，1994 |
| 知识技能流失 | Kakabadse A 和 Kakabadse N，2000；Kremic 等，2006 |

外包的风险一方面来源于企业过分乐观地高估了外包带来的收益，尤其是成本方面的收益。在外包风险中，经常提到隐藏成本一词。隐藏成本的产生是企业忽略了达成外包所产生的费用。交易成本理论对于交易成本的计算，应该包括承包商的选择、谈判、外包关系管理以及外包过程的监督等活动所产生的金钱和非金钱成本。在这些费用中，最难以衡量的是外包过程中的监督等活动所产生的费用，这是因为外包过程中会有承包商机会主义行为带来的风险。由外包引起的社会成本十分显著，包括企业内员工士气低落、旷工率提高，但这些成本因难以量化而常常被忽略（Kakabadse A and Kakabadse N，2000）。外包的战略作用也受到一些学者的质疑，因为在一些调查中发现，外包并没有对企业的服务质量、绩效有显著的提高。Kroes 和 Ghosh（2010）认为只有外包的动因与竞争优先权（competitive priority）的一致性与企业供应链绩效是显著正相关的，而且供应链的绩效也是与企业绩效显著正相关的。

另一方面，在外包过程中，由于双方合作导致的风险也有许多。除了前文提到的潜在的成本增加、员工士气问题外，Kremic 等（2006）指出外包潜在的风险还包括过分依赖供应商、核心知识外泄及失去未来市场机会、顾客满意度降低等，而外包过程对需求的不充分定义、不完善的合同、缺乏对计划和管理的指引以及不理想的供应商关系都会导致外包的失败。Yang 等（2007）认为，企业外包决策需要考虑外包的风险，而外包的风险主要包括信息安全、企业控制力、员工士气、工会组织方面的风险。Gewald 和 Dibbern（2009）在对德国银行的外包研究中指出其外包的决策是在同时衡量外包收益和风险后作出的，认为绩效风险、财务风险、战略风险和社会风险的存在会降低企业外包倾向。

### 5.2.1.6　其他影响因素

企业内权力、政治及出于个人原因等因素，也会成为企业采用外包战略的原因。Goodstein 等（1996）在对医院服务外包的研究中发现，当医院的管理者的权力大于医生时，医院更倾向于服务外包，认为利益相关者间不同权力的分配会对企业外包产生不同的影响。Kremic 等（2006）指出，管理者的偏好、承包企业和企业潜在利益冲突两个因素对外包决策的影响也是很大的，前者的影响是复杂的，难以预测也难以在决策中识别。

## 5.2.2　外包决策模型综述

业务外包决策模型可以为企业进行业务外包决策提供一种科学的方法和借鉴。许多研究根据不同的原则和方法，提出了业务外包的决策模型。

Venkatesan（1992）是较早研究决策模型的学者，他的研究提出了一个一维决策模型，决策的标准是业务是否为企业的核心业务，若是则保持自制，若否则采用外包的方式。这一模型关注业务的类型，其思想根植于核心竞争力理论，但是模型十分简单，衡量的标准单一。

Hilmer 和 Quinn（1994）提出的关于外包的矩阵模型是外包决策研究中比较经典的（图 5-3）。该模型以竞争力因素的潜力和战略风险作为决策的两个维度，纵轴竞争力因素的潜力是指考虑交易费用后，企业某项活动对于竞争力的影响，

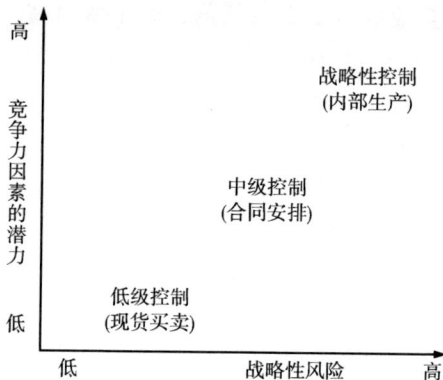

图 5-3　外包矩阵模型

资料来源：Quinn 和 Hilmer（1994）

横轴的战略性风险是指外包活动失败，对于企业潜在的破坏性大小。该模型较之前的模型有较大的改进，但是由于企业内部的交易费用难以计算，研究者也没有指出竞争力因素的潜力和战略性风险的衡量标准，因此它的实际应用比较困难。

Insinga 和 Werle（2000）的二维业务外包决策模型（图5-4），将两个维度分为业务竞争优势潜力和竞争对手业务能力，模型中将两个维度进一步细分，由此构成一个由12个部分组成的二维业务外包模型，列举出每个部分所应采取的管理方法。这个模型将企业相对于竞争对手的业务能力考虑在内，重新划分了企业业务，指出每种活动所应采取的管理策略，该模型是对 Quinn 和 Hilmer（1994）二维模型的补充和完善。

| 业务竞争优势潜力 | 弱 | 中等 | 强 |
|---|---|---|---|
| 很大 / 较大 | 自制并培养自身能力<br>A 寻求合作伙伴<br>B 寻求合作者 | 自制并增强自身能力<br>A 寻求合作伙伴<br>B 寻求合作者<br>C 分担风险 | 自制<br>A 自制<br>B 分担风险 |
| 一般 / 较小 | 考虑外包 | 考虑外包 | 考虑外包或放弃 |
| 很小 | 考虑外包 | 考虑外包或放弃 | 考虑外包或放弃 |

企业与竞争对手相比业务能力

图 5-4　Insinga 和 Werle 的二维业务外包决策模型

资料来源：Insinga 和 Werle（2000）

Arnold-Ulli 提出的外包决策模型包含外包主体、外包客体、外包设计和外包伙伴四个要素，模型提出自制、内部外包（internal outsourcing）和外部外包（external outsourcing），根据核心竞争力理论和交易成本理论区分出四种业务（Arnold，2000）。该模型虽然在一些方面，尤其是对业务划分考虑得比较细致，但是仍停留在定性阶段，未能在实践中指导外包决策。

Roy 和 Aubert（2002）基于资源基础理论提出企业外包项目的决策模型，从资源的战略价值和资源的存量两方面决策，并认为伙伴关系是一种特殊形式的外包（图5-5）。

Yang 等（2007）提出了一个基于层次分析法的业务流程外包决策模型，该模型考虑了外包的期望、风险以及环境因素对外包的影响，以层次分析法确定因素的权重，具有一定的意义，但是该模型未考虑业务的性质对外包决策的影响。

国内学者在外包决策方面的研究比较有限，李华焰和马士华（2001）从企业核心竞争力角度分析了供应链企业外包战略演进层次及特征，结合企业内部能力和外包部件的财务影响力，建立了包括企业核心竞争力、内部能力与外包的财务影响的外包战略选择模型，为企业的外包决策提供参考。马达凯（2009）在相关

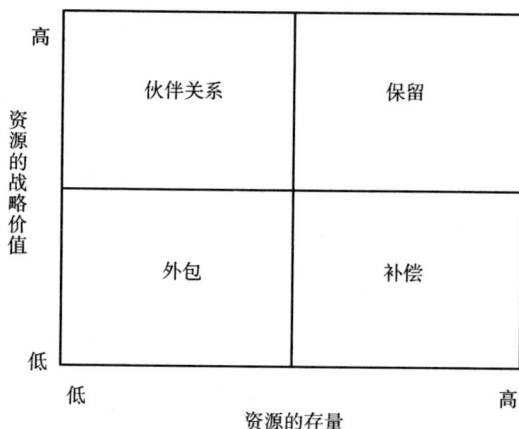

图 5-5　基于资源基础理论的企业外包决策模型

资料来源：Roy 和 Aubert（2002）

理论研究的基础上，针对制造业的特点，提出包括外包市场成熟度、技术通用性和生产计划确定三个要素的三维战略决策模型，对所有要素所包含的维度进行了详细和定性的描述，为制造企业的外包决策提供借鉴。

可见，以往的决策模型主要从企业内部和业务本身的角度提取决策因素、构建决策模型，这些模型往往忽略了或无法完全体现企业外部环境因素对外包业务选择决策的影响。虽然近年来一些研究开始关注企业外部环境因素的影响，但总体而言，外包决策研究的研究成果或是过于简单、考虑的决策因素太少，或是缺乏实践指导意义，或是缺乏详实的理论基础。

## 5.2.3　酒店业务外包动因及影响因素综述

对于酒店外包的研究在 20 世纪 90 年代末才出现，然而无论是国内还是国外，就酒店业务外包的研究均处于起步阶段，国外的文献虽然不多，但多为定量的规范性研究；相比之下，国内研究的文献比较多，但其中相当大部分停留在对酒店业务外包的描述，只有少数采用规范性研究并得出有意义的成果。

国外的研究较多从微观层面探讨酒店业务外包的原因，西班牙学者 Espino-Rodríguez（2004，2005，2008）先后从资产专用性、资源基础论两方面对酒店业务外包的动因和影响因子进行了实证研究，并验证了酒店业务外包除了成本方面的原因外，更多的是出于提高服务质量、提高业务绩效和企业灵活性。Espino-Rodríguez 和 Padrón-Robaina（2005）以资源观分析酒店业务时验证了一项业务的外包倾向会随着该项业务差异性和难以替代性转移的程度增加而降低。Hemmington 和 King（2000）通过 55 位被调查者的半结构性访谈的方法，总结出酒店餐饮外包的 5 个影响因素：核心能力、品牌能力、组织文化、运营压力和评估控制。Lam 和 Michael（2005）对上海酒店业外包的研究中发现对中国酒店外包而言，最主要的是降低酒店运营失败的风险，而且不同的企业性质和酒店管理者所关注的外包影响因素是不同的，股份制比集体所有制和国有酒店更加注重外包合同的价格和合同期限，高层管理者更注重酒店外包的战略意义。Lamminmaki（2011）则从交易成本和代理理论以及众多的外包文献中总结出影响酒店外包的因素，包括资产专用性、品牌价值、时间资产专用性、频率、环境不确定性、行为不确定性和避免风险、转移风险、跟随竞争者的行为，并在研究中通过访谈和调查数据验证了这些因素。此外，Donada 和 Nogatchewsky（2009）则引入情感因素探讨其对酒店二次外包的影响，研究发现积极的情感因素会降低酒店转换外包商的倾向。

国内学者大多从经济全球化、相关法律法规的完善、国内外服务型机构完善、饭店业经营现状、竞争格局和星级评定制度等方面来阐述饭店业务外包动因（刘涛，2006；王兴琼，2007；宋立，2008；杨文丽，2002；伍蕾，2011a；常艳新，2011；张莉，2011）。然而，这些讨论以定性的、描述性的研究为主，缺乏实证的支撑。颜澄通过对饭店的总经理级、副总经理级、餐饮总监和各餐厅经理等饭店餐饮经营的主要决策者和经营者的问卷调查，识别出影响饭店餐饮外包的六个影响因素：饭店战略、饭店餐饮人员储备状况、饭店星级、饭店产业组织方式、饭店地理位置、饭店性质（颜澄，2005）。伍蕾（2011b）从资产专用性的角度，通过实证分析证实了影响我国饭店业务外包的主要因素是其资产专用性，另外，其通过结构方程验证了外包战略、外包成本和外包关系是饭店业务外包模式选择的三大维度，其中外包关系包括业务理解、冲突、信任、承诺。

对酒店业务外包决策的研究十分少，笔者从搜集到的有限文献中未发现国外有酒店业务外包决策方面的研究，国内期刊上也未见相关的研究，仅有两篇硕士论文提及。常艳新（2010）基于生命周期理论研究酒店外包决策，认为酒店发展的不同阶段外包决策会有不同的倾向。张莉（2011）从业务功能重要性、相对优势性和外包市场成熟度三个维度建立了业务外包决策三维模型，该模型虽然具有操作性，但是缺乏良好的理论基础。

从以上的回顾可见，酒店业务外包的研究整体处于起步阶段。决策影响因素的研究较多集中在微观层面，对企业外包环境的关注较少、研究的视角狭窄。尽管研究站在了详实的服务外包研究基础上，但目前尚未能系统地分析酒店业务外包决策的因素。而对于决策模型的研究，无论是国内或是国外都未给予足够的重视。酒店行业的特殊性，决定了它的外包比一般服务性企业更加复杂和无规律，因此，以后酒店业务外包决策的研究应该在把握最前沿的企业业务外包决策影响因素研究成果——即紧密结合酒店行业的特点的基础上展开。

## 5.3　酒店业务外包决策因素分析

本节依据文献综述中企业外包决策影响因素，以及供应链、交易费用和资源基础几个理论，结合对广州地区酒店外包的调研，提出酒店业务决策因素包括业务性质因素、外包收益因素、外包风险因素和外部环境因素。

### 5.3.1　业务性质因素

业务性质因素，它关注的是业务的性质对酒店的战略重要性。对酒店而言，在决定是否外包一项业务时，要考虑这项业务是否对酒店具有战略重要性，如果业务对酒店的战略重要性高，则酒店倾向于推迟外包或不外包；如果战略重要性低，则这项业务可以成为外包的潜在选择。

对业务性质的研究，多从交易成本和资源基础论展开。交易成本理论常用资产专用性、频率、不确定性来测量一项业务的战略特性，而且对资产专用性的讨论是最多的。但是，近年来，对业务性质的讨论更多地从资源基础理论方面展开，研究常用 Barney 对战略性资源的几个维度"价值、稀缺性、不可模仿性、不可转移性"来分析一项业务战略重要性。正如资源基础理论中 Barney 和 Peteraf 的两种思路各有所长，并且是可以统一的，Espino-Rodríguez 和 Gil-Padilla（2005）结合了两种思路，用资源基础理论来考察酒店业务的战略重要性时，使用了以下指标：业务的重要性；业务所需的专业知识；业务所需的灵活性及个性化程度；业务被替代的难度；分包的成本和时间。学者 Espino-Rodríguez 在随后的几篇对酒店外包的研究中也部分或全部使用了这几个衡量酒店业务性质的维度。本书也沿用 Espino-Rodríguez 考察酒店业务性质使用的几个维度（表 5-5）。

**表 5-5　酒店业务性质因素的指标及来源列表**

| 酒店业务性质因素指标 | 来源 |
| --- | --- |
| 业务对酒店的重要性 | Espino-Rodríguez 和 Padron-Robaina，2005；Espino-Rodríguez 和 Gil-Padilla，2005 |
| 业务要求的专业知识和技能程度 | Espino-Rodríguez 等，2008；Espino-Rodríguez 和 Padron-Robaina，2005；Espino-Rodríguez 和 Gil-Padilla，2005 |

| 酒店业务性质因素指标 | 来源 |
| --- | --- |
| 业务要求的灵活性及个性化程度 | Espino-Rodríguez 等，2008；Espino-Rodríguez 和 Padron-Robaina，2005；Espino-Rodríguez 和 Gil-Padilla，2005 |
| 业务被替代的难度 | Espino-Rodríguez 等，2008；Espino-Rodríguez 和 Padron-Robaina，2005；Espino-Rodríguez 和 Gil-Padilla，2005 |
| 业务的外包成本（包括金钱成本和时间、谈判、监督等非金钱成本） | Espino-Rodríguez 等，2008；Espino-Rodríguez 和 Padron-Robaina，2005 |

### 5.3.2　业务外包收益因素

外包收益因素是指酒店能通过外包获得的效益，外包的收益是促使企业外包的动因。外包的收益有许多种，如通过获得外部专业的资源能够提高业务的服务水平；通过外包促进内部资源的重新配置，使酒店更加专注核心业务，提升核心竞争力；通过业务外包可以使组织"瘦身"，大大增强酒店的应变能力等。

最初的研究认为成本因素是促使企业实施业务外包战略的主要因素。从交易费用理论的角度分析，当酒店自营一项业务产生的费用高于外包所产生的交易费用，酒店就应该采取外包的方式来经营该项业务。因此，酒店外包很重要的收益因素是外包能降低成本。

从供应链理论的角度分析，通过把业务外包给外部专业的公司，能够提高业务的质量，与此同时，企业还可以节省一些投资、分散经营风险，使企业更加灵活地面对市场。更重要的是，企业通过外包将企业内部供应链转移到外包供应链，与企业外的精英组成横向一体化的战略联盟。这种供应链外包的理念是把企业供应链上某些不是最好的，又不能为企业带来竞争优势的环节交给外部的专业公司做，从而使企业将更多的资源投放到核心业务的发展中。在文献中，成本、质量、聚焦核心竞争力和灵活性这几方面的收益也经常被提到，根据以上理论，本书把酒店外包收益主要归纳为以下几个方面（表5-6）。

**表5-6　酒店业务外包收益因素的指标及来源列表**

| 外包收益因素 | 酒店业务外包收益因素 | 指标来源 |
| --- | --- | --- |
| 降低成本 | 该业务外包对降低其成本的作用 | Gupta 和 Gupta，1992；<br>McFarlan 等，1995；<br>Smith 等，1998；<br>Bush 等，2008；<br>Baldwing 等，2001 |

| 外包收益因素 | 酒店业务外包收益因素 | 指标来源 |
| --- | --- | --- |
| 提升质量 | 该业务外包对提升其质量的作用 | Alner，2001；<br>Daugherty，1996；<br>Van Laarhoven 等，2000；<br>Skjoett-Larsen，2000 |
| 提升核心业务关注度和竞争力 | 该业务外包对酒店提升核心业务关注度和竞争力的作用 | Gupta 和 Gupta，1992；<br>Loh 和 Venkatraman，1992；<br>McFarlan 等，1995；<br>Smith 等，1998；<br>Baldwing 等，2001；<br>Van Laarhoven 等，2000；<br>Alner，2001；Daugherty 等，1996 |
| 提升酒店灵活性 | 该业务外包对酒店灵活性的提升作用 | Baldwing 等，2001；<br>Hayes 等，2000；<br>Gonzalez 等，2005；<br>Van Laarhoven 等，2000；<br>Skjoett-Larsen，2000 |

## 5.3.3　业务外包风险因素

外包风险因素是指业务外包战略会给企业带来的潜在风险。一方面，如果只看到外包的收益，而不考虑外包的风险，那么这样的外包决策是不完整的。另一方面，任何决策方案都不可能是完美无缺的，在实际的实施运用中都会出现一些意想不到的问题和状况，面临各种各样的风险，这是管理者无法预料的，也是任何一种决策都会面临的问题。因此，在决策时要对外包的风险有一定的认识，当外包的风险过大时，酒店就要慎重地考虑业务外包的决策。

酒店在外包过程中，可能由于对外包战略认识不足、在外包的环节中经验不足等原因导致外包失败或未达到预期，甚至产生更大的风险。本书认为酒店外包的风险主要包含酒店信息安全问题、员工工作热情和工作效率、酒店文化和承包商机会主义行为几个方面，在具体决策中，可以从以下方面考察（表 5-7）。

**表 5-7　酒店业务外包风险因素的指标及来源列表**

| 外包风险因素 | 酒店业务外包风险因素 | 来源 |
| --- | --- | --- |
| 信息安全问题 | 该业务外包是否会导致酒店信息安全问题 | Kremic 等，2006；Yang 等，2007 |

续表

| 外包风险因素 | 酒店业务外包风险因素 | 来源 |
|---|---|---|
| 员工士气（工作热情、工作效率等）问题 | 该业务外包是否会引起员工士气（工作热情、工作效率等）问题 | Kakabadse A 和 Kakabadse N，2000；Quinn，1999；Yang 等，2007 |
| 酒店文化不良影响问题 | 该业务外包是否会对酒店文化造成不良影响 | Willcock 和 Currie，1997；Kremic 等，2006 |
| 承包商的机会主义行为（损人利己） | 该业务承包商的机会主义行为（损人利己）的可能性 | Kremic 等，2006，Kakabadse A 和 Kakabadse N，2000；Quinn 和 Hilmer，1994 |

## 5.3.4　外部环境因素

外部环境因素是酒店外部能影响外包决策的因素。任何决策的作出都是在一个特定的环境下，针对特定环境下出现的问题所作出的决策。外部环境因素对企业外包计划的制订影响也较大，因此酒店的外包决策需要考虑环境因素。

对酒店外包决策有较大影响的外部环境主要是外包市场的成熟以及酒店竞争者的外包状况。一般而言，外包市场越成熟，外包市场的法律法规越完善，酒店越倾向于外包，因为外包市场的成熟度表示外包市场规范，即使是出现违约事件时企业能通过合法途径保护自己的权益；市场成熟也体现在市场上的承包公司的数量和服务质量上，一般而言，市场上的合格的承包公司越多，酒店在外包市场的议价能力越强，越倾向于外包；外包市场承包公司的服务质量越高，酒店越倾向于外包。根据对相关文献的整理，对酒店外包决策影响较大的因素可以从以下方面考察（表 5-8）。

**表 5-8　酒店业务外包外部环境因素指标及来源列表**

| 外部环境因素 | 酒店业务外包外部环境因素 | 来源 |
|---|---|---|
| 外包市场法律法规的完善程度 | 酒店业务外包市场法律法规的完善程度 | Dibbern 等，2004 |
| 外包市场承包公司数量 | 外包市场是否有一定数量的承包该业务的承包公司 | Quinn 和 Hilmer，1994；Yang 等，2007 |
| 外包市场承包公司服务质量 | 外包市场是否具有能够提供良好服务质量的承包公司 | Yang 等，2007 |
| 同行业竞争者外包战略实施状况 | 同行业竞争者是否实施外包战略 | Loh 和 Venkatraman，1992；McFarlan 等，1995；Dibbern 等，2004；Yang 等，2007 |

　　根据对企业外包决策影响因素的综述和酒店外包的现状和特点，本书提出酒店业务外包决策因素包括业务性质因素、外包收益因素、外包风险因素和外部环境因素。

　　业务性质因素，研究结合资源基础理论中 Barney 和 Peteraf 的两种思路，沿用学者 Espino 对酒店业务性质研究中使用的几个变量，即业务对酒店的重要性、业务要求的专业知识和技能程度、业务要求的灵活性及个性化程度、业务被替代的难度、业务的外包成本（包括金钱成本和时间、谈判、监督等非金钱成本）。

　　外包收益因素，研究从供应链理论的角度分析，结合外包收益文献中提到较多的因素以及通过调查显示的酒店尤其重视核心竞争力和质量方面的收益这两点，提出外包收益的几个变量，即业务外包对降低其成本的作用、业务外包对提升其质量的作用、业务外包对酒店提升核心业务关注度和竞争力的作用、业务外包对酒店灵活性的提升作用。

　　外包风险因素，研究参考现有研究中对信息安全、员工士气问题、承包商的机会主义行为等方面的风险的关注，结合调查显示的外包过程中酒店会担心外包会对酒店文化造成不良影响，提出四个外包风险方面的变量，即业务外包是否会导致酒店信息安全问题、业务外包是否会引起员工士气（工作热情、工作效率等）问题、业务外包是否会对酒店文化造成不良影响、业务承包商的机会主义行为（损人利己）的可能性。

　　外部环境因素，研究参考现有研究对外部环境因素的关注点已经从早期对宏观环境因素的关注转移到行业及市场层面的因素，结合问卷调查显示酒店非常重视承包商能否提供高质量、有保障而且稳定的服务水平，提出四个外部环境方面的变量，即酒店业务外包市场法律法规的完善程度、外包市场是否有一定数量的承包该业务的承包公司、外包市场是否具有能够提供良好服务质量的承包公司、同行业竞争者是否实施外包战略。

# 5.4　基于 AHP 的酒店业务外包决策模型

## 5.4.1　模型建立的原则

　　酒店业务外包的决策是一个复杂的问题，其中涉及多个决策因素。在作出决策时，要全面地考虑决策因素。因此，在构建外包决策模型时，要遵循整体性、科学可操作、简明性原则。

### 5.4.1.1　整体性原则

　　酒店业务外包决策是一项复杂的系统工程，在决策中涉及的因素必须充分考虑整体性，模型中涉及的决策因素要能够全面反应与酒店业务外包决策密切相关的因素，不仅要包括企业内部的因素，如业务的战略特征，外包的效益，如外包的收益和外包的风险，还需要考虑企业外包的环境因素。

### 5.4.1.2 科学可操作原则

科学是指模型要具备相关理论基础，能够客观反映酒店业务外包决策，能够为酒店业务外包决策提供科学的依据。可操作性是决策中涉及的因素必须是可衡量和可比较的，而且决策模型的计算要简单易行，方便酒店管理者在实际决策中应用。只有既具有科学理论基础，又具有实际可操作性的决策模型，才是一个好的有助于酒店外包决策的模型。

### 5.4.1.3 简明性原则

在构建业务外包决策的模型时，决策因素的设立应该适度。在综合考虑酒店业务外包决策各个影响因素后，在设置决策因素时要把握适度的原则，不能设立过多的决策因素，因为这样会加重运算的难度，而且也会由于模型过分复杂而降低现实意义，但同时，也不能设置太少决策因素，因为这样往往会影响决策的准确性。

## 5.4.2 模型的构建与适应性检验

### 5.4.2.1 模型的初步构建

综合酒店业务外包决策因素，依据模型建立的原则，初步建立了如图 5-6 所示的酒店业务外包决策层次模型。模型分为目标层、准则层和方案层，每一层包含的要素如下：

1）目标层

目标层位于模型的最高层，这一层次只有一个元素，一般是分析问题的预定目标或理想成果，而且模型必须首先设立目标层。在此模型中，"酒店是否外包某项业务"即为整个决策模型的目标，它通过影响目标层下面的准则层对整个模型的结果产生最根本的影响。

2）准则层

准则层是层次模型的核心。一个决策通常受多方面因素的影响，所以要使决策科学合理，则应该考虑周全。模型中，在是否外包酒店某项业务这一决策目标下，设置了 4 个因素和 17 个变量，具体如下：

业务性质因素，从业务本身对酒店的战略重要性考虑这项业务是否应该外

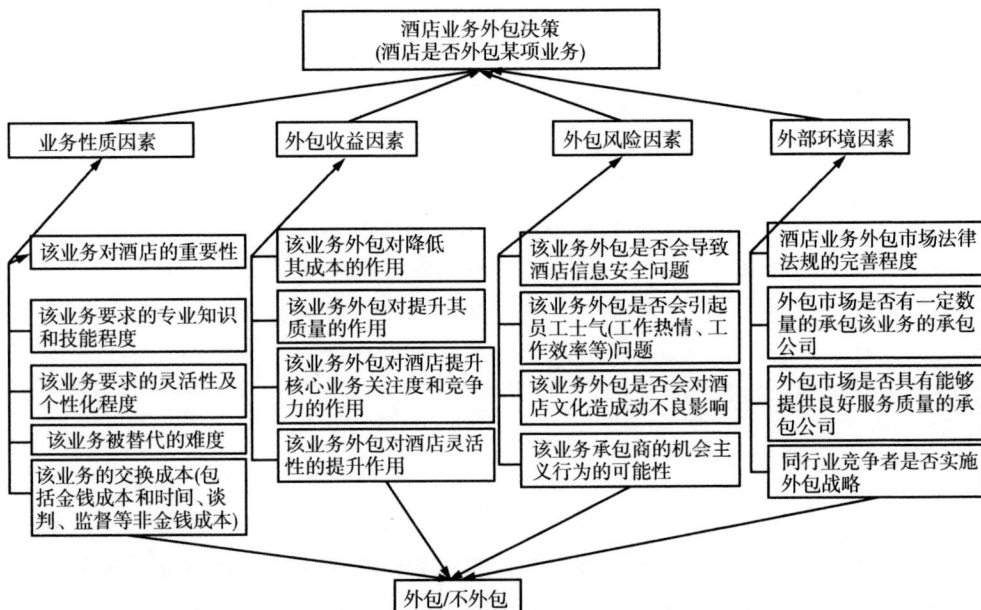

图 5-6　酒店业务外包决策层次模型（初步构建）

包。业务的战略重要性从业务的重要性、业务要求的专业知识和技能、业务要求的灵活性和个性化程度、业务被替代的难度、业务的交换成本五个维度来考察。

　　外包收益因素，从外包该项业务能为酒店带来的积极影响考虑这项业务是否应该外包。外包的收益主要从外包对成本、服务质量、核心竞争力、灵活性的作用四个维度来考察。

　　外包风险因素，从外包该项业务可能带来的潜在风险考虑这项业务是否应该外包。外包的风险主要从外包对信息安全、员工士气、酒店文化的影响及外包商的机会主义行为共四个维度考察。

　　外部环境因素，从外包的市场环境是否足够成熟和竞争对手是否也采取外包考虑是否外包该项业务。外包的环境因素从法律法规的完善程度、承包商的数量、承包商的服务质量以及竞争对手的外包状况四个维度来考察。

　　3）方案层

　　方案层是位于模型的最底层，为决策提供一个最终解决方案。在这个模型中，为了运算的简便，设置相对于决策目标的最终方案是外包或不外包。但是在实际的运作中，最终的方案可能不仅仅只有外包或不外包，还有更多诸如部分自制、部分外包，或采用内部自制的方式。

#### 5.4.2.2 模型的检验

为了考察以上构建的模型内因素和指标的有效性，研究首先进行第一轮调研，以验证模型中各因素的信度和效度。

1）描述性统计

第一轮问卷调研对象为酒店和从事酒店管理研究的专家学者，以广州地区酒店行业协会会员酒店的中层管理者为样本，采取简单随机抽样的方法发放问卷。通过现场发放问卷、邮件发送到酒店指定邮箱等方式共发放 300 份问卷，共回收250 份，问卷回收率为 83%，其中有效问卷 200 份（相关统计见表 5-9）问卷有效率为 80%。通过邮箱发送专家问卷 40 份，回收 27 份，回收率为 80%，有效问卷 27 份，问卷有效率 100%。

**表 5-9　有效问卷酒店信息列表**（%）

| 酒店信息 | | 比例 | 酒店信息 | | 比例 |
|---|---|---|---|---|---|
| 酒店类型 | 单体酒店 | 83.2 | 酒店类型 | 度假型酒店 | 15.6 |
| | 连锁酒店 | 16.8 | | 商务会议型酒店 | 79.2 |
| 酒店性质 | 国营 | 49.5 | | 公寓式酒店 | 2.1 |
| | 合资 | 12.6 | | 其他 | 3.1 |
| | 外资 | 5.3 | 酒店等级 | 非星级酒店 | 品牌经济型 | 5.2 |
| | 股份制 | 9.5 | | 国际品牌酒店 | 3.1 |
| | 集体所有制 | 7.4 | | 其他 | 10.4 |
| | 其他 | 15.8 | | 星级酒店 | 一星级 | 0.0 |
| 客房规模 | 99 间及以下 | 8.5 | | 二星级 | 4.2 |
| | 100～199 间 | 35.1 | | 三星级 | 33.3 |
| | 200～299 间 | 24.5 | | 四星级 | 32.3 |
| | 300～499 间 | 24.5 | | 五星级（包括白金五星） | 15.6 |
| | 500 间及以上 | 7.2 | | | |

2）信度分析

信度分析是使用相同研究技术重复测量同一个对象时得到相同研究结果的可能性，来验证问卷的可靠性和有效性。李克特量表法中常用的信度检验方法是"Cronbach Alpha"系数，该系数是内部一致性的函数，也是各题项相互关联程度的函数。当一个量表的信度越高，表示量表越稳定。概念化模型和假设中的变量都首先要进行信度分析，当信度系数 Alpha 低于 0.6 时表示可靠度较差；当信度系数 Alpha 在 0.6 和 0.8 之间，被认为可靠性较好，可作进一步分析；大于

0.8 时，认为可靠度极好。通过 SPSS 17.0 对量表进行分析处理，问卷量表的信度系数 Alpha 为 0.844（表 5-10），说明问卷的内部一致性和稳定性相对较好、可靠程度较高，具有良好的信度。

**表 5-10　信度分析表**

| 克隆巴赫系数 | 项目平均值 | 样本量 |
|---|---|---|
| 0.844 | 0.848 | 17 |

3）因子分析

根据调研所得的数据，进一步对指标的结构效度进行分析，同时进行因子分析，考察之前模型因子的合理性和有效性。

本书采用 KMO 和 Bartlett 球形检验以及变量共同度多项指标确定各项原始数据是否适合作因子分析。

KMO（Kaiser-Meyer-Olkin）统计量是用于比较变量间简单相关系数和偏相关关系的指标。KMO 取值 0～1，越接近 1 表明变量间的偏相关性越强，因子分析的效果越好。一般而言，KMO 值在 0.7 以上可以进行因子分析，依据表 5-11，本次分析的 KMO 值为 0.761，表示适合进行因子分析。

球形 Bartlett 检验认为如果统计量的观察值比较大，且相应的概率 P 值小于给定的显著性水平，就应该拒绝零假设，认为变量适合作因子分析。依据表 5-11，近似卡方分布值为 689.743，相应的概率 P 接近于 0，小于显著性水平，达到显著，拒绝零假设，认为变量的相关矩阵间有公共因子存在，适合作因子分析。

**表 5-11　KMO 和 Bartlett 检验表**

| 取样足够度的 KMO 度量 | | 0.761 |
|---|---|---|
| 巴特乐球度检验 | 近似卡方 | 689.743 |
| | 自由度 | 136 |
| | 差异度 | 0.000 |

变量共同度是考察因子分析效果的常用指标，它反映了所有公共因子对原变量的方差（便宜）的解释程度。变量共同度的取值为 0～1，取值越大说明该变量能被因子说明的程度越高。根据表 5-12，几乎所有变量共同度都大于 50%，大部分变量共同度为 60%～70%，因此，提取出的公因子对各变量具有一定的解释能力。

综上所述，KMO 和 Bartlett 球形检验以及变量共同度检验的结果均显示本书选取的指标数据适合作因子分析。

**表 5-12　各因素共同度列表**

| 项目 | 原始数 | 共同度 |
|---|---|---|
| 该业务对酒店的重要性 | 1.000 | 0.585 |
| 该业务要求的专业知识和技能程度 | 1.000 | 0.727 |
| 该业务要求的灵活性及个性化程度 | 1.000 | 0.751 |
| 该业务被替代的难度 | 1.000 | 0.764 |
| 该业务的交换成本（包括金钱成本和时间、谈判、监督等非金钱成本） | 1.000 | 0.575 |
| 该业务外包对降低其成本的作用 | 1.000 | 0.456 |
| 该业务外包对提升其质量的作用 | 1.000 | 0.797 |
| 该业务外包对酒店提升核心业务关注度和竞争力的作用 | 1.000 | 0.744 |
| 该业务外包对酒店灵活性的提升作用 | 1.000 | 0.664 |
| 该业务外包是否会导致酒店信息安全问题 | 1.000 | 0.760 |
| 该业务外包是否会引起员工士气（工作热情、工作效率等）问题 | 1.000 | 0.592 |
| 该业务外包是否会对酒店文化造成不良影响 | 1.000 | 0.580 |
| 酒店业务外包市场法律法规的完善程度 | 1.000 | 0.759 |
| 外包市场是否有一定数量的承包该业务的承包公司 | 1.000 | 0.696 |
| 外包市场是否具有能够提供良好服务质量的承包公司 | 1.000 | 0.502 |
| 同行业竞争者是否实施外包战略 | 1.000 | 0.690 |
| 该业务承包商的机会主义行为的可能性 | 1.000 | 0.747 |

因子分析中有许多提取公因子的方法，而且各种方法的适用性和优缺点不同。本书选取最为常用的主成分法进行因子提取，具体结果见表 5-13。依据表 5-13，根据因子特征值的大小，选取特征值大于 1 的 5 个公因子。经过旋转，5个公因子分别解释了总方差的 16.396%、16.338%、14.271%、12.490%、7.504%，共解释了总方差的 66.998%。

由于在分析中得到的因子载荷矩阵结构不佳，各因子的典型代表变量十分模糊，不便于进行因子分析和命名，因此必须继续进行因子旋转以便更好地了解公因子的含义。本书采用最常用的方差最大正交旋转法，使公共因子相对符合的方差之和最大的同时保持原公因子的正交性和公共方差总和不变。在 SPSS 实现正交旋转后得出因子载荷矩阵结果如表 5-14 所示。

**表 5-13　总方差解释表**

| 组成 | 初始特征值 | | | 提取平方和载入 | | | 旋转平方和载入 | | |
|---|---|---|---|---|---|---|---|---|---|
| | 特征值 | 方差频率 | 累积频率 | 特征值 | 方差频率 | 累积频率 | 特征值 | 方差频率 | 累积频率 |
| 1 | 5.068 | 29.814 | 29.814 | 5.068 | 29.814 | 29.814 | 2.787 | 16.396 | 16.396 |
| 2 | 2.339 | 13.760 | 43.574 | 2.339 | 13.760 | 43.574 | 2.777 | 16.338 | 32.734 |
| 3 | 1.762 | 10.365 | 53.939 | 1.762 | 10.365 | 53.939 | 2.426 | 14.271 | 47.005 |
| 4 | 1.179 | 6.933 | 60.873 | 1.179 | 6.933 | 60.873 | 2.123 | 12.490 | 59.494 |
| 5 | 1.041 | 6.126 | 66.998 | 1.041 | 6.126 | 66.998 | 1.276 | 7.504 | 66.998 |
| 6 | 0.963 | 5.662 | 72.661 | | | | | | |
| 7 | 0.816 | 4.800 | 77.460 | | | | | | |
| 8 | 0.642 | 3.774 | 81.235 | | | | | | |
| 9 | 0.573 | 3.370 | 84.605 | | | | | | |
| 10 | 0.453 | 2.667 | 87.272 | | | | | | |
| 11 | 0.418 | 2.460 | 89.732 | | | | | | |
| 12 | 0.401 | 2.357 | 92.090 | | | | | | |
| 13 | 0.364 | 2.139 | 94.229 | | | | | | |
| 14 | 0.312 | 1.833 | 96.062 | | | | | | |
| 15 | 0.275 | 1.619 | 97.681 | | | | | | |
| 16 | 0.215 | 1.266 | 98.946 | | | | | | |
| 17 | 0.179 | 1.054 | 100.000 | | | | | | |

提取方法：主成分分析法

表 5-14　旋转后的因子载荷量列表

| 项目 | 组成 | | | | |
|---|---|---|---|---|---|
| | 1 | 2 | 3 | 4 | 5 |
| $X_1$：该业务对酒店的重要性 | 0.314 | 0.671 | 0.186 | −0.011 | −0.024 |
| $X_2$：该业务要求的专业知识和技能程度 | 0.044 | 0.811 | 0.089 | −0.036 | 0.240 |
| $X_3$：该业务要求的灵活性及个性化程度 | 0.032 | 0.841 | 0.126 | 0.160 | −0.036 |
| $X_4$：该业务被替代的难度 | −0.059 | 0.455 | 0.134 | 0.081 | 0.728 |
| $X_5$：该业务的交换成本（包括金钱成本和时间、谈判、监督等非金钱成本） | 0.004 | 0.553 | 0.303 | 0.059 | 0.416 |
| $X_6$：该业务外包对降低其成本的作用 | 0.440 | 0.277 | 0.411 | −0.130 | 0.014 |
| $X_7$：该业务外包对提升其质量的作用 | 0.186 | 0.290 | 0.815 | 0.081 | 0.095 |
| $X_8$：该业务外包对酒店提升核心业务关注度和竞争力的作用 | 0.149 | 0.060 | 0.824 | 0.159 | 0.120 |
| $X_9$：该业务外包对酒店灵活性的提升作用 | −.018 | 0.166 | 0.715 | 0.349 | −0.051 |
| $X_{10}$：该业务外包是否会导致酒店信息安全问题 | 0.853 | −0.039 | 0.071 | −0.133 | 0.091 |
| $X_{11}$：该业务外包是否会引起员工士气（工作热情、工作效率等）问题 | 0.722 | 0.018 | 0.025 | 0.250 | 0.083 |
| $X_{12}$：该业务外包是否会对酒店文化造成不良影响 | 0.708 | 0.188 | 0.118 | 0.078 | −0.155 |
| $X_{13}$：该业务承包商采用机会主义行为的可能性 | 0.570 | 0.303 | 0.169 | 0.348 | −0.425 |
| $X_{14}$：酒店业务外包市场法律法规的完善程度 | 0.419 | −0.053 | 0.139 | 0.627 | 0.410 |
| $X_{15}$：外包市场是否有一定数量的承包该业务的承包公司 | 0.082 | −0.145 | 0.286 | 0.749 | 0.161 |
| $X_{16}$：外包市场是否具有能够提供良好服务质量的承包公司 | 0.410 | 0.035 | 0.289 | 0.443 | −0.231 |
| $X_{17}$：同行业竞争者是否实施外包战略 | −0.081 | 0.321 | 0.045 | 0.747 | −0.144 |

依据表 5-14，总因子 $F_1$ 中系数绝对值较大的有 $X_6$、$X_{10}$、$X_{11}$、$X_{12}$、$X_{13}$，$F_2$ 中系数绝对值中较大的是 $X_1$、$X_2$、$X_3$、$X_5$，$F_3$ 中系数绝对值较大的是 $X_7$、$X_8$、$X_9$，$F_4$ 中系数绝对值较大的是 $X_{14}$、$X_{15}$、$X_{16}$、$X_{17}$，$F_5$ 中系数绝对值较大的是 $X_4$。由于 $X_6$ 在 $F_1$ 和 $F_3$ 中载荷量相差不大，$X_5$ 在 $F_2$ 和 $F_5$ 中的载荷量相差不大，为了便于因子的解释和命名，将 $X_5$ 归入 $F_5$，将 $X_6$ 归入 $F_3$。

因子一：包含该业务外包是否会导致酒店信息安全问题（$X_{10}$）、该业务外包是否会引起员工士气（工作热情、工作效率等）问题（$X_{11}$）、该业务外包是否会对酒店文化造成不良影响（$X_{12}$）、该业务承包商采用机会主义行为的可能性（$X_{13}$）四个变量，这四个变量与初步模型中外包风险因素的变量一样，把该因子命名为外包风险。

因子二：包含该业务对酒店的重要性（$X_1$）、该业务要求的专业知识和技能程度（$X_2$）、该业务要求的灵活性及个性化程度（$X_3$），这三个变量属于初步模型中业务战略属性的前三个变量，考察的是业务对酒店的价值、业务的稀缺性和模仿性，因子命名为业务独特性。

因子三：包含该业务外包对降低其成本的作用（$X_6$）、该业务外包对提升其质量的作用（$X_7$）、该业务外包对酒店提升核心业务关注度和竞争力的作用（$X_8$）、该业务外包对酒店灵活性的提升作用（$X_9$），这四个变量与初步模型中外包收益因素的变量一样，因子命名为外包收益。

因子四：包含酒店业务外包市场法律法规的完善程度（$X_{14}$）、外包市场是否有一定数量的承包该业务的承包公司（$X_{15}$）、外包市场是否具有能够提供良好服务质量的承包公司（$X_{16}$）、同行业竞争者是否实施外包战略（$X_{17}$），这四个变量与初步模型中外部环境因素的变量一样，因子命名为外部环境。

因子五：包含该业务被替代的难度（$X_4$）、该业务的交换成本（包括金钱成本和时间、谈判、监督等非金钱成本）（$X_5$），这两个变量属于初步模型中业务战略属性的后两个变量，考察的是酒店业务的可替代性和业务交换过程的交换成本，因子命名为替代性。因子命名及各因子变量见表 5-15。

**表 5-15　因子命名及各因子所含变量列表**

| 因子命名 | 各因子所含变量列表 |
|---|---|
| 因子一：外包风险 $\alpha = 0.779$ | $X_{10}$：该业务外包是否会导致酒店信息安全问题<br>$X_{11}$：该业务外包是否会引起员工士气（工作热情、工作效率等）问题<br>$X_{12}$：该业务外包是否会对酒店文化造成不良影响<br>$X_{13}$：该业务承包商采用机会主义行为的可能性 |
| 因子二：业务独特性 $\alpha = 0.800$ | $X_1$：该业务对酒店的重要性<br>$X_2$：该业务要求的专业知识和技能程度<br>$X_3$：该业务要求的灵活性及个性化程度 |
| 因子三：外包收益 $\alpha = 0.763$ | $X_6$：该业务外包对降低其成本的作用<br>$X_7$：该业务外包对提升其质量的作用<br>$X_8$：该业务外包对酒店提升核心业务关注度和竞争力的作用<br>$X_9$：该业务外包对酒店灵活性的提升作用 |

续表

| 因子命名 | 各因子所含变量列表 |
|---|---|
| 因子四：外部环境因素 $\alpha=$ 0.697 | $X_{14}$：酒店业务外包市场法律法规的完善程度<br>$X_{15}$：外包市场是否有一定数量的承包该业务的承包公司<br>$X_{16}$：外包市场是否具有能够提供良好服务质量的承包公司<br>$X_{17}$：同行业竞争者是否实施外包战略 |
| 因子：业务替代性 $\alpha=0.677$ | $X_4$：该业务被替代的难度<br>$X_5$：该业务的交换成本（包括金钱成本和时间、谈判、监督等非金钱成本） |

### 5.4.2.3 模型的修改

根据第一轮调研数据的处理结果，原层次模型中变量的信度和效度良好，但是需要作一定的调整，修改后的模型如图 5-7 所示。新的模型中，目标层和方案层不变，准则层中将原来的"业务的战略属性"拆分成"业务独特性"和"业务替代性"，原业务战略属性前三个变量"该业务对酒店的重要性"、"该业务要求的专业知识和技能程度"、"该业务要求的灵活性及个性化程度"纳入"业务独特性"，后两个变量"该业务被替代的难度"、"该业务的交换成本（包括金钱成本和时间、谈判、监督等非金钱成本）"纳入"业务替代性"，原模型中外包收益、外包风险、外部环境 3 个因素及各自对应的变量不变，形成含有 5 个因素、17 个变量的基于层次分析法的酒店业务决策模型。

## 5.4.3 模型因素的权重

### 5.4.3.1 决策因素权重的确立

层次分析法确定因素的权重一般通过留置调查表的形式邀请专家对模型中决策因素中的各个指标进行两两比较，回收调查表以后进行统计汇总得出各因素的判断矩阵，在此基础上计算出各个指标的相对权重。

在酒店业务外包决策层次模型中，每一个因素和该要素所支配的下一层因素构成一个子区域，对于该区域内部的各因素构建若干个重要性判断矩阵。一般地，因素相对重要性的判断尺度采用 1-9 比率标度法，具体如表 5-16 所示。

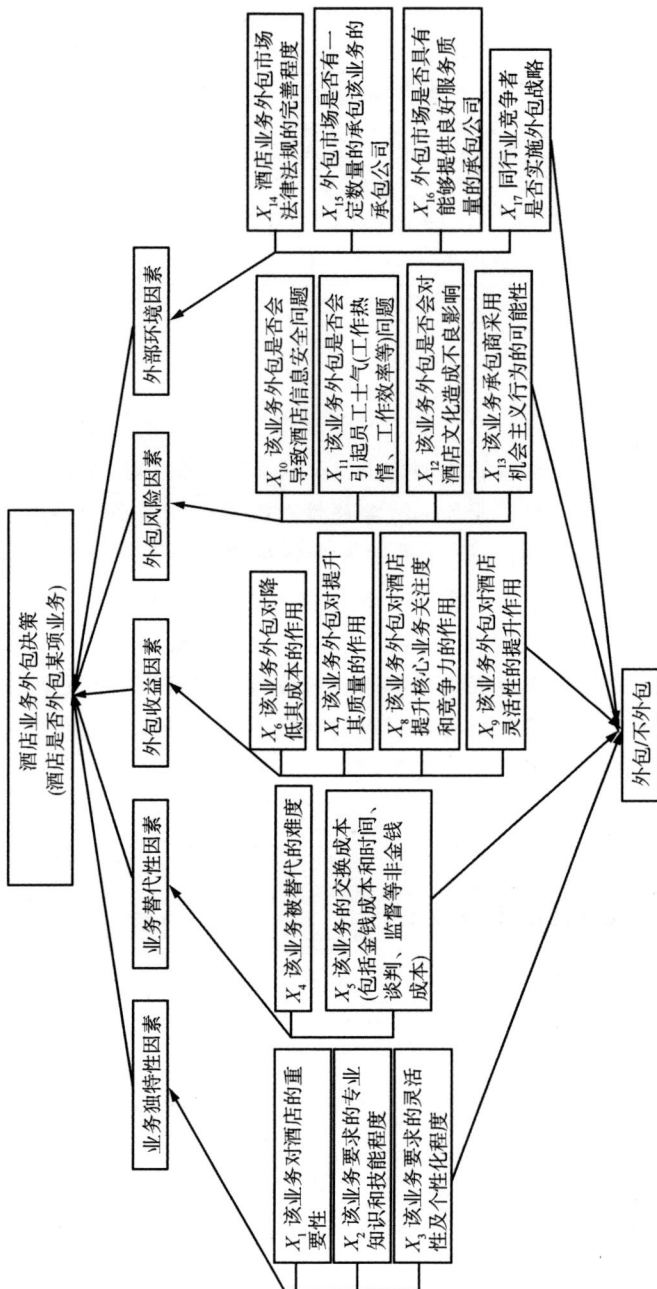

图 5-7　酒店业务外包决策层次模型（修改）

酒店业务外包决策
（酒店是否外包某项业务）

外部环境因素

$X_{14}$ 酒店业务外包市场法律法规的完善程度

$X_{15}$ 外包市场是否有一定数量的承包该业务的承包公司

$X_{16}$ 外包市场是否有具有能够提供良好服务质量的承包公司

$X_{17}$ 同行业竞争者是否实施外包战略

外包风险因素

$X_{10}$ 该业务外包是否会导致酒店信息安全问题

$X_{11}$ 该业务外包是否会引起员工士气（工作热情、工作效率等）问题

$X_{12}$ 该业务外包是否会对酒店文化造成不良影响

$X_{13}$ 该业务承包商采用机会主义行为的可能性

外包收益因素

$X_6$ 该业务外包对降低其成本的作用

$X_7$ 该业务外包对提升其质量的作用

$X_8$ 该业务外包对酒店关注度提升核心业务竞争力和竞争力的作用

$X_9$ 该业务外包对酒店灵活性的提升作用

业务替代性因素

$X_4$ 该业务被替代的难度

$X_5$ 该业务的交换成本（包括金钱成本和时间、诚判、监督等非金钱成本）

业务独特性因素

$X_1$ 该业务对酒店的重要性

$X_2$ 该业务要求的专业知识和技能程度

$X_3$ 该业务要求的灵活性及个性化程度

外包/不外包

**表 5-16 因素相对重要性的判断尺度及其含义列表**

| 定义 | 同样重要 | 介于同样重要和稍重要 | 稍重要 | 介于稍重要和较重要 | 较重要 | 介于较重要和很重要 | 很重要 | 介于很重要和极重要 | 极重要 |
|------|------|------|------|------|------|------|------|------|------|
| 等级 | 1 | 2 | 3 | 4 | 5 | 6 | 7 | 8 | 9 |

本轮（第二轮）调研选定的调研对象为酒店管理方面的专家学者。通过电子邮件的方式共发送问卷 75 份，回收 20 份，通过对回收问卷进行整理、统计和一致性检验，发现共有 19 位专家的判断矩阵通过了一致性检验。根据此 19 位专家的调查结果计算得出各自的指标权重值，依据 AHP 原理分别计算各层集结后的判断矩阵的权重分配及其对上层目标的权重，并对各个判断矩阵进行一致性检验，如表 5-17～表 5-22 所示。

**表 5-17 酒店业务外包决策 ($A$) 集结后的判断矩阵列表**

| $A$ | $B_1$ | $B_2$ | $B_3$ | $B_4$ | $B_5$ | 对 $A$ 的权重 |
|-----|-------|-------|-------|-------|-------|------------|
| $B_1$ | 1 | 1.2001 | 0.3344 | 0.3113 | 0.3819 | 0.0943 |
| $B_2$ | 0.8333 | 1 | 0.2725 | 0.3144 | 0.3466 | 0.0827 |
| $B_3$ | 2.9907 | 3.6696 | 1 | 0.9837 | 1.7681 | 0.3127 |
| $B_4$ | 3.2125 | 3.1804 | 1.0166 | 1 | 1.1565 | 0.285 |
| $B_5$ | 2.6186 | 2.8848 | 0.5656 | 0.8646 | 1 | 0.2252 |

注：判断矩阵一致性比例为 0.0051，对总目标的权重为 1.0000

**表 5-18 业务独特性 ($B_1$) 集结后的判断矩阵列表**

| $B_1$ | $X_1$ | $X_2$ | $X_3$ | 对 $B_1$ 的权重 |
|-------|-------|-------|-------|--------------|
| $X_1$ | 1 | 1.7044 | 1.934 | 0.4723 |
| $X_2$ | 0.5867 | 1 | 1.56 | 0.3081 |
| $X_3$ | 0.5171 | 0.641 | 1 | 0.2196 |

注：判断矩阵一致性比例为 0.0108，对总目标的权重为 0.0943

**表 5-19 业务替代性 ($B_2$) 集结后的判断矩阵列表**

| $B_2$ | $X_4$ | $X_5$ | 对 $B_2$ 的权重 |
|-------|-------|-------|--------------|
| $X_4$ | 1 | 0.4556 | 0.313 |
| $X_5$ | 2.195 | 1 | 0.687 |

注：判断矩阵一致性比例为 0.0000，对总目标的权重为 0.0827

**表 5-20　外包收益（$B_3$）集结后的判断矩阵列表**

| $B_3$ | $X_6$ | $X_7$ | $X_8$ | $X_9$ | 对 $B_3$ 的权重 |
|---|---|---|---|---|---|
| $X_6$ | 1 | 0.3382 | 0.2548 | 0.3227 | 0.159 |
| $X_7$ | 2.9566 | 1 | 0.4861 | 1.2093 | 0.2301 |
| $X_8$ | 3.9248 | 2.0572 | 1 | 1.7085 | 0.3898 |
| $X_9$ | 3.0987 | 0.8269 | 0.5853 | 1 | 0.2211 |

注：判断矩阵一致性比例为 0.0112；对总目标的权重为 0.3127

**表 5-21　外包风险（$B_4$）集结后的判断矩阵列表**

| $B_4$ | $X_{10}$ | $X_{11}$ | $X_{12}$ | $X_{13}$ | 对 $B_4$ 的权重 |
|---|---|---|---|---|---|
| $X_{10}$ | 1 | 1.6289 | 1.1981 | 1.2358 | 0.308 |
| $X_{11}$ | 0.6139 | 1 | 0.8469 | 1.1791 | 0.2187 |
| $X_{12}$ | 0.8346 | 1.1808 | 1 | 1.2754 | 0.2617 |
| $X_{13}$ | 0.8092 | 0.8481 | 0.7841 | 1 | 0.2117 |

注：判断矩阵一致性比例为 0.0063，对总目标的权重为 0.2850

**表 5-22　外部环境（$B_5$）集结后的判断矩阵列表**

| $B_5$ | $X_{14}$ | $X_{15}$ | $X_{16}$ | $X_{17}$ | 对 $B_5$ 的权重 |
|---|---|---|---|---|---|
| $X_{14}$ | 1 | 1.3761 | 0.808 | 1.9563 | 0.2809 |
| $X_{15}$ | 0.7267 | 1 | 0.4562 | 1.8705 | 0.2053 |
| $X_{16}$ | 1.2376 | 2.1919 | 1 | 2.8209 | 0.3847 |
| $X_{17}$ | 0.5112 | 0.5346 | 0.3545 | 1 | 0.1291 |

注：判断矩阵一致性比例为 0.0071，对总目标的权重为 0.2252

### 5.4.3.2　决策因素权重的分析

　　酒店业务外包决策深受外包的风险和收益、外部环境以及业务的独特性和替代性等因素影响。业务独特性、业务替代性、外包收益、外包风险、外部环境五个因素的权重依次为 0.0943、0.0827、0.3127、0.2850、0.2252（表 5-23）。可见，外包收益和外包风险均是酒店是否外包业务的决策中比较重要的因素。

　　在外包收益方面的因素中，外包收益下属的几个变量"业务外包对酒店提升核心业务关注度和竞争力的作用"、"业务提升其质量的作用"、"该业务外包对酒店灵活性的提升作用"、"业务外包对降低其成本的作用"的权重依次为 0.1219、0.0719、0.0691、0.0497。可见，酒店业务外包决策中，酒店更注重外包带来的战略收益，尤其是外包战略对酒店提升核心业务关注度和竞争力的作用，而非简单地看中成本上的收益。酒店业务外包决策中关注外包能为酒店带来收益，但是决策过程中对不同收益的重视程度显示了酒店外包更多的是寻求战略上的收益，业务外包已不单只是酒店的一项战术，而是一项战略。

表 5-23 酒店外包决策因素权重分配列表

| 因素 | 单层次权重 | 总目标权重 |
| --- | --- | --- |
| $B_1$ 业务独特性 | 0.0943 | 0.0943 |
| $X_1$：该业务对酒店的重要性 | 0.4723 | 0.0446 |
| $X_2$：该业务要求的专业知识和技能程度 | 0.3081 | 0.0291 |
| $X_3$：该业务要求的灵活性及个性化程度 | 0.2196 | 0.0207 |
| $B_2$ 业务替代性 | 0.0827 | 0.0827 |
| $X_4$：该业务被替代的难度 | 0.3130 | 0.0259 |
| $X_5$：该业务的交换成本（包括金钱成本和时间、谈判、监督等非金钱成本） | 0.6870 | 0.0568 |
| $B_3$ 外包收益 | 0.3127 | 0.3127 |
| $X_6$：该业务外包对降低其成本的作用 | 0.1590 | 0.0497 |
| $X_7$：该业务外包对提升其质量的作用 | 0.2301 | 0.0719 |
| $X_8$：该业务外包对酒店提升核心业务关注度和竞争力的作用 | 0.3898 | 0.1219 |
| $X_9$：该业务外包对酒店灵活性的提升作用 | 0.2211 | 0.0691 |
| $B_4$ 外包风险 | 0.2850 | 0.2850 |
| $X_{10}$：该业务外包是否会导致酒店信息安全问题 | 0.3080 | 0.0878 |
| $X_{11}$：该业务外包是否会引起员工士气（工作热情、工作效率等）问题 | 0.2187 | 0.0623 |
| $X_{12}$：该业务外包是否会对酒店文化造成不良影响 | 0.2617 | 0.0746 |
| $X_{13}$：该业务承包商的机会主义行为的可能性 | 0.2117 | 0.0603 |
| $B_5$ 外部环境 | 0.2252 | 0.2252 |
| $X_{14}$：酒店业务外包市场法律法规的完善程度 | 0.2809 | 0.0633 |
| $X_{15}$：外包市场是否有一定数量的承包该业务的承包公司 | 0.2053 | 0.0462 |
| $X_{16}$：外包市场是否具有能够提供良好服务质量的承包公司 | 0.3847 | 0.0866 |
| $X_{17}$：同行业竞争者是否实施外包战略 | 0.1291 | 0.0291 |

在外包风险方面的因素中，外包风险下属的几个变量"业务外包是否会导致酒店信息安全问题"、"该业务外包是否会对酒店文化造成不良影响"、"该业务外包是否会引起员工士气（工作热情、工作效率等）问题"、"该业务承包商采用机会主义行为的可能性"的权重依次为 0.0878、0.0746、0.0623、0.0603，几个变量权重的分配较其他四个因素均匀。

　　在外部环境方面的因素中，外部市场下属几个变量"外包市场是否具有能够提供良好服务质量的承包公司"、"酒店业务外包市场法律法规的完善程度"、"外包市场是否有一定数量的承包该业务的承包公司"、"同行业竞争者是否实施外包战略"的权重依次为 0.0866、0.0633、0.0462、0.0291（表 5-15）。而且，第一个因素"外包市场是否具有能够提供良好服务质量的承包公司"的权重十分高，这说明酒店的决策中对市场上承包公司的服务质量十分重视，而第四个因素"同行业竞争者是否实施外包战略"的权重远小于其他因素，这说明酒店的外包决策受同行业竞争者的影响相对较小。一般认为市场法规、承包商数量和服务质量是有利于酒店业务外包战略实施和运作的因素，这三项因素的权重可以说明，酒店外包决策中对外包环境的考虑，更多的是考虑市场是否有助于酒店外包顺利开展与运作。

　　在业务独特性和替代性的因素中，"业务对酒店的重要性"和"业务的交换成本"（包括金钱成本和时间、谈判、监督等非金钱成本）两项的总权重相对较高，尤其是后者的权重相对总目标的权重也较高。尽管业务独特性和替代性因素的重要性较低，但在决策中需对业务的交换成本给予足够的重视。

## 5.4.4　模型的确立

　　根据以上模型的递阶层次以及模型决策因素的权重，最终形成如图 5-8 所示的酒店业务外包决策层次模型，该模型的准则层含有 5 个因素，子准则有 17 个变量，每个因素和变量有对应的相对于总目标的权重。

　　与最初建立的模型相比，在决策因子的准则层和子准则层发生了一定的变化：准则层从原来的业务性质、外包收益、外包风险、外包环境 4 个因素变为业务独特性、业务替代性、外包收益、外包风险、外包环境 5 个因素；子准则的因素个数不变，原来的和现在的模型子准则层因素都是 17 个，只是部分因素隶属的准则层因素发生了变化，业务对酒店的重要性、业务要求的专业知识和技能程度、业务要求的灵活性及个性化程度变成了业务独特性下的子准则，业务被替代的难度、业务的交换成本变成了业务替代性下的子准则。

　　在决策因素重要性的排序方面，两轮调研得出的因素排序略有不同。在准则层因素的排序上，在第一轮调研中，5 个因子权重的排序依次为外包风险、业务独特性、外包收益、外部环境、业务替代性；第二轮调研计算所得的权重排序依次为外包收益、外包风险、外部环境、业务独特性和业务替代性。可见两轮调研的结果中外包收益和外包风险的排序均靠前，说明这两个因素是酒店业务外包的决策中比较重要的因素。在子准则层的因素上，虽然 17 个变量的排名在总排序上有较大的不同，但是它们单层次排序变化不大，排前两位的因素基本一致，外

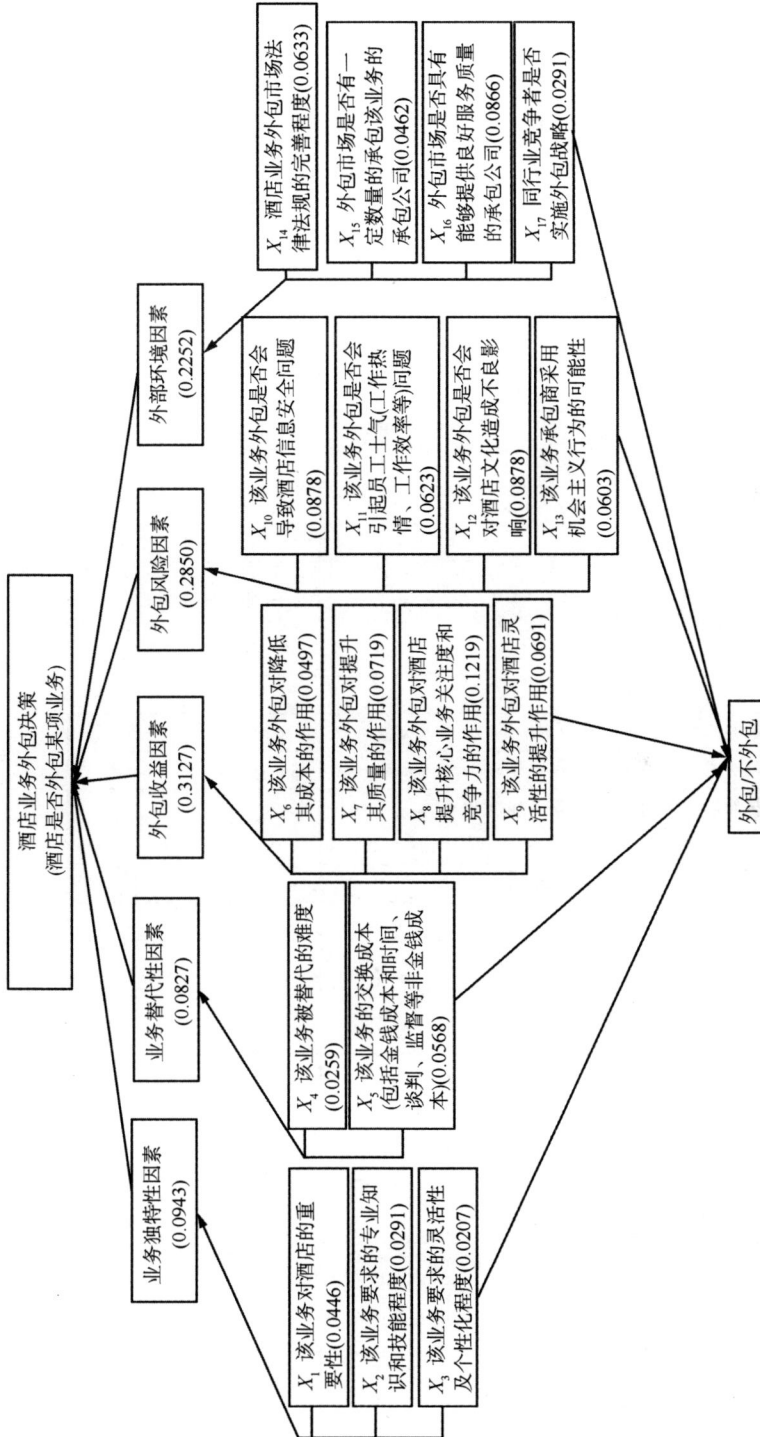

图5-8 酒店业务外包决策层次模型

部环境因素下 4 个变量两轮调研得出的变量排名甚至完全一致。从总排序中可以看出，业务外包对酒店提升核心业务关注度和竞争力的作用是酒店外包决策中最关注的因素。从单层次排名可以看出：核心竞争力的提升和质量的提升是酒店关注的重要收益；信息安全问题和对酒店文化的影响是酒店外包决策中比较担心的外包风险；市场上承包商的服务质量和市场的法制环境是酒店比较关注的外部环境因素；业务的交换成本是最能反映一项业务性质的因素（表 5-24）。

表 5-24　酒店外包决策因素两轮调研排序对比表

| 因素 | 单层次排序 | | 总排序 | |
|---|---|---|---|---|
| | 第一轮调研 | 第二轮调研 | 第一轮调研 | 第二轮调研 |
| $B_1$ 业务独特性 | 2 | 4 | 2 | 4 |
| $X_1$：该业务对酒店的重要性 | 2 | 1 | 14 | 14 |
| $X_2$：该业务要求的专业知识和技能程度 | 1 | 2 | 9 | 15 |
| $X_3$：该业务要求的灵活性及个性化程度 | 3 | 3 | 15 | 17 |
| $B_2$ 业务替代性 | 5 | 5 | 5 | 5 |
| $X_4$：该业务被替代的难度 | 2 | 2 | 17 | 16 |
| $X_5$：该业务的交换成本（包括金钱成本和时间、谈判、监督等非金钱成本） | 1 | 1 | 8 | 11 |
| $B_3$ 外包收益 | 3 | 1 | 3 | 1 |
| $X_6$：该业务外包对降低其成本的作用 | 3 | 4 | 6 | 12 |
| $X_7$：该业务外包对提升其质量的作用 | 2 | 2 | 3 | 5 |
| $X_8$：该业务外包对酒店提升核心业务关注度和竞争力的作用 | 1 | 1 | 1 | 1 |
| $X_9$：该业务外包对酒店灵活性的提升作用 | 4 | 3 | 11 | 6 |
| $B_4$ 外包风险 | 1 | 2 | 1 | 2 |
| $X_{10}$：该业务外包是否会导致酒店信息安全问题 | 1 | 1 | 4 | 2 |
| $X_{11}$：该业务外包是否会引起员工士气（工作热情、工作效率等）问题 | 4 | 3 | 13 | 8 |
| $X_{12}$：该业务外包是否会对酒店文化造成不良影响 | 2 | 2 | 5 | 4 |
| $X_{13}$：该业务承包商采用机会主义行为的可能性 | 3 | 4 | 10 | 9 |
| $B_5$ 外部环境 | 4 | 3 | 4 | 3 |
| $X_{14}$：酒店业务外包市场法律法规的完善程度 | 2 | 2 | 7 | 7 |
| $X_{15}$：外包市场是否有一定数量的承包该业务的承包公司 | 3 | 3 | 15 | 13 |
| $X_{16}$：外包市场是否具有能够提供良好服务质量的承包公司 | 1 | 1 | 2 | 3 |
| $X_{17}$：同行业竞争者是否实施外包战略 | 4 | 4 | 16 | 15 |

# 5.5　基于 AHP 的酒店业务外包决策模型应用

假设某酒店面临着是否外包某项业务的选择。备选方案有外包或不外包两个，利用构建的模型，可以帮助酒店作出正确决策。

层次分析法采用了两类评价：相对评价和绝对评价。在相对评价中，逐对比较的依据是上一层次的标准，包括最下层的备选方案。在绝对评价中，备选方案的评价不用逐对比较，而是按照它们相对于各标准的标准刻度来衡量，而且使用绝对评价时，需要给定一组标准刻度。还有学者认为，采用哪一类评价取决于备选方案的个数，若备选方案少于 9 个，则采用相对评价，若备选方案多于 10 个，则采用绝对评价。

在本模型中，备选方案少于 9 个，所以采用相对评价。在相对评估法中，只需比较两个备选方案的重要性，并计算其特征向量。表 5-25 是用相对评估法获得的两个备选方案的权重。最后，计算得到两个方案的评分分别是：外包的优先权重值为 0.5592，不外包的优先权重值为 0.4407，外包的优先权重值略高，因此该酒店可以慎重选择将餐饮进行外包。

表 5-25　备选方案总权重表

| 因素 | 权重 | 外包 | | 不外包 | |
|---|---|---|---|---|---|
| | | 等级 | 权重×等级 | 等级 | 权重×等级 |
| $B_1$-$X_1$ | 0.0943×0.4723 | 0.75 | 0.0334 | 0.25 | 0.0111 |
| $B_1$-$X_2$ | 0.0943×0.3081 | 0.50 | 0.0145 | 0.50 | 0.0145 |
| $B_1$-$X_3$ | 0.0943×0.2196 | 0.33 | 0.0068 | 0.67 | 0.0139 |
| $B_2$-$X_4$ | 0.0827×0.313 | 0.33 | 0.0085 | 0.67 | 0.0173 |
| $B_2$-$X_5$ | 0.0827×0.687 | 0.25 | 0.0142 | 0.75 | 0.0426 |
| $B_3$-$X_6$ | 0.3127×0.159 | 0.67 | 0.0333 | 0.33 | 0.0164 |
| $B_3$-$X_7$ | 0.3127×0.2301 | 0.83 | 0.0597 | 0.17 | 0.0122 |
| $B_3$-$X_8$ | 0.3127×0.3898 | 0.86 | 0.1048 | 0.14 | 0.0171 |
| $B_3$-$X_9$ | 0.3127×0.2211 | 0.80 | 0.0553 | 0.20 | 0.0138 |
| $B_4$-$X_{10}$ | 0.285×0.308 | 0.17 | 0.0149 | 0.83 | 0.0729 |
| $B_4$-$X_{11}$ | 0.285×0.2187 | 0.25 | 0.0156 | 0.75 | 0.0467 |
| $B_4$-$X_{12}$ | 0.285×0.2617 | 0.25 | 0.0186 | 0.75 | 0.0559 |
| $B_4$-$X_{13}$ | 0.285×0.2117 | 0.14 | 0.0084 | 0.86 | 0.0519 |
| $B_5$-$X_{14}$ | 0.2252×0.2809 | 0.75 | 0.0474 | 0.25 | 0.0158 |
| $B_5$-$X_{15}$ | 0.2252×0.2053 | 0.75 | 0.0347 | 0.25 | 0.0116 |
| $B_5$-$X_{16}$ | 0.2252×0.3847 | 0.80 | 0.0693 | 0.20 | 0.0173 |
| $B_5$-$X_{17}$ | 0.2252×0.1291 | 0.67 | 0.0195 | 0.33 | 0.0096 |
| 合计 | | | 0.5592 | | 0.4407 |

# 6  基于顾客感知价值的旅游企业外包绩效评价研究

## 6.1  文献研究

### 6.1.1  企业外包绩效研究综述

#### 6.1.1.1  外包与企业绩效的关系研究

通过外包，企业可以集中资源于最能创造价值的业务，从而使外包业务的潜在效益最大化（Murry and Kotabe，1999；Quinn，1992）。大量的研究表明，外包可以降低企业成本、提高企业的灵活性、规避风险、提高组织绩效。然而，Gottfredson 认为对外包的过度依赖也会使企业创新能力降低（Gottfredson et al.，2005），导致来自外包合作者的竞争，使企业对业务的控制能力降低（韩小坚，2002）。

外包将会影响组织绩效，对于外包和企业绩效的关系，学者进行了多方面的研究，但是外包和绩效关系的实证研究极少（Gilley and Rasheed，2000）。Gilley 和 Rasheed 考虑了企业战略与环境动态性的影响，研究结果表明当企业采用成本领先战略时外包与组织绩效正相关，而采用差异化战略时则为负相关（Gilley and Rasheed，2000）。Kotabe 和 Mol（2008）提出外包与组织绩效的关系是一种 U 形关系，即存在一个最优外包程度，当企业外包程度处于该点时，组织绩效最优，偏离该点，无论是内制过多还是外包过多，组织绩效都会下降，而电子商务的发展对这个最优点有一定的影响。

对于服务业中的酒店业来说，采取外包的业务越来越多，酒店业务外包与绩效之间也存在不同的关系。Gilley 和 Rasheed（2000）研究认为，将具有低战略价值的业务外包可以使酒店降低成本，集中具有核心竞争力业务，这种集中可以使酒店更具有创新力和提高技能，使得酒店的经营业绩得到改善；同时，不断增加的外包业务可以提高服务质量，因为外包供应商更加专业，外包会比酒店自己经营获得更好的效果。

Dabholkar 等（1996）研究认为，企业实行业务外包，并与外包服务供应商建立联盟会有更好的业绩，具体表现在经营风险得到降低、质量得到改进，同时企业会增强自身的创新能力和灵活性。外包之所以具有这样的优势，Hilmer 和

Quinn（1994）认为，是因为企业通过外包可以从外部获取质量更高、成本更低的资源和能力，并能将精力集中于擅长的事情上。因此，外包经营战略对酒店的绩效具有正面影响。但是，目前中国外包市场还不成熟，Lam 和 Han（2005）认为极少有质量较高的外包供应商，酒店和外包商之间企业文化的兼容性，以及法律的不健全都可能成为外包战略的阻碍，酒店的经营绩效也会受到影响，所以酒店在进行外包时，管理层应该将外包供应商的专业性、过去的绩效以及公司的文化价值作为考虑的重要因素；同时要不断评估供应商的绩效、调查服务质量、顾客满意度和提供反馈意见。

### 6.1.1.2　影响外包绩效的因素研究

研究表明，业务外包对企业绩效会产生不同程度的影响，在外包的过程中会存在一些推动或阻碍外包绩效的因素。

Murry 和 Kotabe（1999）研究指出，资源专用性、供应商讨价还价的能力、产品及过程创新程度等因素影响企业外包绩效。实证研究表明，当资产专用性和产品、过程创新程度提高时，外包与组织绩效负相关，然而当供应商议价能力提高时，外包与组织绩效之间却不存在负相关关系。Poppo 和 Zenger（1998）则认为资源专用性、测量的难度、技术群的重要性、规模经济是影响外包成功的主要因素。Gilley 和 Rasheed 首次提出了外包强度的概念，大量实证研究表明非核心业务外包强度对企业绩效有正面影响（Quinn，1992；Lei and Hitt，1995），核心业务外包强度对企业绩效有负面影响，这是因为核心业务外包会导致企业创新能力的降低（David et al.，1997）和来自承包商的竞争。Lee（2001）通过研究韩国企业的信息技术外包，认为企业与外包供应商之间的相互信任对于知识共享和外包成功起到非常重要的作用，并且企业与外包供应商之间的初始印象对外包成功也产生影响。

国内学者也认为企业与外包供应商的合作伙伴关系影响了外包绩效。一些学者认为在实施外包的过程中合作伙伴关系尤为重要，在选择外包供应商时，供应商的商誉越佳，企业与供应商之间的伙伴关系品质越好，企业外包的绩效就会越高。因此，徐姝（2006）从关系观理论出发，将外包关系作为外包绩效分析的起点和基础，认为外包决策、外包实施、企业的学习与吸收能力，以及对外包关系的投入能力分别影响了外包过程的酝酿、成熟和渗透三个阶段。徐姝和胡明铭（2007）针对信息技术外包的研究提出，影响企业 IT 外包成功运作的因素体现在三个方面：企业与供应商之间合作的匹配性、外包关系强度、外包关系治理。计春阳（2010）认为 IT 治理能力是影响 IT 外包绩效的根本性因素，它不仅直接影响 IT 外包绩效，而且还通过影响外包关系质量间接影响 IT 外包绩效。杜荣等

（2012）通过对西安、北京、上海三地的 20 家外包企业进行问卷调查发现，边界跨越具有很大的灵活性，它对外包绩效产生直接的影响，而边界跨越及与之相关的技术创新和关系规范又通过知识共享的中介作用间接影响外包绩效。

周丽虹（2010）提出外包企业与外包网络成员企业间的伙伴关系是外包战略影响企业绩效的一个重要因素，并且在外包强度和企业绩效之间起到调节作用。舒奋和袁平（2012）以县市区基层政府和市级政府机构为研究对象，认为招投标机制的规范性、考评体系的严格性以及公共服务外包合同的管理及履行能力这三个因素影响了公共服务外包绩效。

### 6.1.1.3　外包绩效评价指标研究综述

关于企业外包绩效评价指标的研究极少，国内的研究领域多集中在企业物流业务和 IT 业务的外包。研究大多是采用平衡计分法从财务和非财务指标来衡量企业外包的绩效，本书对这些指标进行了归纳和总结，并重点提出非财务指标中顾客层面的指标。

在物流业务外包方面，唐辉亮（2007）从三个层次对逆向物流外包绩效进行评价。第一层评价系统运作绩效，这一层中包括顾客等待时间和顾客满意度的衡量指标；第二层评价第三方服务商绩效；第三层评价委托企业内部绩效。王海萍（2007）对中小企业外包物流绩效评估的路径进行分析，认为企业外包绩效评估指标的设置应分别从物流成本、客户服务、生产率指标和生产力衡量 4 项指标来细化评估的内容，在客户服务方面，将顾客的投诉率、顾客的满意率、订单的错误率、订单的及时送达率等作为衡量的指标。万世鑫（2009）依据平衡计分法，从内部运营绩效、客户管理绩效、学习与成长绩效、财务绩效四个方面对物流外包的制造型企业绩效进行评价。其中客户层面的指标通过客户保持率、客户获得率、市场份额、客户利润率来衡量。袁洋（2011）同样采用平衡计分法的四个维度对制造企业物流外包绩效进行评价。周丹（2010）分析了整车制造企业物流业务外包的绩效，将输入指标（投入的资源）和输出指标（获得的效用）作为物流外包绩效的衡量指标。

在 IT 业务外包方面，徐姝和胡明铭（2008）根据前人外包绩效评价维度设计思想，结合 IT 外包运作与管理的过程，从服务效益和战略效益出发构建 IT 外包绩效评价指标体系，并运用模糊评价方法对 IT 外包绩效进行评价。李莹和路世昌（2009）将影响企业 IT 外包的因素作为评价 IT 外包绩效的一级指标，进而分析二级指标，再用层次分析法（AHP）和德尔菲法（Delphi）与灰色关联度相结合的方法对企业 IT 服务外包绩效指标作出进一步确立。

除此之外，崔南方和怀劲梅（2006）采用相关性理论对平衡计分法提供的指

标进行筛选，计算不同指标与经济增加值（EVA）之间的相关系数，建立以
EVA 为核心指标，其他指标为补充指标的外包综合绩效评估指标体系，最终根
据指标筛选，提出一个 IT 外包项目的绩效评估指标体系，在客户维度方面，将
企业内部员工对 IT 系统的满意度、外包服务商对企业特性的了解程度、内部人
员对外包服务人员的满意度作为衡量绩效的指标。黄宜等（2008）采用结构方程
模型的方法对企业业务外包绩效进行研究，通过实证研究构建了业务外包绩效评
价模型。作者基于大量文献的研究，从影响业务外包的财务指标与非财务指标这
两个方面去构建结构方程模型，其中财务指标包括盈利能力、营运能力、偿债能
力、发展能力；非财务指标包括外包后企业竞争力、外包动机、外包后客户保持
力、外包强度、外包后企业风险控制力这 5 个方面。而外包后客户保持力由客户
满意度、市场份额、客户忠诚度构成。宋丹霞（2009）对生产性服务外包供应链
绩效进行研究，采用顾客服务绩效、服务运行绩效和合作发展绩效 3 个二级指标
以及相应的 20 个三级指标进行评价。

　　国外的研究较为深入，多是定量研究。并且有几篇文献涉及旅游企业中的酒
店业外包绩效的评价，给本书的研究提供了重要的参考。有学者认为外包绩效应
该从以下三个方面来衡量。财务绩效：销售增长和盈利能力，生产成本和边际收
益，每股盈利和资产报酬率。运营绩效：市场份额、质量/零缺陷、顾客满意度、
营销效果、新产品介绍、生产率、基线的竞争力和周转时间。组织绩效：内部环
境和能力、员工的满意度、教育和培训、企业文化、外部环境和能力。Gilley
（2002）研究了人力资源外包对组织绩效的影响，从组织、员工、外包供应商、
顾客等方面进行衡量，其中与顾客相关的是员工与顾客的关系这一指标。

　　Chaang-Yung Kung 运用模糊评价和灰色决策理论的方法，以中国台湾地区
的航空制造企业为例研究企业外包绩效评价体系，从效率、质量、创新、顾客
响应、整合能力 5 个维度来评价绩效，研究结果表明创新和质量方面的绩效在
外包绩效评价中占有重要的比重。Kung（2006）选取企业的诚信和信息公开、
服务的响应时间、服务能力（平均维修时间）、竞争价格、合同的灵活性来衡
量顾客层面的指标。Hsu 等（2005）在探讨企业信息系统（IS）业务外包的同
时，概述了学者对 IT 部门外包绩效的评价指标。Kuo 通过分析组织结构、组
织特征、信息系统（IS）和 IT 管理，以及专家对 IT 部门的绩效评估，最终建
立了 IT 部门的绩效评估结构，从 10 个方面进行评价，包括对组织战略方向的
影响 、IS 和组织目标的整合 、外包之后 IS 的质量、财务贡献、工作的效率和
效果、使用者的满意度、IT 专业人员的能力 、IS 系统建立的进展、企业创新、
企业信息安全。

　　Tomas 等（2005）基于资源基础观的视角对酒店外包绩效进行评价。通过

对酒店的经理和内部员工进行调研，采取财务指标和非财务指标来衡量组织的经营效果。最终将外包绩效的指标分为组织质量、财务绩效、员工福利、酒店业务这四个方面。每一层指标都有相应的二级指标来衡量，整个体系能够较为全面地反映外包绩效的情况。Tomas 等（2004）对 Canary Islands 的所有酒店进行研究，探讨外包对酒店运营目标和经营绩效的影响，认为竞争优势和绩效都会影响酒店的外包倾向，竞争优势主要体现在通过外包酒店可以提高质量、增加灵活性、改善服务、降低成本，而外包的绩效可以通过组织质量（与外包供应商、旅游运营商和顾客的关系）、财务绩效、员工福利、酒店业务这四个方面衡量，与其在 2003 年的研究结果是一致的。Tamer 研究了酒店业务外包和绩效之间的关系，认为与外包供应商的合作使企业在组织有效性、生产率、盈利能力、质量、不断改进、工作生活质量和社会责任感方面都有显著的改善。Tamer 对三星级、四星级和五星级酒店进行调研，对酒店的总经理进行访问，询问他们是否从外包中获益，结果表明，90％的酒店从外包中获益，外包给组织绩效带来的最大影响是组织的不断改进，最小的影响是员工的工作生活质量，因为人力资源业务的外包也是裁员的一种形式，所以这种方式对被裁的员工和剩余的员工也会产生负面的影响（Tamer and Dzgur, 2009）。Bustinza 等（2010）对服务行业的外包与绩效的关系进行了实证研究。作者将外包绩效分为三类：内部业务绩效、外部业务绩效、组织绩效。业务绩效主要通过一些财务指标衡量，组织绩效通过服务质量来衡量，如服务需求的响应时间。

目前国内外的学者多是从酒店经营财务指标和非财务指标衡量酒店外包绩效，从顾客层面衡量酒店业务外包绩效的文献较少。宋丹霞（2009）将顾客满意度和顾客忠诚度作为衡量外包绩效的一层指标，二层指标包括顾客抱怨的比率、服务承诺的实现比例、平均价格优势、服务创新能力、对顾客需求的响应速度。黄宜等（2008）采用结构方程模型评价外包绩效，在顾客层面将外包后客户的保持力作为一级指标，客户满意度、客户忠诚度、市场份额作为二级指标。王莉（2007）从顾客感知的角度出发，运用国内外服务质量常用的 SERVQUAL 模型分析酒店业务外包在服务质量方面存在的问题。

国内学者对酒店外包绩效衡量的研究较少，但是普遍认为服务质量是外包绩效的关键，服务质量的提升有助于提高酒店的核心竞争力，有助于增加顾客的满意感和顾客忠诚度，进而提高酒店的经营绩效。

综上所述，国内外从不同的角度对外包与企业绩效之间的关系进行了探讨，在外包绩效的研究方面取得了一定的成果。但是总的来说，研究的人数较少，研究视角较窄。外包绩效的理论体系以及研究领域尚需进一步建立与完善。

## 6.1.2　顾客感知价值研究综述

### 6.1.2.1　感知价值的概念及维度研究

感知价值的概念最早出现于 20 世纪 80 年代，一直以来受到学术界和营销界的广泛关注和重视。对于感知价值的定义很多，最先提出感知价值概念的是 Thaler（1985），他认为感知价值就是顾客在消费过程中获得的效用和交易效用之间的差值。在后来的研究中，占主流地位的是"得失权衡说"。Parasuraman 等（1985，1988）认为顾客感知价值就是顾客对得到的利益与付出的成本进行权衡后，对产品或者是服务的评价。Wang（2004）将感知价值分为感知利得和感知利失，感知利得指顾客得到的产品和服务，感知利失指顾客为了获得某一产品或服务所付出的货币和非货币代价，如时间、努力和精力方面的付出。

近年来，国内众多学者对顾客感知价值作出深入的研究，如叶宗造（2011）、代强等（2010）、文雅峰（2011）、焦丽娜（2008）、宋福丽（2010）等。其中，李满和安国山（2008）认为顾客在价值评价的过程中，主要就产品或服务本身的感知利得（如质量、利益、效用等）与感知利失（如总成本，包括货币性的和不可货币化的）进行权衡，这是顾客感知价值的核心。

关于顾客感知价值维度研究的文献非常丰富，目前并没有形成统一的结论，不同学者对于维度的划分也有一些区别，如表 6-1 所示。

表 6-1　顾客感知价值的维度归纳表

| 作者 | 维度 | 各个维度的含义 |
|---|---|---|
| Sheth 等（1991） | 社会价值 | 指顾客从产品或服务中获取的社会效用，它隐含着顾客与自然、顾客与他人之间的双重关系效用 |
| | 情感价值 | 指顾客从产品或服务中获得的情感效用 |
| | 功能价值 | 指产品质量、性能方面的效用 |
| | 情境价值 | 指顾客感受到特定环境带来的价值 |
| | 认识价值 | 指产品可以获得某些知识的价值和具有令人惊奇和新鲜的价值特性 |
| Holden（1999） | 利益价值 | 指顾客能感受到的产品或服务本身的功能 |
| | 体验性价值 | 指购买、消费产品过程中正面感官情绪方面的服务 |
| | 象征性价值 | 指产品或服务带给消费者的社会情感效用，如角色地位、自我形象、群体归属和自我区别意识 |
| Lapierre（2000） | 产品 | 指的是产品的实际质量，企业能为顾客提供个性化或是能够替代的产品 |
| | 关系 | 包括企业的形象与信誉、企业与顾客间关系的维护，彼此之间的信任程度 |
| | 质量 | 质量包括产品的稳定性、柔性，以及技术方面的支持 |

| 作者 | 维度 | 各个维度的含义 |
|---|---|---|
| Sweeney 和 Soutar（2001） | 质量价值 | 指顾客从产品感知质量和期望的比较中所得到的效用 |
| | 情感价值 | 指顾客从商品消费的感觉和情感状态中所得到的效用 |
| | 价格价值 | 指短期和长期感知成本的降低给顾客带来的效用 |
| | 社会价值 | 指产品提高社会自我概念给顾客带来的效用 |
| Petrick（2002） | 行为价格 | 指获得产品和服务所耗费的时间和精力 |
| | 货币价格 | 指产品的经济性、价格的合理性等 |
| | 情感反应 | 指顾客获得的情感上的体验，如高兴、愉悦等感受 |
| | 质量 | 指产品和服务带来的实际效用 |
| | 声望 | 指产品和服务所体现的社会价值 |
| Smith 和 Mark（2007） | 功能方面 | 指产品或服务的属性和特征，如艺术性、创造性等 |
| | 体验方面 | 指产品带给顾客的感受和情感 |
| | 符号方面 | 指顾客认为产品是身份和地位的象征。一些产品（如奢侈品）是自我价值的体现 |
| | 成本/代价方面 | 指顾客的感知利得和利失。顾客尽量减少获得产品所付出的成本，从而最大化他们的利得 |

关于顾客感知价值的研究已经很成熟，根据以上学者的研究成果，本书将感知价值划分为感知利得、感知付出两个维度。

### 6.1.2.2　感知价值的影响因素研究

对于企业而言，必须知道哪些因素影响顾客的感知价值，才能不断改进，从而为其提供富有价值的产品和服务。

Ravald 和 Grönroos（1996）从关系营销的视角研究了顾客感知价值，他们认为企业不仅仅要关注产品，还应该努力维持与顾客之间良好的关系，企业必须通过与顾客保持稳定的关系来提高顾客的感知价值。Lapierre（2000）在对加拿大 IT 产业服务部门的顾客感知价值研究中同样指出，产品、质量、关系是影响顾客感知价值的重要因素。

Parasuraman（1997）将顾客感知价值的驱动因素分成产品质量、货币价格和服务质量，这一研究目前得到学术界的普遍认可。

Ulaga（2001）从三个方面分析了顾客感知价值的驱动因素。第一，与产品相关的因素，包括产品的特性、产品的稳定性等；第二，与服务相关的因素，包括服务的可靠性、敏捷性、响应的速度等；第三，与促销有关的因素，如企业或产品的形象与声誉、公共关系、公司的可靠程度等。

　　Grewal 等（1998）认为产品的质量、货币价格、品牌名称、商店名称、商店保证以及原产地国家都将影响顾客的感知价值。

　　王松涛（2009）基于对饭店的分析发现，品牌形象对顾客感知价值有一定程度的正向解释能力，表现在：品牌形象更多的是通过对顾客期望、感知质量的影响来间接影响顾客感知价值，其间接影响要大于直接影响。感知质量对感知价值有直接的正向影响，顾客非常在意饭店所提供的服务质量。

　　宋福丽（2010）认为经济型酒店的顾客感知价值受到品牌认知、方便、服务水平、安全、有形产品、装修环境、货币成本和非货币成本这八个因素的影响。

　　目前，学术界对顾客感知价值的影响因素进行多方面的研究与界定，本书认为顾客感知价值的影响因素主要可以归纳为以下几个方面：

　　（1）质量，包括产品质量和服务质量。

　　（2）价格，顾客付出的货币与非货币的价格将显著地影响顾客对价值的感知。

　　（3）关系，主要指顾客与企业之间的关系状况，企业对维持客户关系的努力程度将影响顾客的实际感知价值。

　　（4）企业品牌形象，指企业的品牌、服务质量、形象和声誉等。

### 6.1.2.3　感知价值与企业绩效的关系研究

　　传统企业战略理论认为企业战略决定企业的绩效，而其中的作用过程是一个黑箱。在当今顾客导向的市场中，在企业战略与企业绩效之间，顾客价值起着关键作用。近年来，顾客感知价值在战略管理领域和营销学界均得到广泛重视，学者们对此展开大量研究并得出基本结论：企业竞争力取决于顾客对企业产品或服务价值的认可程度，顾客感知价值决定了企业的竞争优势。具体来说，如果企业比竞争对手为顾客提供更高的感知价值，就能导致顾客满意和顾客忠诚，进而使顾客持续购买，增加关联销售，并形成推荐人效应，最终实现顾客少流失、企业高收入、管理低成本的效果。因此，Woodruff（1997）明确指出顾客价值是企业新的竞争优势来源。

　　目前，关于顾客感知价值和企业绩效关系的研究最具有代表意义的是1994年由詹姆斯·赫斯克特教授提出的服务利润链理论。服务利润链是表明利润、顾客、员工、企业四者之间关系并由若干链环组成的链。他将服务利润链形象地理解为一条将"盈利能力、客户忠诚度、员工满意度和忠诚度与生产力"之间联系起来的纽带，它是一条循环作用的闭合链，其中每一个环节的实施质量都将直接影响其后的环节，最终目标是企业盈利（图6-1）。

　　服务利润链表明，企业的收入增长和盈利能力是由顾客的忠诚度决定的，忠

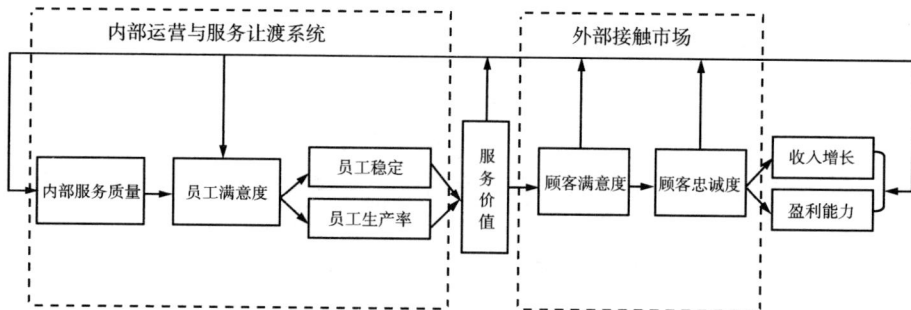

图 6-1　服务利润链

资料来源：赫斯克特（2005）

诚的顾客给企业带来超常的利润空间；顾客忠诚度是通过顾客满意度获得的，企业提供的服务价值决定了顾客满意度。最后，企业内部员工的满意度和忠诚度决定了服务价值。员工的满意度来源于企业为员工提供的内部服务质量，如合理的薪酬福利水平、较高的工作生活质量、公平的奖惩体系等。简言之，顾客的满意度最终是由员工的满意度决定的。服务利润链刻画了员工的稳定性、服务技能、态度行为，以及员工与顾客之间的互动对服务质量以及服务价值的影响。如果顾客能够从企业和员工那里获得较高的服务价值，顾客就会对其有积极评价并形成满意和忠诚，最终提高服务企业的盈利能力。

学者从不同的角度阐释了顾客感知价值，大多数学者在顾客价值理论的根本认识上是一致的，即企业应该从顾客的角度看待产品和服务的价值。这种价值不是由企业决定的，而是由顾客决定的，且都认同顾客价值实际上是顾客的感知价值与感知成本之间的权衡。从某种意义上讲，顾客感知的价值直接决定了顾客对企业及其产品的忠诚与否，在一定程度上会影响企业的持续盈利能力。

文雅峰（2011）秉承服务利润链理论，认为顾客感知价值是顾客满意的重要决定因素，而顾客满意又进一步驱动顾客忠诚和企业绩效（图 6-2）。感知价值由感知收益和感知成本构成，顾客感知价值对企业绩效有重要的影响作用，不仅本身作为一个整体概念对顾客满意有正向的影响作用，而且各个要素也会影响顾客满意度。企业通过投入内部资源，作用到提供的产品和服务上，并通过价值链将创造的顾客价值传递出去，而顾客价值通过顾客满意和顾客忠诚作用于企业绩效。

## 6.1.3　服务质量与顾客感知、企业外包绩效关系的研究综述

从 20 世纪 80 年代开始，服务质量就受到众多学者的关注。由于服务具有无形性、不可储存性及易逝性等特性，所以很难加以定义、具体衡量和控制。近

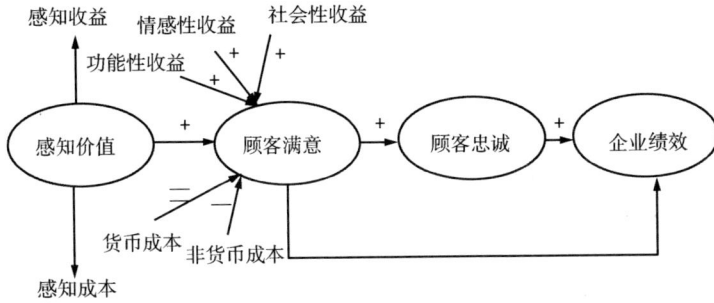

图 6-2 顾客感知价值驱动的企业绩效模型

30 年来出现了大量的研究和讨论，产生了很多研究成果，众多学者也从不同的角度提出感受和测量服务质量的方法。

### 6.1.3.1 服务质量的维度

服务质量的维度是指对服务质量期望和感知绩效产生影响的要素，不同的学者在不同的研究领域对于服务质量维度的划分也存在一些区别。本书通过文献整理，将服务质量的维度归纳起来，如表 6-2 所示。

表 6-2 服务质量维度研究归纳

| 作者 | 维度 |
| --- | --- |
| Grönroos（1982） | 技术质量（technical quality）——实际所传递的内容或质量标准 |
| | 功能质量（functional quality）——服务传递的过程及服务方式 |
| | 公司形象（company image）——指企业形象或是品牌形象 |
| Lehtinen（1982） | 有形质量、公司质量（形象）、互动质量（顾客与公司、顾客与顾客之间的互动） |
| Grönroos（1984） | 技术质量、功能质量 |
| Parasuraman（1985） | 可接近性、沟通、能力、礼貌、可信度、可靠性、响应性、安全性、理解和有形性 |
| Parasuraman（1988） | 有形性（tangibility）、可靠性（reliability）、响应性（responsiveness）、保证性（assurance）、移情性（empathy） |
| Johnsion（1995） | 可接近性、外观/美观、可获得性、清洁/整洁、舒适、沟通、能力、礼貌、友善、可靠性、响应性及安全性 |
| Rust（1994） | 服务产品、服务传递、环境质量 |
| Dabholker 等（1996） | 实体方面（外观、设施设计）、可靠性（服务质量的一致性、承诺、商品的可获得性）、人员互动、解决问题（抱怨、退货等事件处理）、政策（回应顾客的需求） |
| Grönroos（2000） | 职业作风与技能、态度与行为、服务的易获得性与灵活性、可靠性与信任性、服务补救能力、服务环境组合、声誉与信用 |

| 作者 | 维度 |
|---|---|
| Khan（2003） | 乡村生态旅游服务质量维度包括：生态有形性、保证性、可靠性、反应性、移情性和有形展示 |
| 范秀成（1999） | 技术质量和交互质量，交互质量包括各种交互的质量，狭义的交互指人际交互 |
| 汪纯孝（2002） | 环境质量、技术质量、感情质量、关系质量和沟通质量 |
| 白长虹（2005） | 公用服务业的服务质量包括功能质量（标准性、稳定性、安全性、服务补救）和过程质量（员工服务表现、服务标准、服务承诺等） |

结合以上学者对于服务质量维度的研究，本书根据自己的研究内容将服务质量划分为三个维度。技术质量，主要体现品牌的功能性利益，是在服务生产过程中和服务接触过程结束之后顾客所得到的客观结果，与服务的产出结果有关。形象质量，主要指服务人员的衣着外表、服务环境。功能质量，主要指服务的传递，服务能够满足顾客的深层次的情感需要。此外，员工态度、设施设备等也会影响功能质量。

### 6.1.3.2 服务质量与感知价值的关系研究

服务质量和感知价值之间的关系、影响的先后顺序一直是争议的问题，北欧学派代表格罗鲁斯在 2000 年出版的《服务管理与营销——基于顾客关系的管理方法》中认为，顾客首先对服务质量进行感知，然后才会对接受到的服务满意或是不满意的感知。支持服务质量影响顾客感知的学者认为，服务质量是服务期望与服务感知的对比，顾客感知是在综合了情感因素、成本效益等的基础上将期望的服务质量与感知到的服务质量进行对比的主观感受。Sweeney 和 Soutar（2001）也发现服务质量对于顾客价值有正向的关系。Cronin 等（2000）针对服务业的研究表明，服务质量对顾客价值有正向影响，且两者间有正显著关系。

在绝大多数的服务消费过程中，服务质量的两个主要因素——技术质量和功能质量，对顾客感知价值的实现有着极为重要的作用。近期，国内的相关学者从理论和实证上对服务质量和感知价值的关系作出分析。认为顾客感知价值与服务质量之间存在正相关关系，顾客在对服务质量感知、形成感知价值时，服务质量成为影响顾客感知价值的一个基础、直接的因素。与此同时，顾客感知价值也是衡量企业服务质量的标尺。顾客感知价值越大，说明企业在服务质量方面做得越好。根据服务利润链理论，顾客感知价值影响了顾客满意度，进而提高顾客忠诚度，从而使顾客持续购买，增加企业绩效。因此，顾客感知价值和服务质量之间是相互影响的。

王永贵（2002）以中国电信业为背景，运用结构方程模型构造了服务质量、顾客满意以及顾客感知价值的框架，剖析了三者之间的因果关系，结果表明顾客价值在服务质量与顾客满意之间具有调节效应。

赵建彬（2006）的实证研究证明，顾客感知的服务质量对顾客价值（包含产品价值、服务价值、人员价值和形象价值）有着正向影响。林剑（2007）研究提升顾客的感知服务质量和感知顾客价值时引入服务品牌权益的概念，验证了其是通过服务质量的中介作用而对感知顾客价值产生影响。

刘杰（2011）认为企业服务质量是顾客感知价值的对象和基础，服务质量的好坏影响着顾客感知价值的大小，它们之间的相互影响和相互作用决定着企业采取不同的市场策略。企业只有在不断提高服务质量，与顾客保持联系，才能提高顾客的感知价值，而顾客感知价值直接决定了顾客的购买行为。

### 6.1.3.3　服务质量和企业绩效的关系研究

国外关于服务质量与经营绩效的关系研究中，最具有代表意义的是美国学者James Heskett 提出的服务利润链理论。企业内部的服务支持、员工福利以及激励政策会影响员工的满意度，当员工产生较高的满意度时，他们会通过自身的能力为顾客提供高质量和高效率的服务。企业能为顾客提供的服务价值很大程度上决定了顾客满意，顾客满意直接导致顾客忠诚，顾客忠诚又会带来企业的盈利能力和业绩的增长。当企业获得盈利增长以后，又会为员工提供更多的资源和福利，使员工产生更大的满意度。服务利润链理论说明服务质量是通过企业内部员工所提供的服务给顾客带来满意与否，以及顾客能否忠诚来影响经营绩效的。

Babakus 等（2003）研究发现，在服务人员与顾客密切接触的服务型企业中，员工的服务态度和行为将直接决定顾客感知的服务质量，从而影响企业绩效，因此对服务人员的培训、奖惩等人员管理对企业绩效具有积极作用。Theoharakis 和 Hooley（2003）在 B2B 企业的研究中发现，服务质量与顾客绩效的路径系数为 0.164。

国内关于服务质量与企业绩效的研究主要集中在服务行业。有学者以银行为研究对象，研究银行服务质量对绩效的影响，研究结果表明，服务品质的实际表现水平与经营绩效间有明显正向相关关系。王君正和吴贵生（2007）在研究旅游企业创新活动对其绩效的影响中，运用因子分析和结构方程模型验证了旅游企业服务质量对其绩效有正向影响。鲁琨和高强（2009）研究了创新、服务质量与绩效之间的关系，指出创新对绩效有直接影响和通过服务质量而产生的间接影响，而且直接影响的强度更大。刘杰（2010）研究了农家乐服务质量的 6 个维度，包括有形展示、服务可靠、快速反应、质量保证、顾客关怀和农家风味，以及经营绩效的 2 个影响因素，即相对竞争力和盈利增长性之间的关系，研究结果表明农家乐服务质量与其经营绩效有正向影响关系。陈菊红（2012）研究了第三方物流企业 IT 能力和服务质量对企业绩效的影响。分析认为在第三方物流企业中，服务质量对绩效有显著的正向影响，服务的可靠性、响应性、创新性、移情性、信息性和服务人员素质在 IT 能力与第三方物流企业绩效中起到部分中介作用。

### 6.1.3.4 服务质量、感知价值和企业绩效之间的关系研究

通过文献搜索，笔者发现将感知价值作为中介变量，研究服务质量和企业绩效之间关系的文献很少。然而，根据前文外包绩效的评价体系的研究，黄宜等（2008）、宋丹霞（2009）等将顾客忠诚作为衡量外包绩效的指标，即顾客忠诚影响了外包绩效，因此笔者搜索了一些关于服务质量、顾客感知价值、顾客忠诚之间关系的研究。

国内外学者们已经进行了大量的研究，得出的结论基本上是一致的，服务质量会通过顾客感知价值来影响顾客忠诚。Bolton 和 Drew（1991）通过对当地居民的电信服务评价情况的电话调查后发现，服务质量是通过顾客感知到的价值来影响顾客购买意向的。Wakefield 和 Barnies（1997）通过对娱乐服务业的调查得出结论，顾客感知到的服务环境质量会通过感知价值提供来影响重复购买意向。Grewal（1998）以实验的方法，通过对自行车销售服务的研究得出结论，质量会通过获得价值从而影响购买意向。

因此，本书将顾客感知价值作为中介变量，研究它对外包服务质量与外包绩效之间关系的影响。

## 6.2　理论模型与研究设计

该部分主要是在对相关文献的归纳整理的基础上，构建旅游企业外包绩效的评价研究模型，阐明本书的理论依据与研究假设，同时对研究的数据进行分析与说明。

### 6.2.1　理论模型

#### 6.2.1.1　模型建构

目前对企业绩效的评价，学术界多是采用财务和非财务指标来评价企业外包绩效，还没有从顾客感知价值的角度来衡量企业外包对绩效的影响的研究。酒店将业务外包出去之后所提供的服务质量的高低，感受最深的是顾客，顾客感知价值的大小决定着顾客忠诚度，而顾客忠诚度又决定着酒店外包的绩效水平。酒店外包要获得成功，就应该创造和提升顾客的感知价值。

研究以酒店外包频率比较高的餐饮部作为实证研究的对象，从服务质量出发，将顾客感知价值作为中介变量，探究酒店餐饮外包对外包绩效的影响。研究模型见图 6-3。

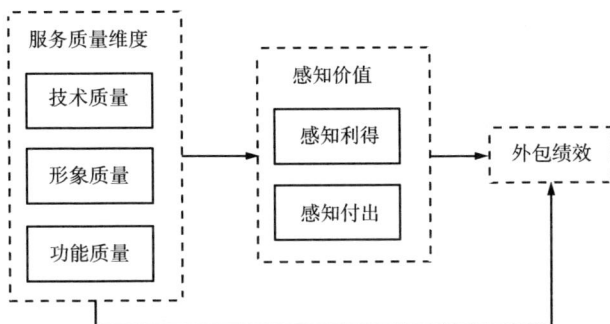

图 6-3　研究的初始模型

### 6.2.1.2　模型解释

研究模型由餐饮外包的服务质量、感知价值和外包绩效三部分组成。对于餐饮外包而言，服务质量不仅影响着顾客的感知价值，同时也对酒店外包绩效产生重大影响，服务质量包括技术质量、形象质量、功能质量。本书将顾客感知价值分为感知利得和感知付出。分别测量顾客在酒店消费时对酒店餐饮产品和服务的质量评价，是否觉得物有所值，心情愉悦。服务质量的各个维度从顾客层面会直接影响酒店的外包绩效，同时也不同程度地影响顾客的感知价值。本书将研究酒店实施外包之后的绩效，因此将探讨酒店餐饮外包之后的服务质量与顾客感知价值、酒店外包绩效的关系，以及顾客感知价值与酒店外包绩效的关系。

## 6.2.2　立论依据与研究假设

酒店业务外包种类很多，Tomas 等（2004）的研究发现，酒店中使用外包最多的业务是与洗衣、保安、监管、娱乐、园艺、培训、信息系统和清洁相关的业务，此类业务外包不会导致酒店丢失核心技能和能力且这些服务不是酒店竞争优势的源泉。在众多的酒店外包项目中，颜澄（2005）认为餐饮业务的整体或者部分外包是最普遍的。酒店通过将全部或部分餐饮业务外包给专业的餐饮管理公司，不仅可以提高酒店的服务质量、降低成本、提升酒店的品牌声望，而且可以充分发挥酒店的核心竞争力和增强竞争优势。

酒店餐饮业务外包对外包绩效的影响，主要在于餐饮外包之后的服务质量。关于餐饮的服务质量，本书根据前面的文献综述，通过技术质量、形象质量、功能质量对其进行测量。

根据研究目的、文献整合、理论模型，本书提出餐饮外包服务质量、感知价值、外包绩效各变量间的研究假设。

### 6.2.2.1　服务质量与顾客感知价值之间的关系

1）技术质量与顾客感知价值之间的关系

服务技术质量体现品牌的功能性利益，是在服务生产过程中和服务接触过程结束之后顾客所得到的客观结果，与服务的产出结果有关。

Parasuraman（1997）对顾客感知因素的分类目前得到学术界的普遍认可，他将顾客感知价值的驱动因素分成产品质量、货币价格和服务质量。质量是顾客能够感知到的产品质量和服务质量。实际上，许多企业提供的核心产品就是服务（如酒店、咨询业等），服务质量很大程度上影响顾客的价值感知。Ulaga（2001）提出服务的可靠性、敏捷性、技术支持、响应的速度都会影响顾客的感知价值。

研究提出假设 1：

H1a：餐饮外包服务技术质量对顾客感知利得有正向影响。

H1b：餐饮外包服务技术质量对顾客感知付出有正向影响。

2）形象质量与顾客感知价值之间的关系

1982 年，瑞典著名服务市场营销学专家克·格鲁诺斯提出"顾客感知服务质量模型"，在研究顾客实际质量的感受中引入了品牌形象的因素，将形象因素的影响引入期望质量中，一定程度上强调了品牌形象对顾客全面感知质量的影响。

研究提出假设 2：

H2a：餐饮外包服务形象质量对顾客感知利得有正向影响。

H2b：餐饮外包服务形象质量对顾客感知付出有正向影响。

3）功能质量与顾客感知价值之间的关系

服务功能质量体现品牌深层次的情感需要，与服务过程和产出结果都有关，是指服务能够给予顾客特别的关注。

研究提出假设 3：

H3a：餐饮外包服务功能质量对顾客感知利得有正向影响。

H3b：餐饮外包服务功能质量对顾客感知付出有正向影响。

### 6.2.2.2　顾客感知价值与外包绩效之间的关系

根据服务利润链理论，以及文雅峰在此基础上构建的顾客感知价值企业绩效模型可知，顾客感知价值在很大程度上影响顾客满意度、顾客忠诚度，进而影响企业的业务增长和盈利能力（文雅峰，2011）。本书将此研究成果运用于外包绩效的研究中。

因此，提出假设 4：

H4a：顾客感知利得对外包绩效有正向影响。

H4b：顾客感知付出对外包绩效有正向影响。

### 6.2.2.3　服务质量与外包绩效之间的关系

依据关于服务质量和企业绩效关系的文献综述，众多学者研究认为，感知服务质量对企业绩效存在着重要的影响作用，这种影响是直接的或是间接的，并且服务质量常作为外包绩效的衡量指标。因此本书也认为，感知服务质量与外包绩效之间既存在直接关系，同时也存在间接关系。

研究提出假设 5：

H5a：餐饮外包服务技术质量对外包绩效有正向影响。

H5b：餐饮外包服务形象质量对外包绩效有正向影响。

H5c：餐饮外包服务功能质量对外包绩效有正向影响。

### 6.2.2.4　顾客感知价值的中介作用

在文献回顾的基础上，本书将顾客感知价值作为影响餐饮外包服务质量和外包绩效的中介变量，并认为感知价值在两者之间起到部分中介的作用。

研究提出假设 6 和假设 7：

H6：感知利得在餐饮外包服务质量影响外包绩效的过程中起部分中介作用。

H7：感知付出在餐饮外包服务质量影响外包绩效的过程中起部分中介作用。

## 6.2.3　数据搜集

通过大量地查阅文献，在参考国内外研究的基础上，设计本书相关研究的问卷初稿，然后对被调查者进行小样本预调研。

### 6.2.3.1　初始问卷的形成

目前还缺乏对外包服务质量、顾客感知价值和外包绩效关系的研究，因此也没有量表可以借鉴。通过对文献中的相关量表进行归纳和总结，根据专家意见确定维度，并进一步对指标进行删减与修正。征询的主要对象是暨南大学管理学院旅游管理系的学者。本书经过专家征询后，综合各专家的意见，进行了修改。

初始问卷共包括三个部分：第一部分是餐饮外包服务质量的调查，该部分主要从技术质量、形象质量、功能质量这三个维度进行问卷设计；第二部分是顾客的感知，主要包括顾客对酒店外包的感知，以及对感知利得、感知付出的衡量。其中，第一部分和第二部分是问卷的主体内容，包含的是对各个变量问项的测量，采用李克特5分值量表，1代表非常不同意，3代表中立，5代表非常同意。第三部分是对顾客基本资料的调查，以描述各项主要人口统计变量，包括性别、年龄、职业、收入和受教育程度等。

### 6.2.3.2　预调研实施

对于调研问卷，首先在较小的范围内进行小样本预调研，根据预调研的结果进一步检验与修正问卷，并确立最终的调查问卷。

本次预调研一共发放问卷55份，全部回收，回收率为100%，其中有效问卷52份，有效率为94.5%。通过预调研，笔者根据被调查者的建议对问卷中某些题项的内容或是措词进行了修正。例如，将"该餐厅的服务具有一致性"修改为"该餐厅的服务具有同等性"；将"该餐厅的营业时间合理"修改为"该餐厅的营业时间能够照顾所有顾客"等。

### 6.2.3.3　预调研数据处理

采用统计软件SPSS 17.0对预调研的52份有效问卷进行数据分析。本书采用内在信度指标（Cronbach's $\alpha$ 系数）对问卷进行可靠性检验，内在信度主要指问卷中的一组问题是否测量的是同一个概念，也就是这些问题的内在一致性。

$\alpha$ 值越高表明信度越高，信度系数若是能够大于0.7是最好的。本书各变量的总体信度系数如表6-3所示，可以看出，各变量的Cronbach's $\alpha$ 系数均大于0.9，本问卷有极好的信度，因此量表可以接受。

表6-3　各变量内部信度指标

| 变量 | 餐厅服务质量 | 顾客感知价值 | 外包绩效 |
| --- | --- | --- | --- |
| Cronbach's Alpha 系数 | 0.941 | 0.939 | 0.904 |

可以看出，本问卷具有较好的信度，其次对于各个变量采用CITC（corrected item-total correction，CITC）指标来净化测量项目，若CITC的值小于0.3，并且删除此项可以增加Cronbach's $\alpha$ 值，即可以提升整体信度，那么就可以把此项删除。从表6-4～表6-6可以看出，餐饮服务质量、顾客感知价值和外包绩效的各个测量指标的CITC值都大于0.3，符合标准，因此全部保留下来。

**表 6-4　服务质量 CITC 和信度分析**

| 项目 | CITC 值 | 去除本项的 Cronbach's Alpha 值 |
| --- | --- | --- |
| Q1 菜肴口味很好 | 0.659 | 0.938 |
| Q2 菜单印制精美 | 0.676 | 0.938 |
| Q3 员工衣着整洁得体 | 0.495 | 0.940 |
| Q4 员工文明礼貌 | 0.576 | 0.939 |
| Q5 服务具有同等性 | 0.719 | 0.937 |
| Q6 员工值得信赖 | 0.562 | 0.939 |
| Q7 餐厅干净整洁环境优雅 | 0.623 | 0.939 |
| Q8 设施设备现代化 | 0.497 | 0.940 |
| Q9 餐厅装饰能够体现现代化 | 0.397 | 0.941 |
| Q10 营业时间能够照顾所有顾客 | 0.586 | 0.939 |
| Q11 员工能够履行对顾客的承诺 | 0.727 | 0.937 |
| Q12 员工能够迅速上菜并收拾餐桌 | 0.725 | 0.937 |
| Q13 员工具有良好的服务态度和技巧 | 0.704 | 0.937 |
| Q14 员工能够准确地提供账单 | 0.559 | 0.939 |
| Q15 员工能够准备记录各项消费 | 0.495 | 0.940 |
| Q16 员工能够给顾客特别的关注 | 0.723 | 0.937 |
| Q17 餐厅能够为顾客提供个性化的服务 | 0.685 | 0.937 |
| Q18 餐厅对顾客的承诺能够及时兑现 | 0.759 | 0.936 |
| Q19 员工能够热心解答顾客疑问 | 0.718 | 0.937 |
| Q20 餐厅的服务让顾客感到安全 | 0.673 | 0.938 |
| Q21 餐厅能够为顾客提供合理化的建议 | 0.594 | 0.939 |
| Q22 员工能够准确快速地理解顾客的现实需要 | 0.674 | 0.938 |

**表 6-5　感知价值 CITC 和信度分析**

| 项目内容 | CITC 值 | 去除本项的 Cronbach's Alpha 值 |
| --- | --- | --- |
| Q2801 餐饮出品好 | 0.860 | 0.928 |
| Q2802 餐饮部服务好 | 0.794 | 0.931 |
| Q2803 餐饮部内部环境好 | 0.746 | 0.934 |
| Q2804 餐厅有很好的经济性 | 0.669 | 0.937 |
| Q2805 餐厅价格合理 | 0.666 | 0.937 |
| Q2806 餐厅使我觉得物有所值 | 0.766 | 0.932 |
| Q2807 我非常喜欢该餐厅 | 0.843 | 0.928 |
| Q2808 该餐厅让我感到身心愉悦 | 0.822 | 0.929 |
| Q2809 在该餐厅消费是一种享受 | 0.790 | 0.931 |

表 6-6  外包绩效 CITC 和信度分析

| 项目内容 | CITC 值 | 去除本项的 Cronbach's Alpha 值 |
|---|---|---|
| Q2901 愿意继续光顾该餐厅 | 0.803 | 0.869 |
| Q2902 鼓励亲戚朋友来该餐厅 | 0.843 | 0.835 |
| Q2903 价格较高愿意支付 | 0.785 | 0.885 |

#### 6.2.3.4  正式调研及样本回收情况

笔者对广州市内的 10 家酒店进行拜访,这些酒店包括三星级、四星级、五星级,通过找到各个酒店的餐饮部经理或主管,讲明调查的目的,向餐厅经理调查餐厅的经营情况,对餐厅客人调研的可行性,以及商讨调研对策。笔者发现,具有餐饮外包的酒店多是集中在三星级或是四星级的酒店,五星级酒店的餐饮大多是自己经营,外包出去的极少。

最终,笔者选取广州市内 3 家有餐饮外包的酒店进行问卷发放,共发放问卷 250 份,回收问卷 221 份,回收率 88.4%。问卷回收之后,将不符合本次调查的问卷剔除,剔除的依据:第一,不完整、有漏填现象;第二,剔除连续 8 项或是以上测量项目打分相同的问卷。最终得到有效问卷 212 份,有效率为 84.8%。

根据本次调查的样本状况,统计特征描述见表 6-7。从性别分布来看,男性占 47.6%,女性占 52.4%,女性居多;从年龄分布来看,25 岁以下这一年龄层占 3.8%,26～35 岁占 33.0%,36～45 岁占 34.0%,46～55 岁占 19.8%,56 岁以上占 9.4%;从学历构成来看,高中及以下占 7.5%,大专占 30.2%,本科占 43.9%,硕士及以上占 18.4%;从职业构成来看,政府公务人员占 3.3%,事业单位人员占 21.7%,企业单位人员占 37.3%,学生占 2.4%,自由职业者占 15.1%,其他占 20.3%;在收入分布上,比例最高的是 5000～10 000 元的群体,这可能与调查对象在中高星级酒店有关。从样本分布情况来看,被调查者的年龄、职业、学历、收入都是符合中高级酒店顾客消费特征的,因此,该样本具有一定的代表性。

表 6-7  人口统计特征分布

| 人口统计变量 | 分类指标 | 人数/人 | 比例/% | 累积比例/% |
|---|---|---|---|---|
| 性别 | 男 | 101 | 47.6 | 47.6 |
| | 女 | 111 | 52.4 | 100.0 |

续表

| 人口统计变量 | 分类指标 | 人数/人 | 比例/% | 累积比例/% |
|---|---|---|---|---|
| 年龄 | 25 岁以下 | 8 | 3.8 | 3.8 |
| | 26～35 岁 | 70 | 33.0 | 36.8 |
| | 36～45 岁 | 72 | 34.0 | 70.8 |
| | 46～55 岁 | 42 | 19.8 | 90.6 |
| | 56 岁以上 | 20 | 9.4 | 100.0 |
| 学历 | 高中及以下 | 16 | 7.5 | 7.5 |
| | 大专 | 64 | 30.2 | 37.7 |
| | 本科 | 93 | 43.9 | 81.6 |
| | 硕士及以上 | 39 | 18.4 | 100.0 |
| 职业 | 政府公务人员 | 7 | 3.3 | 3.3 |
| | 事业单位人员 | 46 | 21.7 | 25.0 |
| | 企业单位人员 | 79 | 37.3 | 62.3 |
| | 学生 | 5 | 2.4 | 64.6 |
| | 自由职业者 | 32 | 15.1 | 79.7 |
| | 其他 | 43 | 20.3 | 100.0 |
| 收入 | 1 000 元以下 | 5 | 2.4 | 2.4 |
| | 1 000～2 000 元 | 35 | 16.5 | 18.9 |
| | 2 000～5 000 元 | 71 | 33.5 | 52.4 |
| | 5 000～10 000 元 | 87 | 41.0 | 93.4 |
| | 10 000 元以上 | 14 | 6.6 | 100.0 |

## 6.3　基于顾客感知价值的旅游企业业务外包绩效分析

研究运用 SPSS 17.0 对最终确定的量表以及实测的数据进行各种分析和检验，包括描述性统计分析、数据可靠性分析、探索性因子分析、相关分析、回归分析以及方差分析。以此，确保数据的可靠性和有效性，分析各变量之间的关系以及对假设检验的验证。

### 6.3.1　描述性统计分析

使用 SPSS 17.0 统计分析软件对本次调研问卷进行描述性统计分析，可以了解到顾客对酒店餐饮外包之后的服务质量、顾客的感知价值以及外包绩效评价的基本情况。描述性统计分析主要采用均值、标准差、偏度、峰度、偏度标准误差和峰度标准误差统计指标。

### 6.3.1.1　餐饮外包服务质量的描述性统计分析

问卷中有关餐饮外包服务质量的题项共计 22 项，对其进行描述性统计分析，从总体上考察所设计题项的均值、标准差、偏度、峰度、偏度标准误差和峰度标准误差。一般而言，当偏度的绝对值小于 3、峰度的绝对值小于 10 时，样本基本服从正态分布。从表 6-8 可以看出，研究的偏度绝对值小于 1，而峰度绝对值均小于 10。因此，本次正式调研基本服从正态分布，适合进行下一步分析。

通过分析测量指标的均值数可以看出，顾客对餐饮服务质量的评价处在中等水平，顾客的选择判断为 3.52～4.35，说明餐厅的服务质量同顾客认同的标准还有一定的差距。从均值分析可以发现，顾客对"餐厅能够为顾客提供个性化的服务""员工能够迅速上菜并收拾餐桌"的评价较低，而对"员工衣着整洁得体""餐厅干净环境优雅"的评价相对较高一些。所调研的餐厅都在中高级酒店的内部，在硬件设施设备的配备上能够体现酒店的形象，但是其服务水平还需要改善。

表 6-8　餐饮外包服务质量描述性统计分析

| 项目 | N 统计量 | 均值 统计量 | 标准差 统计量 | 偏度 统计量 | 偏度 标准误 | 峰度 统计量 | 峰度 标准误 |
|---|---|---|---|---|---|---|---|
| Q1 菜肴口味很好 | 212 | 3.95 | 0.662 | −0.340 | 0.167 | 0.393 | 0.333 |
| Q2 菜单印制精美 | 212 | 3.64 | 0.770 | −0.090 | 0.167 | −0.351 | 0.333 |
| Q3 员工衣着整洁得体 | 212 | 4.33 | 0.578 | −0.178 | 0.167 | −0.638 | 0.333 |
| Q4 员工文明礼貌 | 212 | 4.26 | 0.705 | −0.824 | 0.167 | 1.355 | 0.333 |
| Q5 服务具有同等性 | 212 | 3.68 | 0.703 | 0.293 | 0.167 | −0.589 | 0.333 |
| Q6 员工值得信赖 | 212 | 4.04 | 0.687 | −0.314 | 0.167 | −0.021 | 0.333 |
| Q7 餐厅干净整洁环境优雅 | 212 | 4.35 | 0.585 | −0.397 | 0.167 | 0.177 | 0.333 |
| Q8 设施设备具有现代化 | 212 | 3.98 | 0.744 | −0.658 | 0.167 | 1.013 | 0.333 |
| Q9 餐厅装饰能够体现现代化 | 211 | 4.18 | 0.627 | −0.382 | 0.167 | 0.489 | 0.333 |
| Q10 营业时间能够照顾所有顾客 | 211 | 3.98 | 0.686 | −0.327 | 0.167 | 0.152 | 0.333 |
| Q11 员工能够履行对顾客的承诺 | 212 | 3.84 | 0.715 | −0.155 | 0.167 | −0.248 | 0.333 |
| Q12 员工能够迅速上菜并收拾餐桌 | 212 | 3.56 | 0.893 | −0.549 | 0.167 | −0.223 | 0.333 |
| Q13 员工具有良好的服务态度和技巧 | 212 | 3.85 | 0.764 | −0.510 | 0.167 | 0.540 | 0.333 |
| Q14 员工能够准确地提供账单 | 211 | 4.00 | 0.683 | −0.995 | 0.167 | 3.212 | 0.333 |
| Q15 员工能够准备记录各项消费 | 212 | 3.98 | 0.608 | −0.375 | 0.167 | 0.979 | 0.333 |
| Q16 员工能够给顾客特别的关注 | 212 | 3.71 | 0.837 | −0.383 | 0.167 | 0.388 | 0.333 |

续表

| 项目 | N<br>统计量 | 均值<br>统计量 | 标准差<br>统计量 | 偏度 | | 峰度 | |
|---|---|---|---|---|---|---|---|
| | | | | 统计量 | 标准误 | 统计量 | 标准误 |
| Q17 餐厅能够为顾客提供个性化的服务 | 212 | 3.52 | 0.800 | −0.090 | 0.167 | 0.423 | 0.333 |
| Q18 餐厅对顾客的承诺能够及时兑现 | 212 | 3.78 | 0.722 | −0.028 | 0.167 | −0.415 | 0.333 |
| Q19 员工能够热心解答顾客疑问 | 212 | 3.99 | 0.695 | −0.500 | 0.167 | 0.560 | 0.333 |
| Q20 餐厅的服务让顾客感到安全 | 212 | 4.12 | 0.634 | −0.668 | 0.167 | 2.442 | 0.333 |
| Q21 餐厅能够为顾客提供合理化的建议 | 212 | 3.77 | 0.687 | 0.158 | 0.167 | −0.588 | 0.333 |
| Q22 员工能够准确快速地理解顾客的现实需要 | 212 | 3.74 | 0.818 | −0.264 | 0.167 | −0.126 | 0.333 |
| 有效的 N（列表状态） | 210 | | | | | | |

### 6.3.1.2　顾客感知价值的描述性统计分析

顾客的选择为 3.73～4.12，顾客对于酒店餐饮的感知价值普遍还是处于中等偏高的水平，然而，"餐厅使顾客觉得物有所值"的均值最低，说明顾客并不认为酒店餐厅的价格经济实惠。"餐厅内部环境好"的均值最高，说明顾客对于酒店餐厅内部的环境认同感比较高（表 6-9）。

表 6-9　顾客感知价值的描述性统计分析

| 项目 | N<br>统计量 | 均值<br>统计量 | 标准差<br>统计量 | 偏度 | | 峰度 | |
|---|---|---|---|---|---|---|---|
| | | | | 统计量 | 标准误 | 统计量 | 标准误 |
| Q2801 餐饮出品好 | 212 | 3.79 | 0.707 | −0.079 | 0.167 | −0.288 | 0.333 |
| Q2802 餐饮部服务好 | 212 | 3.93 | 0.712 | −0.618 | 0.167 | 1.214 | 0.333 |
| Q2803 餐饮部内部环境好 | 212 | 4.12 | 0.675 | −0.706 | 0.167 | 1.859 | 0.333 |
| Q2804 餐厅有很好的经济性 | 212 | 3.76 | 0.742 | 0.129 | 0.167 | −0.681 | 0.333 |
| Q2805 餐厅价格合理 | 212 | 3.80 | 0.703 | −0.024 | 0.167 | −0.379 | 0.333 |
| Q2806 餐厅使我觉得物有所值 | 212 | 3.73 | 0.740 | −0.019 | 0.167 | −0.414 | 0.333 |
| Q2807 我非常喜欢该餐厅 | 212 | 3.89 | 0.749 | −0.093 | 0.167 | −0.615 | 0.333 |
| Q2808 该餐厅让我感到身心愉悦 | 212 | 3.99 | 0.712 | −0.218 | 0.167 | −0.350 | 0.333 |
| Q2809 在该餐厅消费是一种享受 | 212 | 3.91 | 0.789 | −0.541 | 0.167 | 0.417 | 0.333 |
| 有效的 N（列表状态） | 212 | | | | | | |

### 6.3.1.3　酒店外包绩效的描述性统计分析

通过顾客忠诚衡量酒店餐饮业务外包的绩效，问卷中涉及顾客忠诚的问项共3项，描述性统计分析结果如表 6-10 所示。顾客的选择为 3.49～4.03，顾客忠诚度不高，可能与消费过程中感受到的服务质量，以及感知价值有关。本书将通过这些关系的具体研究发现内在的联系。

**表 6-10　外包绩效的描述性统计分析**

| 项目 | N 统计量 | 均值 统计量 | 标准差 统计量 | 偏度 | | 峰度 | |
|---|---|---|---|---|---|---|---|
| | | | | 统计量 | 标准误 | 统计量 | 标准误 |
| Q2901 愿意继续光顾该餐厅 | 212 | 4.03 | 0.708 | −0.929 | 0.167 | 2.642 | 0.333 |
| Q2902 鼓励朋友亲戚来该餐厅 | 212 | 3.94 | 0.758 | −0.629 | 0.167 | 0.831 | 0.333 |
| Q2903 价格较高愿意支付 | 212 | 3.49 | 0.776 | 0.001 | 0.167 | 0.271 | 0.333 |
| 有效的 N（列表状态） | 212 | | | | | | |

## 6.3.2　问卷信度检验

正式研究仍采用 Cronbach's 内部一致性系数 α 来分析本问卷的信度，所谓信度，就是指一项测试所得的数值的可信度，用来测量指标的一致性。本书采用 Cronbach's α 系数检验各变量题项间的内部一致性，Cronbach's α 系数越大，表明各题项间的相关性越大，信度也越高。研究的总体信度分析结果如表 6-11 所示，总体的内部一致性系数 α 数值为 0.970，表明本书总体上具有比较高的信度。

**表 6-11　总体信度分析**

| 测量项数 | Cronbach's α 系数值 |
|---|---|
| 34 | 0.955 |

在进行总体信度分析的基础上，笔者还对问卷中各个维度和测量指标进行了信度分析，结果见表 6-12。餐饮服务质量、顾客感知价值、外包绩效的 α 系数值分别为 0.931、0.890 和 0.794，均大于 0.7，说明该量表具有较高的可靠性。

**表 6-12 测量指标信度分析**

| 变量名称 | 测量题项数/项 | Cronbach's α 系数值 |
|---|---|---|
| | 总计 22 | 0.931 |
| | 1 | 0.924 |
| | 2 | 0.927 |
| | 3 | 0.924 |
| | 4 | 0.923 |
| | 5 | 0.926 |
| | 6 | 0.923 |
| | 7 | 0.924 |
| | 8 | 0.926 |
| | 9 | 0.925 |
| | 10 | 0.926 |
| 服务质量 | 11 | 0.924 |
| | 12 | 0.931 |
| | 13 | 0.924 |
| | 14 | 0.924 |
| | 15 | 0.925 |
| | 16 | 0.923 |
| | 17 | 0.924 |
| | 18 | 0.924 |
| | 19 | 0.922 |
| | 20 | 0.923 |
| | 21 | 0.924 |
| | 22 | 0.924 |
| | 总计 9 | 0.890 |
| | 1 | 0.884 |
| | 2 | 0.880 |
| | 3 | 0.882 |
| 感知价值 | 4 | 0.881 |
| | 5 | 0.885 |
| | 6 | 0.883 |
| | 7 | 0.873 |
| | 8 | 0.868 |
| | 9 | 0.871 |
| | 总计 3 | 0.794 |
| 外包绩效 | 1 | 0.628 |
| | 2 | 0.642 |
| | 3 | 0.858 |

### 6.3.3　外包服务质量、感知价值、外包绩效的因子分析

#### 6.3.3.1　餐饮外包服务质量通过技术质量、形象质量和功能质量来衡量

本部分主要是对 22 个测量餐饮服务质量的指标进行因子分析。在提取因子前，首先通过 KMO 和巴特利球体检验，检验是否适合作因子分析。从表 6-13 中可以看出，样本 KMO 值为 0.793，接近 0.8，说明该组数据中各个测量指标间的相关程度较高，适合作因子分析。并且，巴特利球体检验的显著性概率为 0.000，小于 0.01，球形假设被拒绝，说明该组变量具有相关性，适合进行因子分析。

表 6-13　KMO 和 Bartlett 的检验

| 取样足够度的 Kaiser-Meyer-Olkin 度量 | | 0.793 |
| --- | --- | --- |
| Bartlett 的球形度检验 | 近似卡方 | 884.116 |
| | df | 231 |
| | Sig. | 0.000 |

对于餐饮服务质量量表部分，采用主成分分析法提取公因子，公因子的数量以特征值大于 1 作为选择的标准。本书对 22 个变量进行因子分析，提取前 3 个解释因子，如表 6-14 所示，3 个公因子的累积解释变异量为 68.249%，即这 3 个公因子可以反映原始 22 个题项 68.249% 的信息量。

表 6-14　服务质量解释的总方差

| 因子 | 初始特征值 | | | 旋转平方和载入 | | |
| --- | --- | --- | --- | --- | --- | --- |
| | 特征值 | 方差/% | 累积/% | 特征值 | 方差/% | 累积/% |
| 1 | 9.977 | 45.348 | 45.348 | 5.249 | 28.859 | 28.859 |
| 2 | 2.682 | 12.192 | 57.540 | 3.937 | 20.894 | 49.752 |
| 3 | 1.498 | 6.810 | 64.350 | 3.629 | 18.496 | 68.249 |
| 4 | 0.928 | 5.036 | 70.386 | | | |
| 5 | 0.922 | 4.192 | 74.578 | | | |
| 6 | 0.852 | 3.873 | 78.452 | | | |
| 7 | 0.779 | 3.539 | 81.991 | | | |
| 8 | 0.653 | 2.969 | 84.960 | | | |
| 9 | 0.543 | 2.467 | 87.427 | | | |
| 10 | 0.462 | 2.102 | 89.530 | | | |
| 11 | 0.402 | 1.825 | 91.355 | | | |

| 因子 | 初始特征值 | | | 旋转平方和载入 | | |
|------|------|------|------|------|------|------|
| | 特征值 | 方差/% | 累积/% | 特征值 | 方差/% | 累积/% |
| 12 | 0.326 | 1.482 | 92.836 | | | |
| 13 | 0.296 | 1.347 | 94.183 | | | |
| 14 | 0.275 | 1.251 | 95.434 | | | |
| 15 | 0.250 | 1.134 | 96.568 | | | |
| 16 | 0.196 | 0.889 | 97.457 | | | |
| 17 | 0.155 | 0.706 | 98.163 | | | |
| 18 | 0.130 | 0.592 | 98.755 | | | |
| 19 | 0.089 | 0.406 | 99.161 | | | |
| 20 | 0.077 | 0.351 | 99.512 | | | |
| 21 | 0.063 | 0.286 | 99.798 | | | |
| 22 | 0.044 | 0.202 | 100.000 | | | |

研究以 0.5 作为删除指标的临界值，结合信度检验和累积解释变异的结果进行整理，服务质量的因子分析结果如表 6-15 所示。Q18 的因子负荷大于 0.5，但是分布在两个不同的因子上，因此删除 Q18。Q10、Q14、Q15 的因子负荷都低于 0.5，因此也将其删除。其余所有的因子负荷都高于 0.5，并且都只分布在一个因子上。通过分析发现，"餐厅菜肴口味很好"等 8 个题项（Q1、Q2、Q5、Q11、Q12、Q13、Q16、Q17）在因子 1 上的因子载荷均在 0.5 以上，因此因子 1 为技术质量，指服务过程的产出，顾客通过产品和服务得到的。因子 2 主要包含"员工衣着整洁得体"等 6 个题项（Q3、Q4、Q6、Q7、Q8、Q9），因此因子 2 为形象质量，指员工和餐厅装饰呈现出来的整体形象。因子 3 主要包含"员工能够热心解答顾客疑问"等 4 个题项（Q19、Q20、Q21、Q22），因此因子 3 为功能质量，指顾客在消费的过程中深层次的情感上的需要。

**表 6-15　服务质量旋转后的因子负载值表**

| 服务质量 | 旋转后的因子负载值 | | | |
|------|------|------|------|------|
| | 1 | 2 | 3 | 4 |
| Q2 菜单印制精美 | 0.842 | | | |
| Q12 员工能够迅速上菜并收拾餐桌 | 0.764 | | | |
| Q13 员工具有良好的服务态度和技巧 | 0.744 | | | |
| Q1 菜肴口味很好 | 0.737 | | | |
| Q16 员工能够给顾客特别的关注 | 0.650 | | | |

续表

| 服务质量 | 旋转后的因子负载值 | | | |
|---|---|---|---|---|
| | 1 | 2 | 3 | 4 |
| Q11 员工能够履行对顾客的承诺 | 0.646 | | | |
| Q5 服务具有同等性 | 0.623 | | | |
| Q18 餐厅对顾客的承诺能够及时兑现 | 0.597 | | | |
| Q17 餐厅能够为顾客提供个性化的服务 | 0.526 | | 0.528 | |
| Q14 员工能够准确提供账单 | 0.262 | | | |
| Q15 员工能够准确记录各项消费 | 0.233 | | | |
| Q8 设施设备具有现代化 | | 0.860 | | |
| Q9 餐厅装饰能够体现现代化 | | 0.809 | | |
| Q3 员工衣着整洁得体 | | 0.763 | | |
| Q6 员工值得信赖 | | 0.747 | | |
| Q4 员工文明礼貌 | | 0.705 | | |
| Q7 餐厅干净整洁环境优雅 | | 0.634 | | |
| Q21 餐厅能够为顾客提供合理化的建议 | | | 0.818 | |
| Q20 餐厅的服务让顾客感到安全 | | | 0.774 | |
| Q19 员工能够热心解答顾客疑问 | | | 0.739 | |
| Q22 员工能够准确快速地理解顾客的现实需要 | | | 0.555 | |
| Q10 营业时间能够照顾所有顾客 | | | 0.193 | |

提取方法：主成分分析法；

旋转法：具有 Kaiser 标准化的正交旋转法；

旋转在 7 次迭代后收敛

因子分析的结果显示，该组数据可以分为 3 个公因子，与初始模型设想的一致，因此本书将酒店餐饮外包服务质量分为技术质量、形象质量和功能质量。

### 6.3.3.2 顾客感知价值通过感知利得和感知付出来衡量

本部分对 9 个测量感知价值的指标进行因子分析。从表 6-16 中可以看出，样本 KMO 值为 0.870，大于 0.8，说明该组数据中各个测量指标间的相关程度较高，非常适合作因子分析。并且，巴特利球体检验的显著性概率为0.000，小于 0.01，球形假设被拒绝，说明该组变量具有相关性，适合进行因子分析。

**表 6-16　KMO 和 Bartlett 的检验**

| 取样足够度的 Kaiser-Meyer-Olkin 度量 | | 0.870 |
|---|---|---|
| Bartlett 的球形度检验 | 近似卡方 | 421.622 |
| | 自由度 df | 36 |
| | 显著性 Sig. | 0.000 |

本部分采用主成分分析法，最大变异法（正交转轴）对 9 个变量进行因子分析，得到 2 个解释因子，由表 6-17 可知，2 个特征值大于 1 的因子，解释总体方差 79.758% 的变异。并且，如图 6-4 所示，感知价值的碎石图也表明了感知价值可以分为 2 个因子。

**表 6-17　顾客感知价值解释的总方差**

| 因子 | 初始特征值 | | | 提取平方和载入 | | | 旋转平方和载入 | | |
|---|---|---|---|---|---|---|---|---|---|
| | 特征值 | 方差/% | 累积 % | 特征值 | 方差% | 累积 % | 特征值 | 方差% | 累积 % |
| 1 | 6.126 | 68.062 | 68.062 | 6.126 | 68.062 | 68.062 | 4.222 | 46.912 | 46.912 |
| 2 | 1.053 | 11.695 | 79.758 | 1.053 | 11.695 | 79.758 | 2.956 | 32.846 | 79.758 |
| 3 | 0.461 | 5.122 | 84.880 | | | | | | |
| 4 | 0.452 | 5.022 | 89.902 | | | | | | |
| 5 | 0.366 | 4.061 | 93.963 | | | | | | |
| 6 | 0.193 | 2.144 | 96.107 | | | | | | |
| 7 | 0.153 | 1.697 | 97.805 | | | | | | |
| 8 | 0.125 | 1.391 | 99.196 | | | | | | |
| 9 | 0.072 | 0.804 | 100.000 | | | | | | |

提取方法：主成分分析

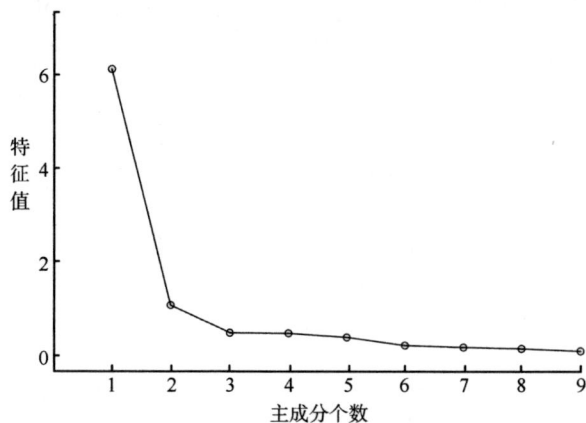

图 6-4　感知价值的碎石图

本书以 0.5 作为删除指标的临界值，结合信度检验和累积解释变异的结果进行整理，感知价值的因子分析结果如表 6-18 所示。

表 6-18　感知价值旋转后的因子负载值表

| 感知价值测量量表 | 旋转后的因子负载值表 | |
| --- | --- | --- |
| | 1 | 2 |
| Q2808 该餐厅让我感到身心愉悦 | 0.925 | |
| Q2809 在该餐厅消费是一种享受 | 0.890 | |
| Q2807 我非常喜欢该餐厅 | 0.854 | |
| Q2803 餐饮部内部环境好 | 0.711 | |
| Q2802 餐饮部服务好 | 0.703 | |
| Q2801 餐饮出品好 | 0.699 | |
| Q2805 餐厅价格合理 | | 0.915 |
| Q2804 餐厅有很好的经济性 | | 0.845 |
| Q2806 餐厅使我觉得物有所值 | | 0.717 |

提取方法：主成分分析法；

旋转法：具有 Kaiser 标准化的正交旋转法；

旋转在 3 次迭代后收敛

可以看出，分析结果共产生了两个因子，所有的因子负荷都高于 0.6，根据量表和因子之间的对应关系可以判断出，因子 1 为初始模型中的"感知利得"因子，因子 2 为"感知付出"因子。该结果与原来的设想一致，顾客感知价值分为感知利得和感知付出两个维度。

### 6.3.3.3　外包绩效通过顾客忠诚来衡量

本部分对 3 个测量指标进行因子分析，首先进行 KMO 和巴特利球体检验，目的是检验是否适合进行因子分析。从表 6-19 中可以看出，样本 KMO 值为 0.747，介于 0.7 与 0.8 之间，说明该组数据中各个测量指标间的相关程度较高，适合作因子分析。并且，巴特利球体检验的显著性概率为 0.000，小于 0.01，球形假设被拒绝，说明该组变量具有相关性，适合进行因子分析。

表 6-19　KMO 和 Bartlett 的检验

| 取样足够度的 Kaiser-Meyer-Olkin 度量 | | 0.747 |
| --- | --- | --- |
| Bartlett 的球形度检验 | 近似卡方 | 235.070 |
| | df | 3 |
| | Sig. | 0.000 |

　　因子分析的结果见表6-20，可以看出，外包绩效的3个指标只提取出了一个因子，因此无法旋转，因子的特征值为2.136，大于1，解释了总体方差变异的71.213%。

表6-20　解释的总方差

| 因子 | 初始特征值 | | | 提取平方和载入 | | |
|---|---|---|---|---|---|---|
| | 特征值 | 方差/% | 累积/% | 特征值 | 方差/% | 累积/% |
| 1 | 2.136 | 71.213 | 71.213 | 2.136 | 71.213 | 71.213 |
| 2 | 0.617 | 20.568 | 91.781 | | | |
| 3 | 0.247 | 8.219 | 100.000 | | | |

提取方法：主成分分析

　　可以看出，分析结果只产生了一个因子，与原来的设想保持一致，因此本书将使用单维度顾客忠诚进行外包绩效的衡量。

## 6.3.4　变量之间关系的相关分析

　　本书运用相关分析的主要目的在于研究变量之间关系的密切程度。通过采用Pearson相关系数分析，研究外包服务质量各因子、感知价值各因子、外包绩效之间关系的紧密程度。

### 6.3.4.1　餐饮外包服务质量各因子与顾客感知价值各因子之间呈现高相关关系

　　研究采用Pearson相关系数分析验证"餐饮外包服务质量"与"顾客感知价值"间的相关关系。从表6-21可以看出，在0.01的显著性水平上，餐厅服务技术质量、形象质量、功能质量与顾客感知利得、感知付出均呈现相关关系。相关系数表明了餐饮外包服务质量与顾客感知价值之间的相关程度较高。

表6-21　餐饮外包服务质量与顾客感知价值相关分析结果

| 感知价值维度 　　　　　服务质量维度 | | 感知利得 | 感知付出 |
|---|---|---|---|
| 技术质量 | 相关系数 | 0.669** | 0.588** |
| | 显著性 | 0.000 | 0.000 |
| 形象质量 | 相关系数 | 0.664** | 0.604** |
| | 显著性 | 0.000 | 0.000 |
| 功能质量 | 相关系数 | 0.637** | 0.592** |
| | 显著性 | 0.000 | 0.000 |

＊表示相关系数在0.05的水平显著，＊＊表示相关系数在0.01的水平显著

### 6.3.4.2　餐饮外包服务质量各因子与外包绩效之间呈现高相关关系

采用 Pearson 相关系数分析验证"餐饮外包服务质量"与"外包绩效"间的相关关系。由表 6-22 可以看出，在 0.01 的显著性水平上，餐厅服务技术质量、形象质量、功能质量与外包绩效呈现相关关系。相关系数表明餐饮外包服务质量与外包绩效之间的相关程度较高。

表 6-22　餐饮外包服务质量与外包绩效相关分析结果

| 服务质量维度 | | 外包绩效 |
|---|---|---|
| 技术质量 | 相关系数 | 0.652** |
| | 显著性 | 0.000 |
| 形象质量 | 相关系数 | 0.584** |
| | 显著性 | 0.000 |
| 功能质量 | 相关系数 | 0.570** |
| | 显著性 | 0.000 |

\* 表示相关系数在 0.05 的水平显著，\*\* 表示相关系数在 0.01 的水平显著

### 6.3.4.3　顾客感知价值各因子与外包绩效之间呈现高相关关系

采用 Pearson 相关系数分析验证"顾客感知价值"与"外包绩效"间的相关关系。由表 6-23 可以看出，在 0.01 的显著性水平上，顾客感知利得、感知付出与外包绩效呈现相关关系。相关系数表明顾客感知价值与外包绩效之间的相关程度较高。

表 6-23　顾客感知价值与外包绩效相关分析结果

| 感知价值维度 | | 外包绩效 |
|---|---|---|
| 感知利得 | 相关系数 | 0.710** |
| | 显著性 | 0.000 |
| 感知付出 | 相关系数 | 0.630** |
| | 显著性 | 0.000 |

\* 表示相关系数在 0.05 的水平显著，\*\* 表示相关系数在 0.01 的水平显著

以上分析结果表明，在 0.01 的显著性水平上，服务质量的各因子、顾客感知价值的各因子、外包绩效之间均存在显著的正相关关系。相关系数均在 0.6 左右，表明各因子之间的相关程度较高。

## 6.3.5　感知价值中介作用检验

研究认为感知价值在酒店餐饮外包服务质量和外包绩效之间起到部分中介作用。因此，运用回归分析对假设进行检验。回归分析是研究变量之间非确定性关系的统计方法，并且用来研究自变量对因变量的影响程度。主要采用一元线性回归分析验证餐饮外包之后的服务质量是否通过感知价值的中介作用对外包绩效产生影响。

中介效应是一个变量 $X$ 对另一个变量 $Y$ 的影响作用，并不是简单的因果关系，而是由一个或是更多个变量（$M$）来间接影响自变量对因变量的关系，通过 $M$ 发挥中介作用。

一般说来，中介关系被下面三个方程所表示：

$$Y = cx + e_1$$
$$M = ax + e_2$$
$$Y = c'x + bM + e_3$$

采用中介效应检验程序。

（1）检验回归系数 $c$，如果显著，继续下面的第（2）步，否则停止分析。

（2）依次检验系数 $a$、$b$，如果都显著，意味着 $X$ 对 $Y$ 的影响至少有一部分是通过中介变量 $M$ 实现的，继续下一步。如果至少有一个不显著，转到第（4）步进行 Sobel 检验。

（3）检验系数 $c'$，如果不显著，说明是完全中介过程，即 $X$ 对 $Y$ 的影响是通过中介变量 $M$ 实现的；如果显著，说明 $X$ 对 $Y$ 的影响只有一部分是通过 $M$ 实现的。

（4）做 Sobel 检验，如果显著，意味着 $M$ 的中介效应显著，否则中介效应不显著。

### 6.3.5.1　技术质量、感知利得和外包绩效的回归分析

本书探讨感知利得在餐饮服务质量与外包绩效之间的中介作用（表 6-24），包括三个步骤：首先以技术质量为自变量，感知利得为因变量，探讨技术质量和感知利得的影响关系；其次以感知利得为自变量，外包绩效为因变量，探讨感知利得与外包绩效的影响关系，即第二次回归分析；最后用层次回归分析的方法，在控制感知利得的情况下，探讨技术质量和外包绩效的影响关系，即第三次回归分析。

通过三次回归分析结果可以看到：

在第一次回归分析中，餐饮外包技术质量对感知利得有正向影响作用，其回

归系数 $R$ 为 0.669（$p<0.001$），预测作用显著。

在第二次回归分析中，感知利得对外包绩效有正向预测作用，其回归系数 $R$ 为 0.710（$p<0.001$），预测作用显著。

表 6-24　顾客感知利得在餐饮外包技术质量与外包绩效之间的中介作用

| 变量 | 回归 1 | 回归 2 | 回归 3（外包绩效） | |
|---|---|---|---|---|
| | 感知利得 | 外包绩效 | 第一步 | 第二步 |
| 技术质量 | 0.669*** | | 0.652*** | |
| 感知利得 | | 0.710*** | | |
| 感知利得 | | | | 0.320*** |
| 技术质量 | | | | 0.496*** |
| $R^2$ | 0.445 | 0.502 | 0.423 | 0.557 |
| $F$ | 170.377*** | 214.056*** | 155.424*** | 133.713*** |

* 代表 $p<0.05$；** 代表 $p<0.01$；*** 代表 $p<0.001$

在第三次回归分析中，第一步表明，餐饮外包技术质量对外包绩效有正向预测作用，其回归系数 $R$ 为 0.652（$p<0.001$），预测作用显著。第二步回归表明，在控制了感知利得的影响作用后，技术质量对外包绩效仍有正向预测作用，其回归系数 $R$ 为 0.496（$p<0.001$），预测作用显著。因此可以判定感知利得在技术质量与外包绩效中起着部分中介作用。路径分析图如图 6-5 所示。

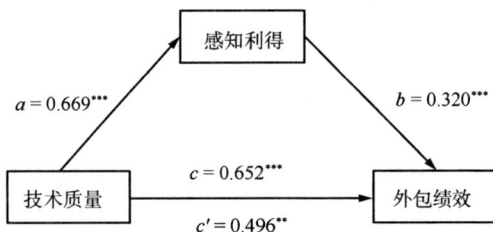

图 6-5　感知利得对技术质量与外包绩效的中介作用影响的路径

综上所述，餐饮外包技术质量不仅直接影响外包绩效，还通过感知利得间接影响外包绩效，并且感知利得在外包技术质量和外包绩效之间起到部分中介作用。

### 6.3.5.2　技术质量、感知付出和外包绩效的回归分析

探讨感知付出在餐饮外包技术质量与外包绩效之间的中介作用，包括三个步骤：首先以技术质量为自变量，感知付出为因变量，探讨技术质量和感知付出的影响关系；其次以感知付出为自变量，外包绩效为因变量，探讨感知付出与外包

绩效的影响关系，即第二次回归分析；最后用层次回归分析的方法，在控制感知付出的情况下，探讨技术质量和外包绩效的影响关系，即第三次回归分析（表 6-25）。

表 6-25　顾客感知付出在餐饮外包技术质量与外包绩效之间的中介作用

| 变量 | 回归 1 | 回归 2 | 回归 3（外包绩效） | |
|---|---|---|---|---|
| | 感知付出 | 外包绩效 | 第一步 | 第二步 |
| 技术质量 | 0.588 *** | | 0.652 *** | |
| 感知付出 | | 0.630 *** | | |
| 感知付出 | | | | 0.431 *** |
| 技术质量 | | | | 0.376 *** |
| $R^2$ | 0.343 | 0.394 | 0.423 | 0.513 |
| $F$ | 111.057 *** | 138.045 *** | 155.424 *** | 112.309 *** |

\* 代表 $p<0.05$；\*\* 代表 $p<0.01$；\*\*\* 代表 $p<0.001$

通过三次回归分析结果可以看到：

在第一次回归分析中，餐饮外包技术质量对感知付出有正向影响作用，其回归系数 $R$ 为 0.588（$p<0.001$），预测作用显著。

在第二次回归分析中，感知付出对外包绩效有正向预测作用，其回归系数 $R$ 为 0.630（$p<0.001$），预测作用显著。

在第三次回归分析中，第一步表明，餐饮外包技术质量对外包绩效有正向预测作用，其回归系数 $R$ 为 0.652（$p<0.001$），预测作用显著。第二步回归表明，在控制了感知付出的影响作用后，技术质量对外包绩效仍旧有正向预测作用，其回归系数 $R$ 为 0.376（$p<0.001$），预测作用显著。因此可以判定感知付出在技术质量与外包绩效中起着部分中介作用。路径分析图如图 6-6 所示。

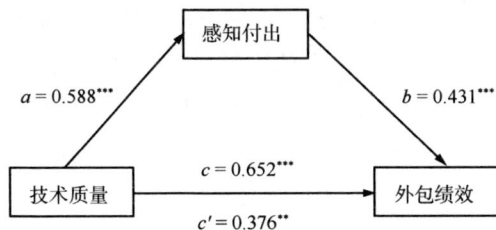

图 6-6　感知付出对技术质量与外包绩效的中介作用影响的路径

综上所述，餐饮外包技术质量不仅直接影响外包绩效，还通过感知付出间接影响外包绩效，并且感知付出在外包技术质量和外包绩效之间起到部分中介作用。

### 6.3.5.3　形象质量、感知利得和外包绩效的回归分析

探讨感知利得在餐饮外包形象质量与外包绩效之间的中介作用（表 6-26），包括三个步骤：首先以形象质量为自变量，感知利得为因变量，探讨形象质量和感知利得的影响关系；其次以感知利得为自变量，外包绩效为因变量，探讨感知利得与外包绩效的影响关系，即第二次回归分析；最后用层次回归分析的方法，在控制感知利得的情况下，探讨形象质量和外包绩效的影响关系，即第三次回归分析。

**表 6-26　顾客感知利得在餐饮外包形象质量与外包绩效之间的中介作用**

| 变量 | 回归 1 | 回归 2 | 回归 3（外包绩效） | |
|---|---|---|---|---|
| | 感知利得 | 外包绩效 | 第一步 | 第二步 |
| 形象质量 | 0.664 *** | | 0.584 *** | |
| 感知利得 | | 0.710 *** | | |
| 感知利得 | | | | 0.577 *** |
| 形象质量 | | | | 0.201 *** |
| $R^2$ | 0.438 | 0.502 | 0.338 | 0.523 |
| $F$ | 165.630 *** | 214.056 *** | 108.776 *** | 116.602 *** |

\* 代表 $p<0.05$；\*\* 代表 $p<0.01$；\*\*\* 代表 $p<0.001$

通过三次回归分析结果可以看到：

在第一次回归分析中，餐饮外包形象质量对感知利得有正向影响作用，其回归系数 $R$ 为 0.664（$p<0.001$），预测作用显著。

在第二次回归分析中，感知利得对外包绩效有正向预测作用，其回归系数 $R$ 为 0.710（$p<0.001$），预测作用显著。

在第三次回归分析中，第一步表明，餐饮外包形象质量对外包绩效有正向预测作用，其回归系数 $R$ 为 0.584（$p<0.001$），预测作用显著。第二步回归表明，在控制了感知利得的影响作用后，形象质量对外包绩效仍旧有正向预测作用，其回归系数 $R$ 为 0.201（$p<0.001$），预测作用显著。因此可以判定感知利得在形象质量与外包绩效中起着部分中介作用。路径分析图如图 6-7 所示。

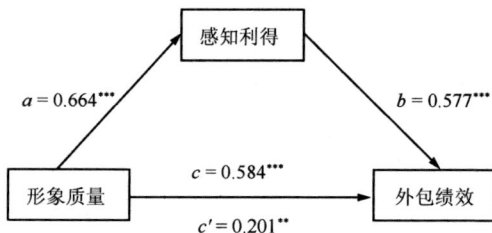

图 6-7　感知利得对形象质量与外包绩效的中介作用影响的路径

综上所述，餐饮外包形象质量不仅直接影响外包绩效，还通过感知利得间接影响外包绩效，并且感知利得在外包形象质量和外包绩效之间起到部分中介作用。

### 6.3.5.4 形象质量、感知付出和外包绩效的回归分析

探讨感知付出在餐饮外包形象质量与外包绩效之间的中介作用（表 6-27），包括三个步骤：首先以形象质量为自变量，感知付出为因变量，探讨形象质量和感知付出的影响关系；其次以感知付出为自变量，外包绩效为因变量，探讨感知付出与外包绩效的影响关系，即第二次回归分析；最后用层次回归分析的方法，在控制感知付出的情况下，探讨形象质量和外包绩效的影响关系，即第三次回归分析。

表 6-27  顾客感知付出在餐饮外包形象质量与外包绩效之间的中介作用

| 变量 | 回归 1 | 回归 2 | 回归 3（外包绩效） | |
|---|---|---|---|---|
| | 感知付出 | 外包绩效 | 第一步 | 第二步 |
| 形象质量 | 0.604 *** | | 0.584 *** | |
| 感知付出 | | 0.630 *** | | |
| 感知付出 | | | | 0.436 *** |
| 形象质量 | | | | 0.321 *** |
| $R^2$ | 0.361 | 0.397 | 0.338 | 0.457 |
| $F$ | 120.406 *** | 138.045 *** | 108.776 *** | 89.769 *** |

\* 代表 $p<0.05$； \*\* 代表 $p<0.01$； \*\*\* 代表 $p<0.001$

通过三次回归分析结果可以看到：

在第一次回归分析中，餐饮外包形象质量对感知付出有正向影响作用，其回归系数 $R$ 为 0.604（$p<0.001$），预测作用显著。

在第二次回归分析中，感知付出对外包绩效有正向预测作用，其回归系数 $R$ 为 0.630（$p<0.001$），预测作用显著。

在第三次回归分析中，第一步表明，餐饮外包形象质量对外包绩效有正向预测作用，其回归系数 $R$ 为 0.584（$p<0.001$），预测作用显著。第二步回归表明，在控制了感知付出的影响作用后，形象质量对外包绩效仍旧有正向预测作用，其回归系数 $R$ 为 0.321（$p<0.001$），预测作用显著。因此可以判定感知付出在形象质量与外包绩效中起着部分中介作用。路径分析图如图 6-8 所示。

综上所述，餐饮外包形象质量不仅直接影响外包绩效，还通过感知付出间接影响外包绩效，并且感知付出在外包形象质量和外包绩效之间起到部分中介作用。

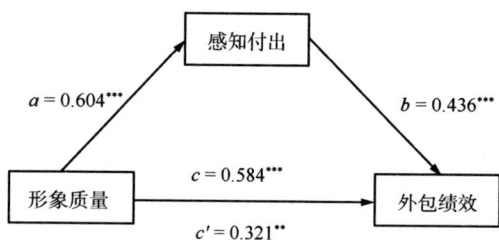

图 6-8　感知付出对形象质量与外包绩效的中介作用影响的路径

### 6.3.5.5　功能质量、感知利得和外包绩效的回归分析

探讨感知利得在餐饮外包功能质量与外包绩效之间的中介作用（表 6-28），包括三个步骤：首先以功能质量为自变量，感知利得为因变量，探讨功能质量和感知利得的影响关系；其次以感知利得为自变量，外包绩效为因变量，探讨感知利得与外包绩效的影响关系，即第二次回归分析；最后用层次回归分析的方法，在控制感知利得的情况下，探讨功能质量和外包绩效的影响关系，即第三次回归分析。

表 6-28　顾客感知利得在餐饮外包功能质量与外包绩效之间的中介作用

| 变量 | 回归 1 | 回归 2 | 回归 3（外包绩效） | |
|---|---|---|---|---|
| | 感知利得 | 外包绩效 | 第一步 | 第二步 |
| 功能质量 | 0.637 *** | | 0.570 *** | |
| 感知利得 | | 0.710 *** | | |
| 感知利得 | | | | 0.584 *** |
| 功能质量 | | | | 0.199 *** |
| $R^2$ | 0.405 | 0.502 | 0.322 | 0.528 |
| $F$ | 143.152 *** | 214.056 *** | 101.285 *** | 117.005 *** |

\* 代表 $p < 0.05$；\*\* 代表 $p < 0.01$；\*\*\* 代表 $p < 0.001$

通过三次回归分析结果可以看到：

在第一次回归分析中，餐饮外包功能质量对感知利得有正向影响作用，其回归系数 $R$ 为 0.637（$p < 0.001$），预测作用显著。

在第二次回归分析中，感知利得对外包绩效有正向预测作用，其回归系数 $R$ 为 0.710（$p < 0.001$），预测作用显著。

在第三次回归分析中，第一步表明，餐饮外包功能质量对外包绩效有正向预测作用，其回归系数 $R$ 为 0.570（$p < 0.001$），预测作用显著。第二步回归表明，在控制了感知利得的影响作用后，功能质量对外包绩效仍旧有正向预测作用，其

回归系数 $R$ 为 0.199（$p<0.001$），预测作用显著。因此可以判定感知利得在功能质量与外包绩效中起着部分中介作用。路径分析图如图 6-9 所示。

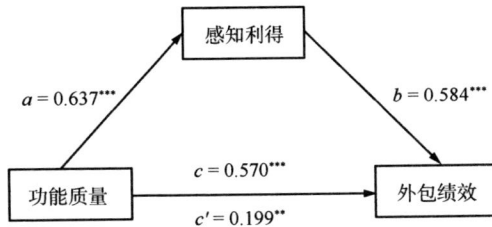

图 6-9　感知利得对功能质量与外包绩效的中介作用影响的路径

综上所述，餐饮外包功能质量不仅直接影响外包绩效，还通过感知利得间接影响外包绩效，并且感知利得在外包功能质量和外包绩效之间起到部分中介作用。

### 6.3.5.6　功能质量、感知付出和外包绩效的回归分析

探讨感知付出在餐饮外包功能质量与外包绩效之间的中介作用（表 6-29），包括三个步骤：首先以功能质量为自变量，感知付出为因变量，探讨功能质量和感知付出的影响关系；其次以感知付出为自变量，外包绩效为因变量，探讨感知付出与外包绩效的影响关系，即第二次回归分析；最后用层次回归分析的方法，在控制感知付出的情况下，探讨功能质量和外包绩效的影响关系，即第三次回归分析。

表 6-29　顾客感知付出在餐饮外包功能质量与外包绩效之间的中介作用

| 变量 | 回归 1 | 回归 2 | 回归 3（外包绩效） | |
|---|---|---|---|---|
| | 感知付出 | 外包绩效 | 第一步 | 第二步 |
| 功能质量 | 0.592 *** | | 0.570 *** | |
| 感知付出 | | 0.630 *** | | |
| 感知付出 | | | | 0.450 *** |
| 功能质量 | | | | 0.304 *** |
| $R^2$ | 0.348 | 0.397 | 0.322 | 0.457 |
| $F$ | 113.413 *** | 138.045 *** | 101.285 *** | 87.838 *** |

＊代表 $p<0.05$；＊＊代表 $p<0.01$；＊＊＊代表 $p<0.001$

通过三次回归分析结果可以看到：

在第一次回归分析中，餐饮外包功能质量对感知付出有正向影响作用，其回归系数 $R$ 为 0.592（$p<0.001$），预测作用显著。

在第二次回归分析中，感知付出对外包绩效有正向预测作用，其回归系数 $R$ 为 0.630 （$p<0.001$），预测作用显著。

在第三次回归分析中，第一步表明，餐饮外包功能质量对外包绩效有正向预测作用，其回归系数 $R$ 为 0.570 （$p<0.001$），预测作用显著。第二步回归表明，在控制了感知付出的影响作用后，功能质量对外包绩效仍旧有正向预测作用，其回归系数 $R$ 为 0.304 （$p<0.001$），预测作用显著。因此可以判定感知付出在功能质量与外包绩效中起着部分中介作用。路径分析图如图 6-10 所示。

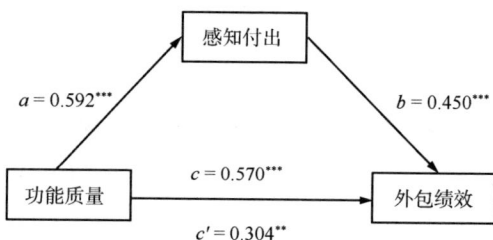

图 6-10　感知付出对功能质量与外包绩效的中介作用影响的路径

综上所述，餐饮外包功能质量不仅直接影响外包绩效，还通过感知付出间接影响外包绩效，并且感知付出在外包功能质量和外包绩效之间起到部分中介作用。

## 6.3.6　假设检验结果

笔者运用相关分析和回归分析对本书提出的七个假设进行验证，结果表明 7 个假设都成立（表 6-30）。根据以上的分析，可以得出：

餐饮外包服务质量对感知利得有正向影响。本书假设，技术质量、形象质量、功能质量都显著影响顾客的感知利得，回归分析中其相关系数分别为 0.669、0.664、0.637，因此假设 H1a、H2a、H3a 得到支持。其中，技术质量对感知利得的影响最大。

餐饮外包服务质量对感知付出有正向影响。本书假设，技术质量、形象质量、功能质量都显著影响顾客的感知付出，回归分析中其相关系数分别为 0.588、0.604、0.592，因此假设 H1b、H2b、H3b 得到支持。其中，形象质量对感知付出的影响最大。

感知价值对外包绩效有正向影响。感知利得和感知付出与外包绩效的回归系数分别为 0.710 和 0.630，因此假设 H4a、H4b 得到支持。其中，感知利得对外包绩效的影响最大。

**表 6-30 假设检验结果**

| 编号 | 研究假设 | 检验结果 |
|------|----------|----------|
| H1a | 餐饮外包服务技术质量对顾客感知利得有正向影响 | 支持 |
| H1b | 餐饮外包服务技术质量对顾客感知付出有正向影响 | 支持 |
| H2a | 餐饮外包服务形象质量对顾客感知利得有正向影响 | 支持 |
| H2b | 餐饮外包服务形象质量对顾客感知付出有正向影响 | 支持 |
| H3a | 餐饮外包服务功能质量对顾客感知利得有正向影响 | 支持 |
| H3b | 餐饮外包服务功能质量对顾客感知付出有正向影响 | 支持 |
| H4a | 顾客感知利得对外包绩效有正向影响 | 支持 |
| H4b | 顾客感知付出对外包绩效有正向影响 | 支持 |
| H5a | 餐饮外包服务技术质量对外包绩效有正向影响 | 支持 |
| H5b | 餐饮外包服务形象质量对外包绩效有正向影响 | 支持 |
| H5c | 餐饮外包服务功能质量对外包绩效有正向影响 | 支持 |
| H6 | 感知利得在餐饮外包服务质量影响外包绩效的过程中起部分中介作用 | 支持 |
| H7 | 感知付出在餐饮外包服务质量影响外包绩效的过程中起部分中介作用 | 支持 |

　　研究将顾客感知利得作为中介变量，研究其在餐饮外包服务质量与外包绩效关系中的中介作用。餐饮外包技术质量对外包绩效的影响路径系数是 0.652，因此假设 H5a 得到支持。当感知利得作为中介变量，技术质量对外包绩效的影响路径系数为 0.496。餐饮外包形象质量对外包绩效的影响路径系数是 0.584，因此假设 H5b 得到支持。当感知利得作为中介变量，形象质量对外包绩效的影响路径系数为 0.201。餐饮外包功能质量对外包绩效的影响路径系数是 0.570，因此假设 H5c 得到支持。当感知利得作为中介变量，功能质量对外包绩效的影响路径系数为 0.199。

　　研究将顾客感知付出作为中介变量，研究其在餐饮外包服务质量与外包绩效关系中的中介作用。当感知付出作为中介变量，技术质量对外包绩效的影响路径系数为 0.376，形象质量对外包绩效的影响路径系数为 0.321，功能质量对外包绩效的影响路径系数为 0.304。因此，假设 6 和假设 7 得到支持。

　　根据以上研究分析结果，以及外包服务质量、感知价值、外包绩效的关系，本书描绘出三者之间的影响路径图。从图 6-11 中可以看出，所有变量之间的关系在统计意义上都是显著的。在以下的研究模型中，餐饮外包技术质量、形象质量、功能质量直接影响外包绩效，影响路径系数均在 0.6 左右。感知利得和感知付出在外包服务质量影响外包绩效的过程中起到部分中介作用，研究的结果印证了最初的研究模型。

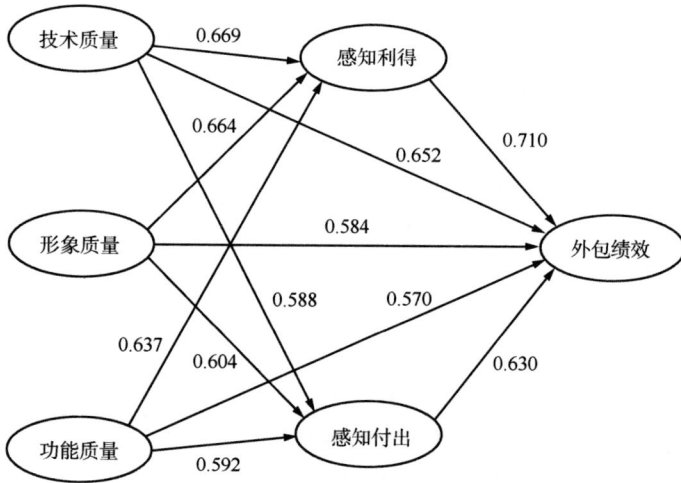

图 6-11　研究模型的假设检验结果

# 6.4　不同类别客人对业务外包的感知比较

　　方差分析可以用来检验多组相关样本之间的均值有无差异。本书将利用独立样本 T 检验和单因素方差分析（one way ANOVA）来检验在酒店餐饮外包过程中，不同属性的顾客对餐饮外包的服务质量、感知价值以及外包绩效是否存在显著差异。在单因素方差分析中，首先看组间方差分析总表，如果结果显示存在显著性差异（$p < 0.05$），再进一步进行多重比较。

## 6.4.1　来店客人和住店客人在各因素上无显著差异

　　来酒店餐厅消费的顾客一类是外来客人，一类是酒店的住店客人。笔者将这两类客人区别开来，探讨这两类顾客在餐饮外包服务质量、感知价值上以及外包绩效上是否存在显著区别。分析结果如表 6-31 所示。

表 6-31　方差分析（ANOVA）结果

| 项目 | | 平方和 | df | 均方 | F 值 | 显著性 |
|---|---|---|---|---|---|---|
| 技术质量 | 组间 | 0.060 | 1 | 0.060 | 0.250 | 0.618 |
| | 组内 | 50.288 | 210 | 0.239 | | |
| | 总数 | 50.348 | 211 | | | |

续表

| 项目 | | 平方和 | df | 均方 | F 值 | 显著性 |
|---|---|---|---|---|---|---|
| 形象质量 | 组间 | 0.006 | 1 | 0.006 | 0.027 | 0.870 |
| | 组内 | 49.627 | 210 | 0.236 | | |
| | 总数 | 49.633 | 211 | | | |
| 功能质量 | 组间 | 0.070 | 1 | 0.070 | 0.229 | 0.633 |
| | 组内 | 64.183 | 210 | 0.306 | | |
| | 总数 | 64.253 | 211 | | | |
| 感知利得 | 组间 | 0.016 | 1 | 0.016 | 0.049 | 0.825 |
| | 组内 | 68.361 | 210 | 0.326 | | |
| | 总数 | 68.377 | 211 | | | |
| 感知付出 | 组间 | 0.287 | 1 | 0.287 | 0.814 | 0.368 |
| | 组内 | 73.921 | 210 | 0.352 | | |
| | 总数 | 74.208 | 211 | | | |
| 外包绩效 | 组间 | 0.294 | 1 | 0.294 | 0.745 | 0.389 |
| | 组内 | 82.895 | 210 | 0.395 | | |
| | 总数 | 83.189 | 211 | | | |

来店和住店这两类顾客对酒店餐饮外包的服务质量、感知价值、外包绩效在显著性水平 0.05 下都不存在显著差异。

## 6.4.2　是否知道外包这个概念的客人在各因素上无显著差异

本书根据顾客是否知道外包这一概念,将顾客分为两类。运用 SPSS 17.0 对其进行单因素方差分析,探讨这两类顾客在餐饮外包服务质量、感知价值上以及外包绩效上是否存在显著区别。分析结果如表 6-32 所示。

**表 6-32　方差分析（ANOVA）结果**

| 项目 | | 平方和 | df | 均方 | F 值 | 显著性 |
|---|---|---|---|---|---|---|
| 技术质量 | 组间 | 0.140 | 1 | 0.140 | 0.661 | 0.417 |
| | 组内 | 32.104 | 152 | 0.211 | | |
| | 总数 | 32.244 | 153 | | | |
| 形象质量 | 组间 | 0.076 | 1 | 0.076 | 0.335 | 0.564 |
| | 组内 | 34.413 | 152 | 0.226 | | |
| | 总数 | 34.488 | 153 | | | |

续表

| 项目 | | 平方和 | df | 均方 | F 值 | 显著性 |
|---|---|---|---|---|---|---|
| 功能质量 | 组间 | 0.197 | 1 | 0.197 | 0.720 | 0.397 |
| | 组内 | 41.558 | 152 | 0.273 | | |
| | 总数 | 41.755 | 153 | | | |
| 感知利得 | 组间 | 0.052 | 1 | 0.052 | 0.172 | 0.679 |
| | 组内 | 45.755 | 152 | 0.301 | | |
| | 总数 | 45.807 | 153 | | | |
| 感知付出 | 组间 | 0.479 | 1 | 0.479 | 1.363 | 0.245 |
| | 组内 | 53.409 | 152 | 0.351 | | |
| | 总数 | 53.888 | 153 | | | |
| 外包绩效 | 组间 | 0.005 | 1 | 0.005 | 0.016 | 0.900 |
| | 组内 | 51.534 | 152 | 0.339 | | |
| | 总数 | 51.539 | 153 | | | |

可以看出，知道或是不知道外包这一概念的两类顾客对酒店餐饮外包的服务质量、感知价值、外包绩效在显著性水平 0.05 下都不存在显著差异。结果表明顾客是否知道外包这一概念并不影响顾客的消费，以及对餐饮外包服务质量的感知。

### 6.4.3 是否知道餐厅不是由酒店直接经营的客人在各因素上无显著差异

本书根据顾客是否知道餐厅不是由酒店直接经营的，将顾客分为两类。运用 SPSS 17.0 对这两类顾客进行单因素方差分析，探讨这两类顾客在餐饮外包服务质量、感知价值上以及外包绩效上是否存在显著区别。分析结果如表 6-33 所示。

**表 6-33　方差分析（ANOVA）结果**

| 项目 | | 平方和 | df | 均方 | F 值 | 显著性 |
|---|---|---|---|---|---|---|
| 技术质量 | 组间 | 0.005 | 1 | 0.005 | 0.023 | 0.879 |
| | 组内 | 32.239 | 152 | 0.212 | | |
| | 总数 | 32.244 | 153 | | | |
| 形象质量 | 组间 | 0.288 | 1 | 0.288 | 1.281 | 0.259 |
| | 组内 | 34.200 | 152 | 0.225 | | |
| | 总数 | 34.488 | 153 | | | |

续表

| 项目 | | 平方和 | df | 均方 | F 值 | 显著性 |
|---|---|---|---|---|---|---|
| 功能质量 | 组间 | 0.350 | 1 | 0.350 | 1.284 | 0.259 |
| | 组内 | 41.405 | 152 | 0.272 | | |
| | 总数 | 41.755 | 153 | | | |
| 感知利得 | 组间 | 0.001 | 1 | 0.001 | 0.003 | 0.958 |
| | 组内 | 45.806 | 152 | 0.301 | | |
| | 总数 | 45.807 | 153 | | | |
| 感知付出 | 组间 | 0.903 | 1 | 0.903 | 2.591 | 0.110 |
| | 组内 | 52.985 | 152 | 0.349 | | |
| | 总数 | 53.888 | 153 | | | |
| 外包绩效 | 组间 | 0.071 | 1 | 0.071 | 0.210 | 0.647 |
| | 组内 | 51.468 | 152 | 0.339 | | |
| | 总数 | 51.539 | 153 | | | |

可以看出，知道或是不知道餐厅不是由酒店直接经营的，这两类顾客对酒店餐饮外包的服务质量、感知价值、外包绩效在显著性水平 0.05 下都不存在显著差异。

由以上分析可以看出，本书根据客人是否是住店客人、是否知道外包这个概念、是否知道餐厅不是由酒店直接经营的把客人分为不同的类型，并对其进行方差分析，结果表明不同类型的客人在酒店餐饮外包服务质量、顾客感知价值、外包绩效方面都无显著差异。

# 7  研 究 结 论

## 7.1  旅游企业业务外包决策影响因素

通过对典型旅游企业酒店的实证研究，建立了包含外包收益、外包风险、外部环境、业务独特性、业务替代性5个因素，17个变量的旅游企业业务外包决策模型，它不仅从学术研究层面深化了酒店业务外包决策过程，还从现实决策层面为旅游企业业务外包决策提供了参考的方法。

### 7.1.1  涉及多因素的决策

旅游企业业务外包是一项涉及多因素的决策，决策过程中尤其重视外包的收益和风险因素的影响。研究的结果显示，旅游企业业务外包决策深受外包收益、外包风险、外部环境以及业务的独特性和替代性影响。这一结论印证了旅游企业业务外包决策是一项复杂的决策。传统的外包决策思想，一般仅从成本因素考虑而作出外包决策，这样的决策往往会造成决策的失误或外包的失败。本书研究的结果表明，决策过程中应该平衡外包带来收益和外包潜在的风险，考察外部环境的影响以及候选业务的性质，以尽量全面、系统地作出外包决策。

研究发现外包收益、外包风险、外部环境以及业务的独特性和替代性5个因素的权重中，外包收益和风险的权重两者的权重是比较高的，这说明旅游企业业务外包决策中更注重外包的收益和风险。对收益和风险的重视，说明旅游企业业务外包决策在考虑收益的同时，要理性地考虑外包潜在的风险。

在几个因素中，与业务性质相关的因素权重较低。传统企业外包的研究对业务性质的讨论较多，比较关注该因素对外包决策的影响，因为传统的观点认为业务的性质决定了有些业务不能外包或不适宜外包。但是本书研究发现，在旅游企业行业的业务外包决策中，相对于收益和风险，以及外部环境的影响，业务的性质在决策中的重要性并不高。

### 7.1.2  更重视外包的战略收益

旅游企业业务外包决策中更重视外包的战略收益，尤其是外包对企业"归核"的作用。交易费用理论把外包理解成有效降低成本的企业经营活动，认为外包产生的费用低于内部交易的费用，因此企业外包能有效降低成本。供应链管理理论认为外包带来的收益是具有战略重要性的,供应链的理念是企业通过外包将企业内部供应链转移到外包供应链,与企业外的精英组成横向一体化的战略联盟,把企业供应链上某些不是最好的,又不能为人们带来竞争优势的环节交给外部的专业公司做,不仅能提升企业的灵活性,提高服务质量,还能使企业将更多的资源投放到核心业务的发展。

本书研究的结果显示,在外包收益方面的因素中,归核和质量提升方面的因素权重较高,尤其是"业务外包对酒店提升核心业务关注度和竞争力的作用"在同级因素中的权重也是最高的。可见,旅游企业业务外包决策中关注外包能为企业带来的收益,但是决策过程中对不同收益的重视程度显示了旅游企业外包更多的是寻求战略上的收益,业务外包已不单是旅游企业的一项战术,更加是一项战略,而且旅游企业的业务外包决策最重视的是外包战略对酒店提升核心业务关注度和竞争力的作用。

### 7.1.3 信息安全问题和对旅游企业文化的影响

信息安全问题和对旅游企业文化的影响是企业外包决策中比较担心的外包风险。现有研究中对外包决策阶段的风险的研究成果比较少。本书提出外包决策阶段,应该考虑的风险包括信息安全问题、员工士气问题、企业文化影响和承包商机会主义行为几个方面的风险。

研究结果显示,"业务外包是否会导致酒店信息安全问题"、"业务外包是否会对酒店文化造成不良影响"的权重分别是 0.0878、0.0746,而且这两项因素在前后两轮调研结果的总排序中都位于前列,这说明信息安全和对旅游企业文化影响是企业十分关注的外包风险,同时它们也是旅游企业业务外包决策中十分重要的决策因素。

### 7.1.4 更关注外部环境因素

旅游企业更关注影响外包开展与运作的外部环境因素,同行业竞争者外包与否对旅游企业外包决策影响较小。在外部环境对外包决策的影响中,承包商的服务质量、承包商的数量、外包市场法律法规的完善程度三项因素的权重要远远高于竞争者外包决策这一因素。

承包商的服务质量和数量反映的是外包市场的成熟度,一个成熟市场有利于业务外包的开展;外包市场完善的法律法规能够保障业务外包的顺利开展,降低外包风险,尤其是来自发包方的风险。如果说前三项因素是与酒店业务外包战略开展和运作密切相关的因素,那么这三项因素的权重可以说明,旅游企业外包决策中对外包环境的考虑,更多的是考虑市场是否有助于企业外包顺利开展与运作。

　　竞争对手对外包决策的影响是许多研究中关注的问题，如 Venkatraman（1992）、McFarlan 等（1995）就提到企业的外包行为部分归因于模仿行业中的竞争对手。然而，鲜有研究关注竞争者对外包决策的影响程度。本书研究的结果显示，同行业竞争者是否实施外包战略这一因素的权重远小于其他因素，尤其是权重相对总目标——外包决策——的权重也只有 0.291，这说明旅游企业的外包决策受同行业竞争者的影响相对较小。

## 7.1.5　业务的交换成市

　　业务性质对外包决策的影响，一直是外包研究的热点。研究发现，业务的交换成本，包括金钱成本和时间、谈判、监督等非金钱成本这一因素权重较高，而且它的权重相对总目标——外包决策——的权重也排在 17 个因素的前列。这说明在外包决策中，业务的交换成本是影响一项旅游企业外包业务是否外包的关键。

　　以往的研究尝试从多个理论和多个角度剖析业务的哪些性质是决定一项业务能否外包的关键。本书在业务性质的研究方面，结合了资源基础理论中 Barney 和 Peteraf 的两种思路，从研究的结果来看，业务的交换成本才是影响某项旅游企业业务外包与否的关键，这与 Peteraf 的分析思路——强调从市场的层面进行研究，把企业放到市场中来分析的分析思路十分吻合。

# 7.2　旅游企业业务外包绩效评价影响因素

　　综上所述，通过对基于顾客感知价值的酒店业务外包绩效模型的分析和假设检验，以酒店餐饮部外包为实证，归结出旅游企业业务外包绩效评价影响因素。

　　外包服务质量、顾客感知价值维度划分是旅游企业业务外包绩效评价影响因素的基础。本书将餐饮外包服务质量分为三个因子，即技术质量、形象质量、功能质量。餐饮外包技术质量指顾客实际体验到的客观的产品和服务；形象质量主要指服务人员的衣着外表、服务环境；功能质量主要指服务的传递，服务能够满足顾客的深层次的情感需要。

　　将顾客感知价值分为感知利得和感知付出。感知利得主要指顾客从产品或服务本身获得的质量、利益或是效用；感知付出指顾客付出的货币或非货币的成本，在此主要指货币成本。外包服务质量、顾客感知价值维度的划分为旅游企业业务外包绩效评价影响因素的研究奠定了基础。

### 7.2.1　外包服务质量

#### 7.2.1.1　外包服务质量对外包绩效的影响

外包服务质量对外包绩效有正向影响。顾客感知的服务质量会直接或间接影响企业绩效。检验表明，技术质量、形象质量、功能质量对酒店外包绩效的影响路径系数大小排序为：技术质量＞形象质量＞功能质量。餐饮外包技术质量对酒店外包绩效的影响路径系数最大（为 0.652），可见外包业务技术质量是影响旅游企业外包绩效的最重要的因素。

#### 7.2.1.2　外包服务质量对顾客感知价值的影响

外包服务质量对顾客感知价值有正向影响。根据相关分析和回归分析可知，餐饮外包技术质量、形象质量、功能质量对顾客感知利得和感知付出都具有正向影响。检验表明，各个服务质量对感知利得的影响路径系数大小排序为：技术质量＞形象质量＞功能质量，其中，技术质量对感知利得的影响路径系数最大（为 0.669）。各个服务质量对感知付出的影响路径系数大小排序为：形象质量＞功能质量＞技术质量，其中，形象质量对感知付出的影响路径系数最大（为 0.604）。

### 7.2.2　顾客感知价值

#### 7.2.2.1　顾客感知价值对外包业务绩效的影响

顾客感知价值对外包业务绩效有正向影响。在第二次回归分析中，将感知利得和感知付出分别作为自变量，酒店外包绩效作为因变量，探讨感知利得和感知付出对外包绩效的影响。顾客感知利得对旅游企业外包业务绩效的影响路径系数为 0.710，感知付出的影响路径系数为 0.630，呈现明显的正向影响。

#### 7.2.2.2　顾客感知价值的中介作用

顾客感知价值在外包业务服务质量和外包业务绩效之间起到部分中介作用。第三次回归分析结果表明，顾客感知价值在外包服务质量和酒店外包绩效之间起到部分中介的作用。当感知利得和感知付出分别作为中介时，餐饮外包服务质量对酒店外包绩效的影响路径系数大小排序都为：技术质量＞形象质量＞功能质量。

#### 7.2.2.3　不同类别顾客的价值感知

不同类别的顾客对服务质量、感知价值、外包绩效均不存在显著差异。本书依据三个标准对顾客进行分类。第一，将顾客分为住店和非住店顾客；第二，根据顾客是否知道外包这个概念将顾客分为两类；第三，根据顾客是否知道餐厅不是由酒店直接经营的将顾客分为两类。

对不同分类的顾客进行单因素方差分析，结果表明三种分类的顾客对酒店餐饮外包的服务质量、感知价值、外包绩效在显著性水平 0.05 下都不存在显著差异，显然不同类别的顾客对外包业务服务质量、感知价值、外包业务绩效差异度不大。

# 第 3 部分 对 策 研 究

　　旅游企业实行业务外包的起点就是业务外包战略决策，错误的业务外包决策会导致旅游企业实行业务外包的失败。旅游企业进行业务外包最终的目的就是为顾客提供更好的服务和产品，满足顾客更高的消费需求，吸引更多的消费者，创造更高的客户满意度，提高顾客的忠诚度，进而为旅游企业创造更多的经济效益。如果外包供应商不能满足顾客的消费需求，肯定不能为企业带来更多的收益，甚至还会造成顾客的流失，而顾客的流失为旅游企业造成的损失是难以估计的。旅游企业在进行业务外包决策时，外包双方在磋商合作协议时，必须对各自的责任进行明确分工。当合作出现问题，如承包方企业不能履行承诺或提供的服务不能满足客户要求时，可及时协商改进，避免事态恶化和造成损失。此外，当外包双方达成合作协议后，应该合作建立科学的业务外包绩效评价体系，加强双方关系中的信息交流与沟通，降低旅游企业业务外包风险，也可通过绩效评价结果的分析，对代理商优胜劣汰。因此在对外包商的服务绩效进行评价时要以顾客的价值感知为重要的参考指标。

　　基于对旅游企业外包决策和绩效评价研究，可以看出对于外包供应商的管理、实施外包的旅游企业客户关系管理以及对外包风险管理是旅游企业外包优化并以此为基础制定对策的核心。

# 8 旅游企业对外包供应商的管理优化

旅游企业在选择承包商时要从各个方面考察、比较承包商的综合实力，经营能力、品牌形象、组织文化是否与企业相符，重视外包服务品牌和外包服务经验。只有通过对承包商科学合理的评估和选择，才能保证外包业务的服务质量，真正实现外包商和旅游企业的双赢。

旅游企业不仅要对服务商完成外包业务的能力进行评估，还要及时了解承包商的财务状况和经营业绩。同时，旅游企业在实施业务外包后，要对其全过程进行风险监控与管理，以便在风险出现后及时采取补救措施，最大限度地保护企业利益。持续巩固合作关系意味着供需双方利益是共存的，良好的合作关系能使供需双方受益，而任何一方的不良表现也会损害双方的利益。因此，供需双方相互信任、忠诚履行承诺是建立良好外包合作关系的关键。对于业绩优良的旅游服务承包商，企业要加强对其合作伙伴关系的管理，在明确业务外包合约评估标准、实现业务外包利益最大化的同时，也要兼顾业务承包商的持续发展，以达到双赢。

## 8.1 外包供应商的评价优化

旅游企业在进行外包商选择时，可以根据企业业务的特点建立一套属于自己的评价标准，以便企业对承包商进行再次评价和选择时有一个整体框架。本书根据旅游企业的特点总结出三条对外包供应商（简称外包商）的评价指标（表 8-1），这三条指标对企业选择外包商都是相当重要的。

表 8-1　外包商评价指标

| 所属类 | 具体标准 |
| --- | --- |
| 兼容类 | 外包商在品牌、企业文化、服务理念、战略目标等方面与旅游企业的兼容性 |
| 能力类 | 外包商的质量控制能力、服务水平、服务交付速度、技术能力、创新能力等 |
| 财务类 | 外包商的规模、财务稳定性、经营业绩、成本水平以及外包需要支付的费用等 |

在构建旅游企业外包业务的承包商的评价指标时要重点关注以下几个方面。

1）客户关系管理能力

客户关系管理能力是承包商增强企业市场竞争力的重要手段，所谓"客户关系管理"是指企业由以自我为中心转向以客户为中心，把客户的需要作为提高企业自身实力的动力，与客户建立密切的合作关系，提升客户的价值，增强客户对企业的信任度和忠诚度。旅游企业所提供的大多数业务都是服务。而服务质量的好坏，客户关系管理能力的强弱直接关系到旅游企业的顾客数量、顾客忠诚度，决定了旅游企业的发展。因此在对承包商进行评价时要重点关注承包商能否与顾客建立良好的宾客关系，能否发展新的顾客、增强老顾客对企业的忠诚度等。在外包合作的时候，承包方的客户关系管理能力特别重要，它能够与顾客建立好的宾客关系。这主要体现在承包商在客户关系构建上作出的努力，承包商如果注重客户关系的管理将有助于双方建立与维持长期的合作伙伴关系。

2）社会信誉

社会信誉是指承包商在提供产品或服务的过程中，从发包商那里取得的口碑、声望和信任。社会信誉是旅游企业经营管理的一项重要无形资产，它能够帮助旅游企业形成好的品牌形象。服务口碑和信誉良好的承包商能更好地满足旅游企业的具体业务要求，并为企业提供更加优质的服务。社会信誉因素可以通过商业信用和业绩表现两个指标来考量。

第一，商业信用。商业信用主要是承包商对外包业务服务承诺的兑现而产生的好的口碑与好评。具体地说，商业信用就是外包商与旅游企业在业务外包交易过程中没有欺偏意图；外包商应兑现在业务外包交易中向旅游企业所作出的承诺。本书认为商业信用是指承包商按照签订的合同履行承诺和义务，保护旅游企业的内部机密，为企业提供更好的服务。

第二，业绩表现。从长远来看，业务外包商的社会信誉因素还应包括对外包商的盈利和还债能力，以及自身的发展状况。对于业绩好的外包商，其盈利能力强、经营状况佳，不确定性因素对其经营和发展的影响很小，因此信誉度就会随之上升。

3）外包商的应变能力

外包商的应变能力就是对旅游企业应急需求的响应度和适应性。市场竞争越来越激烈，社会、政治、经济发展的多变导致市场环境的不稳定性日益加剧，这就要求旅游企业要不断创新，及时调整市场策略和战略目标，推出新的产品和服务满足市场需求，获得持续稳定的竞争优势。这就要求外包商对旅游企业出现的新变化和应急需求作出快速的响应。具体而言，当旅游企业的市场战略和经营管理目标发生变动时，旅游企业对外包业务的产品和服就可能有新的需求，这时，承包商就应该快速作出相应的业务执行上的调整，以使其提供的产品或服务更能满足企业的需求，进而配合酒店新的战略。此外，在外包业务执行的过程中，旅游企业也可能遇到一些突发问题，如顾客的一些特殊要求，外包商要配合酒店共同解决此类突发事件。

4) 外包商的市场应变能力

市场应变能力是承包商在市场环境发生变化时对其服务和产品作出创新或调整以适应市场需求的一种综合能力。承包商对发包商的应急需求应变能力是指发包商提出更改建议后承包商的应变适应能力,承包商是处于配合的位置。旅游企业的业务多是面向消费者的,由于在业务执行的过程中,外包商直接面向消费者,能直接观察到消费者需求的变化,以及市场行情的变化。例如,外包的导游服务,导游员在带团的过程中就能直接发现顾客新的旅游需求。因此,承包商不仅仅要能适应旅游企业的应急需求,更应该积极主动地发现市场、拓展市场,为旅游企业带来更多的顾客,同时不断对产品和服务进行创新和升级,这不仅帮助旅游企业开拓了新的市场,提升了企业自身在外包市场上的竞争力,也进一步促进了合作企业之间的双赢合作

# 8.2 外包供应商选择过程优化

学者认为旅游企业的外包商选择以及旅游企业在选择外包商的过程中的实际操作可以分为两大实施步骤,即旅游企业依据企业业务特点确定外包供应商阶段和旅游企业与外包供应商互补测评阶段。

## 8.2.1 旅游企业外包商的确定

1) 组建承包商评价小组

对外包商的选择和评价对旅游企业业务外包战略的成功实施具有重要的作用。因此,旅游企业在业务外包的过程中应建立相应的业务外包小组,由该小组具体负责外包商的选择任务。小组成员应来自与外包出去的业务紧密相关的部门,如采购、人力资源、质量监督等部门。组员也要有一定的专业技能,对业务外包战略的实施有丰富的经验认识,必须有高度的责任心和合作精神。项目小组还要得到旅游企业高层管理者的支持。

2) 市场环境分析

组建好承包商项目小组后,该小组需要对旅游企业外包的业务进行外部的市场环境分析,主要分析外包业务的行业市场成熟度、承包商的服务水平、承包商的数量、承包商的地理位置分布等,还要分析企业的客户需求情况,企业在目前行业中所处的位置,明确业务外包所要达到的目的。对旅游企业的客户需求进行分析,是为了更好地服务于目标市场,进而帮助旅游企业选择合适的承包商并与其建立业务外包合作关系。如果市场上外包业务的成熟度不高,承包商提供服务的质量和数量也不会很高,虽然外包的业务是非核心业务,但出于对外包风险的考虑,旅游企业

就需要慎重考虑是否进行业务外包，必要时可暂缓对相关业务外包。

　　3）建立承包商评价体系和标准

　　承包商的评价体系和标准是旅游企业对业务承包商进行综合评价的依据和准则。该评价体系反映了旅游企业本身和环境所构成的复杂系统不同属性的指标，是按层次结构和隶属关系有序组成的集合。旅游企业应根据系统的全面性、稳定可比性、简明科学性、灵活可操作性、前瞻性等原则，建立旅游企业业务承包商综合评价体系，帮助旅游企业作出科学的决策。

　　4）评价与选择承包商

　　承包商评价小组应该搜集完整的与承包商相关的信息资料，如承包商的产品质量、服务或产品的价格、客户关系管理能力、市场应变能力、企业文化等全面的信息。可以根据上一节所提到的承包商评价体系或相关的评价方法对承包商进行评价，通过初选和双方互评测试后选择成功，开始与承包商实施合作关系。值得一提的是，如果经过一系列筛选不能选出合适的承包商，外包商选择小组的工作人员就要适当修改评价指标或者选择方法，或者培育自己的承包商。同时，旅游企业也可以考虑暂缓对相关业务的外包。

　　5）建立业务外包合作关系

　　实时业务外包合作。这个阶段是同外包商签订最终合同，确定双方的权利义务，建立外包关系。作为承包商选择最后的环节更需要高度的重视，签订互利互惠的业务外包合同。更重要的是在业务外包的合作过程中还要建立和完善约束机制、激励机制和信息共享机制，对外包关系进行有效的管理，防范风险的发生，提高业务外包的绩效，保证外包业务的成功实施。

　　旅游企业业务外包承包商选择流，如图8-1所示。

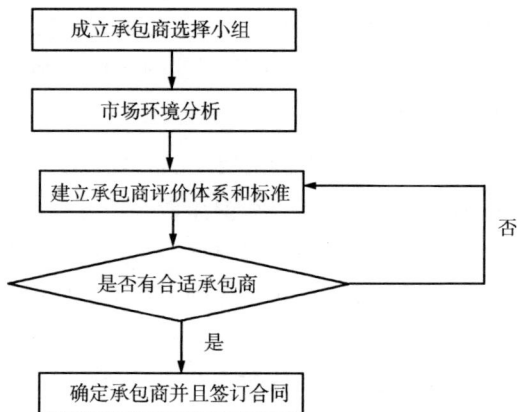

图 8-1　旅游企业业务外包承包商选择流程

## 8.2.2 旅游企业与外包供应商互补测评阶段

在第一阶段是发包方根据企业业务特点确定承包商范围，但是只是一个模糊的界定，发包方和接包方实际上是一种经营合作关系。作为发包方的旅游企业和承包方是一个双向选择的模式。在这一阶段合作意愿的确定需要双方的努力。企业也需要独特的、有吸引力的条件，这也是旅游企业核心竞争力的体现。能力的互补性测试要求外包合作伙伴具有本企业所需要的外部能力，这些能力必须满足本企业能力体系构建的要求（伍华，2001）（图 8-2）。

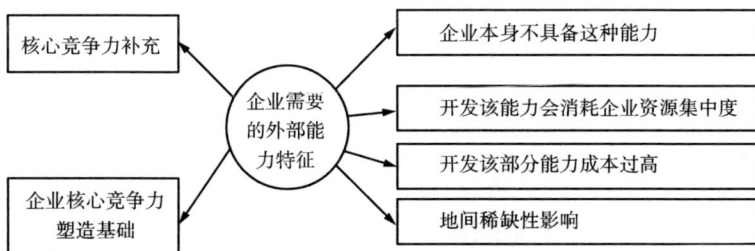

图 8-2 企业所需外部能力特征

除了考虑以上因素外，还要考虑发包旅游企业的品牌文化和承包方的品牌文化是否有兼容性和互补性。外包商良好的品牌形象和信誉，是外包业务产品质量和档次的象征。但是，很多旅游外包企业却忽视了文化的兼容性，给企业带来了损失。品牌互补和相容是至关重要的，良好的品牌联合是向顾客提供一致、连贯的服务经历的关键。旅游企业既要借外包商的品牌提升自己的品牌，又要保证本企业业务品牌的可识别性，尤其是在酒店企业的业务外包中，外包商的品牌选择是非常重要的。例如，酒店的餐饮外包，就要仔细评估外包商的品牌形象是否与酒店的星级、档次相符。所提供的菜品质量和服务是否与酒店所树立的服务品牌相符。

# 8.3 承包商管理控制优化

旅游企业同承包商的关系一般是一种市场关系，外包需求可以在合同中完全并且具体地呈现出来。但是通过对企业和承包商的调查，由于合作过程中不可预见因素的存在，除了合同控制之外，非合同控制手段也是很重要的。

## 8.3.1 关系控制

外包商之所以不完全遵循合同或者采取机会主义行为是因为外包商缺乏竞争

压力甚至没有竞争，从而导致旅游企业过度依赖外包商。因此，从内外两个方面给外包商增加一定的竞争压力是有效的外包控制方法。从内部来讲，就是外包企业要保持回收外包业务的能力；从外部来讲，企业要让外包商感觉到被替代的压力，如在签订了合同后，仍然同其他潜在外包商保持联系，或者旅游企业考虑重新定义外包需求或标准，从而使更多的企业能够符合外包业务的要求等。

### 8.3.2　信誉控制

信誉是一种有效的非合同控制机制，因为信誉是外包商以往服务品质、合作精神、竞争实力等的象征，与一个信誉度很高的外包商签订合同，不仅可以减少订立合同的先期成本，而且还可以减少外包商投机的风险。信誉度高的外包商通常收费也很高，中小型旅游企业外包业务规模普遍较小，一般难以引起这类外包商的注意和兴趣。一个更可行的方法是选择一个次优的外包商，并通过对初期合同的检验，衡量出外包商的能力和诚信度。如果外包商确实信誉良好，便可以续签合同，并在这些连续的合同中建立起一种相互信任的关系。

## 8.4　外包关系管理的优化

业务外包双方之间并不仅仅是业务上的一种委托代理关系，业务外包企业在合作中由于合作的紧密程度和互相联系的频率、合作时间的长短以及双方合作的内容等不同会形成不同的合作关系。业务外包利益的最大化基础是业务外包企业之间的合作，是资源的优化整合，而不是企业之间的对抗与资源分离。因此旅游企业在进行业务外包时就要对自己的业务外包需求作出清晰的分析与定位。基于此，客观公正地选择业务承包商，建立适合本企业的业务外包关系和外包关系管理机制，从而帮助企业实现利润最大化。

### 8.4.1　业务外包关系的分类

克莱珀和琼斯在（2003）《信息技术、系统与服务的外包》一书中将业务外包关系分为市场型外包合作关系、中间型外包合作关系和伙伴型外包合作关系。

#### 1）市场型外包合作关系

在这种业务外包关系中业务外包的需求可以在合同中具体、详细地阐明。市场上能提供企业所需外包服务的承包商相对较多，企业有充分的选择自由。合同期限一般较短，合同期满后企业转换承包商的成本也很低甚至不需花费成本。而且在合同期限内，旅游企业内外部环境的变化都不会导致外包需求的变化。

2）中间型外包合作关系

这种关系介于市场型关系和伙伴型关系之间。这种关系下的外包业务通常需要承包商付出一定的努力才能完成，随着内外部环境的变换，旅游企业的业务外包需求也会改变，而且合作企业之间也不可能签订一份具有前瞻性、详细的业务外包合同。由于这种关系需要企业进行投资，所以当企业转换承包商时需要花费转换成本。

3）伙伴型外包合作关系

这种关系具有长期性和复杂性，是旅游企业反复与外包业务承包商合作从而建立长期互利共赢的合作关系。由于合作期限长，外包业务合作企业之间不可能签订具有前瞻性能够预测合作期限内所有可能发生情况的合同。因此，外包业务承包商需要对旅游企业外包需求的变化作出及时的回应。在合作中业务外包企业双方都需要作出较大的投资来维持这种关系的发展。但从长远来看，这种关系有利于降低合同修改签约的成本，也有利于服务质量的提高。

## 8.4.2　业务外包关系管理优化策略

通过对业务外包关系类型的分析，旅游企业在业务外包中可以通过以下策略来优化与外包业务承包商的合作关系。

第一，旅游企业要根据本企业外包业务的内容选择需要建立的合作关系。也不是所有的外包业务都需要建立伙伴型外包合作关系。对于那些简单的外包业务，如绿化、公共区域保洁、洗衣等只需要维持市场型外包合作关系或中间型外包合作关系。而对于那些需要旅游企业与外包业务承包商共同努力合作才能为消费者提供高质量的服务或产品的业务，如酒店企业中"高关联度"或"高接触度"的业务（客房预订、餐饮服务业务、采购物流等）则需要建立伙伴型外包合作关系。

第二，对于伙伴型外包合作关系要循序建立，该关系需要在一系列关系建立的基础上才能建立。Klepper 提出渐进式外包关系演化模型，包括四个阶段和六个因素（克莱珀和琼斯，2003）。一是认识阶段，仅包括吸引一个因素。在这一阶段旅游企业要选择好能够满足企业业务外包需求的承包商。二是探索阶段，包括沟通和讨价还价两个因素。旅游企业开始和业务承包商合作，在沟通和谈判协商的基础上双方签订合同，通过合同的实施双方的相互依赖度日益加深，从而建立基于初步信任的中间型业务外包合作关系。三是扩展阶段，包括强势及运用和期望值两个因素。在这一阶段，业务外包合作企业双方通过不断的博弈获得利益的持续增长和相互依赖性进一步加深，因此，企业双方的相互信任感和满意度也进一步提高，增加了对风险的分担。双方企业开始有目的的由中间型外包合作关系向伙伴型外包合作关系发展。四是完成阶段，只有准则一个因素。在这一阶段，旅游企业和外包业务承包商建立起真正的伙伴型外包合作关系。双方就行为准则和价值目标达成一致并共同遵守，为关系的持续发展作出保障，并且有效防止了机会主义行为的发生，旅游企业和外包业务承包商都在这一关系中获得了很高的利益。

第三，在业务外包关系建立的过程中，旅游企业和业务承包商要建立以信任为基础的合作关系，尤其是伙伴型外包合作关系的建立更要以信任作为支撑。企业之间的相互信任可以降低交易成本、减少外包风险，并促使企业双方形成共同的利益目标，减少信息搜索成本、提高合作企业对突发应急事件的协调处理能力。所以外包关系管理的关键是培育旅游企业与外包业务承包商之间的相互信任感。

# 9 旅游外包企业客户关系管理优化

随着经济、社会以及科学技术的发展，全球化成了不争的事实，产品同质化越来越严重，企业面临的市场环境发生巨大变化。以产品为导向的交易方式不再能够满足顾客的要求，顾客开始将关注的目光投向产品附加的服务给自己带来的满足程度。顾客是最重要的企业资源，旅游企业通过客户细分、识别与定位，并且通过相应的营销策略成功地吸引有价值的顾客，企业对顾客的关注越来越集中到顾客的满意度的研究上来。

## 9.1　旅游外包企业客户满意度管理

旅游外包企业从行业属性来看，其属于服务型行业。与其他服务产品一样，服务所具有的无形性、不可分割性、非标准化、关联性和差异性使得企业的外包服务成为影响客户满意度的首要因素。

旅游企业的客户是通过服务过程的感知来得出对旅游企业提供的服务的满意度。实现客户满意是客户关系维持的重要环节。服务外包企业要在日渐激烈的同业竞争中立于不败之地，更要从服务外包企业服务的主体客户的角度来建立起一种为客户服务、使客户满意的系统。"以客户为中心"的经营理念，已经成为广大服务外包企业的行为和思想的导向。客户的满意度体现着企业的价值，也是企业生存发展壮大的根本。

旅游企业可以从服务的可获得性、客户和旅游外包企业的互动、客户参与服务的程度和客户抱怨与服务补救管理四个方面采取措施。

### 9.1.1　服务的可获得性

这一特征取决于外包业务服务过程中的四个因素。一是前线运功提供服务的可获得性，也就是为客户提供服务的员工在技术上的熟练程度。二是服务程度的简便性，具体而言就是其销售渠道的分布状况，无论是通过网络、电话还是直接到企业办理业务，整个程序的简便性、完成业务的速度都是客户所关心的。三是营业机构的布局设计，营业机构的布局设计是客户感知服务质量水平的必要因素。四是信息技术是否能够为客户带来便利。企业可以从以上四点中采取措施增加客户的满意度。

## 9.1.2 客户和旅游外包企业的互动管理

客户可以从不同渠道获得能够支持旅游企业决策的信息，而不是一味地和企业进行面对面的沟通。从经济学的角度来看，客户与企业的接触并不是都具有可察觉性和可获得性的。对于旅游企业来说，如何在业务外包时，了解客户的真正需要已经成为一项重要挑战。客户和旅游企业的互动水平取决于客户和整个服务系统的沟通，如等候系统、信息沟通系统和抱怨投诉处理系统。和客户的互动不仅仅是简单的心意交换，员工互动技巧的培训是有效的客户互动关系管理的重要部分。

## 9.1.3 客户参与服务的程度

一般来说，客户参与服务过程可以为旅游企业提供必要的信息，满足客户服务体验的心理需求，甚至可以通过自我服务获得所期望的价值，增加客户服务质量感知。一些学者研究了顾客参与对服务质量、顾客满意度和购后行为的影响后表示：客户参与可提高服务质量和满意度，但是客户参与对购后行为意向在不同的服务组织中影响是不同的；当客户将服务的成功归因于自己的投入而不是旅游企业的投入时，他们的满意度会更高。所以当客户不再仅仅是服务产出的旁观者，而是积极的介入服务过程时，他们对企业的认知偏差就会减少。因此旅游企业外包是应该结合具体情况，在服务传递系统中设计出适宜让客户参与的时间段和参与程度，鼓励授权客户参与，提高客户满意度。

## 9.1.4 客户抱怨管理与服务补救

有客户的地方就有抱怨，没有抱怨就没有商机。导致客户不满意甚至抱怨的原因有很多，可能是企业的原因，也有可能是客户自己的原因，甚至是其他不可抗力的原因。对客户抱怨处理的不同结果，会使公司与客户的业务关系发生很大的变化。

国家质量管理体系中对顾客抱怨进行定义：顾客抱怨是一种表达满意程度低的最常见方式，没有抱怨不一定表明顾客很满意。顾客抱怨也分为以下两种类型和两种处理办法（表 9-1）。

**表 9-1　顾客抱怨类型**

| 类型 | 特点 | 处理办法 |
|---|---|---|
| 投诉型抱怨 | 客户投诉是对企业信任的一种表现，也暗示着可能继续使用该企业的产品或者服务。客户的投诉可以让企业更加了解产品或者服务的差距 | 首先建立完善的客户投诉机制。化解客户抱怨最基本的途径是通过内部建设；其次是建立企业客户抱怨管理系统，最大限度地在企业内部减少负面影响，有利于企业澄清事实 |

| 类型 | 特点 | 处理办法 |
|------|------|----------|
| 非投诉型抱怨 | 客户不会直接向企业表示，但是会选择停止购买该企业的产品或者服务；向其他人传递不满信息 | 非投诉型抱怨通常是不易被察觉的，旅游企业需要对非投诉型客户进行调查。首先确定调查方法和方案，其次根据调查结果进行相关分析，最后有针对性地调整企业的服务 |

资料来源：赵春雨，2012

### 9.1.5　客户价值的管理

客户需求对其对企业的期望有着重要影响，对旅游企业等以服务为导向的、致力于提升客户满意度的企业来说，掌握客户的需求和潜在偏好极其重要。旅游企业及其承包商要及时收集、整理客户相关信息。

客户感知价值是客户满意的基础。对于旅游企业来说，优化客户感知是一项综合的系统工程，需要从多方面努力。首先建立面向客户的敏捷性组织，追踪客户需求，建立动态客户管理数据库，并迅速作出反应。其次提升产品与服务品质，开展增值服务。一方面，根据客户需求推出适销对路的服务外包产品；另一方面，改变被动服务观念，寻求主动，开拓新的客户群。还要从服务方式上进行创新，增加前瞻服务的创新。再者是灌输与培训。把以"市场为导向，以客户为中心"的服务理念根植于员工心中，培养具有客户意识的员工队伍和外包商服务团队。最后通过合理的组织结构、通畅的业务流程来确保客户导向的目标得以实现。

## 9.2　旅游外包企业客户忠诚管理

企业要想不断增加忠诚客户的数量，提升客户忠诚度，就要建立规范的客户忠诚度提升的流程。

### 9.2.1　提供高质量的服务产品

对于旅游企业来说，出色的服务质量、增加服务以及个性化都是有利于提升市场竞争力的基本决定因素，可以为客户创造更多的价值。我国许多业绩突出的服务外包企业的业务，都是通过提供优质的服务以及快速的市场响应为其客户提供优质服务，并且超越客户期望的服务水平，提高了客户的满意度，进而提高了客户的忠诚度。提高产品与服务质量要求各服务外包企业的全体员工共同努力，合理分工，营造一种良好的协作关系，让客户在各个渠道层次上都能满意，相应地提高客户感知价值，实现客户忠诚。

### 9.2.2 树立以客户为中心的理念，对客户进行分类

企业的一切经营活动必须紧紧围绕客户来进行，努力做到使客户在使用产品或享受服务时感到满足并超过本身的期望。企业应向员工灌输"客户是整体"的服务宗旨，把组织结构、人员、系统、资讯科技等很好地结合起来，同时在实际经营中需要充分重视客户的意见，将用户的建议和意见视为提升客户满意度的推动力。服务外包企业要想提高客户的忠诚度，就要充分利用数据库及客户信息管理系统，及时了解包括客户基本情况、个人爱好、对产品的认知程度和需求状况、收入情况及享受服务情况等方面的客户信息，并进行分类、组合及分析，同时针对不同层次客户的特点，提供分类管理与个性化服务，以留住客户。

### 9.2.3 培育外包企业员工忠诚度

服务外包企业的员工与客户在服务过程中互动性很强，员工的工作态度、工作质量直接影响着客户感知的服务质量，很大程度上决定了客户对企业的满意度和忠诚度。

## 9.3 旅游外包企业客户互动管理

随着企业的不断发展及信息、技术的不断提高，企业的客户互动表现出不同的阶段特征，以适应市场的需求。对这部分的管理主要是企业和员工的互动、企业和客户的互动、企业和承包商的互动。

### 9.3.1 旅游企业和内部员工间的互动

在旅游企业将业务外包时，企业应和员工互动，以免员工对外包产生反感，企业内部员工士气下降，对企业的忠诚度降低，造成企业管理难度加大。这要求企业让员工及时获得外包进程、外包商情况、外包业务部门人员安置等信息，增强他们的控制感，并对外包部门的员工进行配置和安抚。在互动过程中企业要承担实施发展战略、实施人才战略（教育引导员工、完善培训体系、建立晋升制度等）、构建沟通渠道等责任。员工要进行个人定位、明确岗位职责、进行主动的学习和创造。

### 9.3.2 企业和客户的互动

企业和客户建立关系互动需要关系基础、关系媒介和关系交往三大要素共同

作用。服务外包企业构建和完善各种可能的互动渠道体系，并在多个互动渠道进行整合的基础上为客户提供服务或解决客户的问题。一般而言，客户只愿意与具备优秀客户互动能力的企业进行接触，成功的客户互动管理可以使企业获得更大的客户份额和更多的营业收入。

### 9.3.3　企业和承包商的互动

企业和承包商的互动涉及共同的目标，对业务的正常运行实施有着重大的影响，及时的互动有利于避免一些不可测风险的发生，利于解决争议，互动有利于企业和承包商合作伙伴关系的确立。

## 9.4　提高顾客感知服务质量，实现顾客价值

旅游企业的业务外包具有自身的特点，在进行外包时，要充分重视顾客的感知价值。从外包服务质量的技术质量、形象质量、功能质量方面入手，提高顾客感知价值。技术质量方面，提高有形产品的质量，对服务人员的技能加以培训，提升员工的服务能力。形象质量方面，提供良好的服务环境和注重员工仪容仪表的整洁端庄。功能质量方面，对提高顾客感知价值具有明显效果。功能质量是顾客在与员工进行接触过程中对员工一系列的行为、态度的评价。因此，旅游企业在进行外包监督的过程中，要加强对现场的服务引导和服务监督，当出现差错时，要作出及时、主动反应，将服务失误对顾客感知服务质量所带来的负面影响降到最低。以此提升顾客的感知价值，提高顾客重复购买率，降低抱怨率，提高顾客忠诚。

# 10　旅游企业业务外包风险管理

通过外包，企业可以充分利用外部资源来优化资源的配置，以便集中有限的资源发展核心业务，从而创造和发掘新的机会。然而，外包给企业带来利益价值的同时，也给企业带来了风险。企业要想获得业务外包的成功，就必须知道有哪些风险存在，以及如何对风险进行识别、评价和规避，从而可以帮助企业的经营管理者作出正确的业务外包决策。

从前面的研究可知在实施外包战略的酒店中，承包商高质量、有保障且稳定的服务水平（89.0%）是选择承包商时考虑得最多的风险因素。研究结论表明信息安全问题和对酒店文化的影响是酒店外包决策中比较担心的外包风险。研究结果显示，"业务外包是否会导致酒店信息安全问题"、"业务外包是否会对酒店文化造成不良影响"的权重分别是 0.0878、0.0746，而且这两项因素在前后两轮调研结果的总排序中都位于前列，这说明信息安全和对酒店文化的影响是酒店十分关注的外包风险，同时它们也是酒店业务外包决策中十分重要的决策影响因素。除了这些风险的存在外，酒店在业务外包的过程中还存在着其他有损企业利益的风险。对旅游企业业务外包可能存在的风险进行识别、分析和判断，在此基础上制定相应的风险管理措施，及时化解企业业务外包决策与实施中的风险，可以使企业的业务外包收益达到最大化。

## 10.1　旅游企业业务外包风险

对业务外包风险及相关概念的定义有助于人们从本质上来理解外包风险，同时也有利于从本质上找到风险产生的原因。在此基础上，有助于帮助外包企业制定有针对性、科学合理的外包风险控制管理策略。

### 10.1.1　业务外包风险的概念

由于在外包的决策与实施中存在许多的不确定因素，对这些不确定因素所造成的风险进行识别和管理就成了学术界和企业界共同关注的问题。由于对风险的识别与认识程度不同，不同的学者从不同的研究角度对风险有着不同的定义域解释。大多数学者在定义风险时都会提到损失程度、发生概率、不确定性等基本要素。实际上，风险是由风险因素、风险事件和损失三者构成的统一体，风险因素引起风险事件发生，风险事件发生导致主体发生损失。关于风险因素与风险事件，风险因素是指引起或增加风险事件发生的机会或加大损失程度的条件，是造成风险发生的间接原因，风险事件是指由于某一风险因素或某些风险因素共同发生作用而使风险主体遭受损失的事件（江小国，2011）。

关于业务外包风险，Aubert（1996）等将业务外包风险定义为不利事件发生造成的损失与不利事件发生概率一起作用的结果。这是从管理学角度对外包风险进行的定义，不仅能综合反应外包风险状况，而且较经济学对风险的定义（将风险视为损失或收益发生的概率分布的变化）更客观合理（徐姝，2004）。

## 10.1.2 旅游企业业务外包风险分析

所谓的风险分析就是利用现有的知识，通过适当的方法、手段去预测未知的事情，并采取相应的措施防范风险的发生。在这一过程中旅游企业要明确风险的主体和客体，分析评估业务外包的风险因素与风险状况，在此基础上制定相应的措施或方法规避这些风险的发生。

旅游企业业务外包有可能会导致企业竞争力丧失、成本上升、对业务失去控制，甚至导致信息的泄漏等风险事件的发生。

### 10.1.2.1 隐藏的服务成本

隐藏的服务成本主要是指旅游企业在业务外包过程中对现有组织的调整成本、与外包商协同运营的成本、对现有资源重新优化配置的成本。酒店、旅行社以及景区的预订和呼叫外包，需要对原有的部门进行调整，即精简机构与工作人员，同时还要组成新的部门对外包商进行管理。隐藏的服务成本就是指对外包商进行管理的人力成本等。隐藏的服务成本与企业外包业务的数量、范围和复杂性有关，外包业务越复杂，对绩效衡量的隐藏服务成本就越高。

### 10.1.2.2 外包商的锁定风险

外包商的锁定风险主要是指外包企业更换承包商的转换成本。在业务外包的过程中，由于环境的变化、信息的不对称、企业之间经营目标的差异，外包企业要更换承包商就需要支付很高的转换成本，使企业在外包中处于被动地位。

### 10.1.2.3 竞争力可能丧失

1）失去控制的风险

外包会使企业对一些产品或服务失去控制。在信息不对称的情况下，当承包商拥有大量企业不了解的信息时，承包商可能采取欺骗的手段，使产品或服务的质量得不到保证,增加了公司正常生产经营的不确定性,企业还可能丧失对业务外包的控制,进而会影响到整个企业业务的发展,造成企业竞争力的丧失。例如,旅行社的导游服务外包,就有可能使旅行社无法控制导游的服务质量,失去对游客服务质量的控制与掌握,在旅游旺季时,由于对导游需求的增加,旅行社也有可能找不到能够带团的导游,进而影响旅行社整个业务的发展。

2)丧失优秀技能的人员

当企业把自己的产品或业务外包给外部专业化的生产组织后,会导致相关技术的和人员的流失,同时也失去了在这一技术领域的发展与创新机会。当承包商不愿意或不能够按照企业的标准生产时,企业由于丧失了进入该领域的人员或技能,就会失去在该领域的竞争力。例如,景区企业或酒店企业将人力资源外包,就会丧失某些具有专业技能的人才。当外包商利用从旅游企业中得到的重要信息,如旅游企业的主要客源,旅游产品的价格等卖给竞争对手时,企业的竞争优势就会面临很大的威胁。

3)减少企业学习和核心竞争力的培养机会

企业业务外包可能只获得了短期的竞争优势,把当前不具有竞争优势的业务外包给其他企业,有可能会使企业失去获得关键技能和构建业务未来核心竞争力的机会,同时也丧失了开发新一代产品的技术和能力,因此,会导致企业竞争力的下降。旅游企业的业务主要是提供无形的服务与产品。顾客购买旅游产品或住宿产品从本质上来说就是购买一种服务、一种体验,优质服务就是旅游企业的核心竞争力。如果旅行社把导游员服务外包,就有可能使旅行社丧失对导游服务培育的机会。由于承包方为了实现自己的最大化利益,往往采用标准化生产,提高效率和降低成本,而这与企业可能实施的差异化战略存在冲突。由于旅游企业产品的特殊性,差异化是旅游企业提高竞争力的重要方式。

### 10. 1. 2. 4　外包业务的服务质量可能下降的风险

旅游企业外包业务服务质量的下降通常表现为服务速度的延迟或减慢,不能达到令顾客和企业满意的服务水平,以及外包业务执行人员技能的降低。这主要是由于外包业务与企业内部业务存在相互依赖性。由于业务之间依赖性的存在,通常会很难确定服务质量的下降是由谁造成的,承包商会因此逃避责任。旅行社和景区企业的导游服务业务外包,就可能导致旅游服务质量的下降。例如,酒店的餐饮外包就有可能由于餐饮服务员的技能低,造成服务的效率和质量下降。

### 10.1.2.5　争议与冲突

1）争议

对业务外包绩效的评价与衡量是引起企业之间争议与法律诉讼的主要原因。争议主要源于衡量标准的不明确，以及企业内在业务与外包业务的相互依赖性。若企业对外包商的服务管理不满意，但由于没有可靠的证据证明是外包商的责任，此时只能通过法律手段来解决争议。旅游企业之间由于外包活动的经验与专长的不足所导致的合约不完善，以及对合约条款理解的差异、变更合约时产生的争议等都会增加企业之间争议与法律诉讼的概率。例如，旅行社对导游服务绩效的评价，当一个旅游团对一次导游服务不满意时，有时也很难说明就是导游员的责任，因为导游在服务的过程中是脱离旅行社的监管视野的。

2）冲突

由于外包商的主要目的是利润最大化。在这种情况下，外包商的经营行为和经营目标就有可能与外包企业的发展目标不一致。同时由于双方企业之间文化的差异也会导致企业发展目标的不同，造成利益的冲突，互利合作的关系就很难实现。例如，我国旅游企业与中国旅游企业之间的业务外包合作就会存在文化的差异与冲突。

### 10.1.2.6　沟通与反馈不畅的风险

由于外包商在企业文化、信息沟通机制、生产能力、管理方式等方面的不同，以及环境的多变性和业务的复杂性，如果企业与外包商不能进行快速有效的沟通，势必对企业的经营运作产生影响。如果外包商不能将外包业务的最新信息及时反馈给企业，会使企业在市场竞争中处于不利地位，进而可能会失去新的市场机会同时也会影响企业核心竞争力的发展与提高。例如，外包的导游员在服务的过程中不将其在带团时发现的游客新的旅游需求告知旅行社，就会使旅行社丧失开发新市场业务的机会。因此，企业与外包商必须保持快速有效的信息沟通与反馈。

### 10.1.2.7　信息安全风险

信息安全风险主要是指由于沟通不畅、信息失真导致外包合作过程中出现信息不对称或信息泄露等事件的发生的可能性。通过对酒店企业的调查得出信息安全是企业在业务外包决策过程中考虑的重要因素之一。企业的私有信息为企业提供在市场上的竞争优势。外包商可能会泄漏企业的经营管理信息。例如，酒店外包预订业务，承包方就有可能泄漏酒店的房价、客源信息、预订量等酒店的核心机密，如果被竞争者发现利用，就会危害酒店的经营管理与运作。

# 10.2　旅游企业业务外包风险的产生因素

对业务外包风险的规避与管理的关键是找到风险产生的原因，在此基础上，才能够找到对外包风险进行防范与控制的有效方法与策略。

## 10.2.1　决策的风险

决策者在业务外包决策时不可能客观全面地关注到所有的细节，从而作出全面理性的合理判断。一是由于决策者个人知识、经验能力的有限，也有可能会使决策者作出一些不合理的决策。旅游企业业务外包的决策者在决策时往往是基于自己的判断，并没有对可能存在的风险进行科学合理的评估，其决策在短期内是正确的，但不能保证决策的长期效用。二是由市场和顾客需求的变化所造成的不确定性。在这种情况下，外包商会采用对自己有利的方式解释合约中不明晰的条款，甚至要求再次谈判协商和修订合约条款。

## 10.2.2　缺少业务外包的专业人才与知识

相比其他行业的业务外包，旅游企业业务外包的发展水平还不高，很多旅游企业都缺乏业务外包的经验和知识：一是缺乏业务外包管理的专业人才，二是缺少有效的业务外包绩效标准和度量评价手段（伍蕾，2011c）。专业的外包管理人才可以有效监管供应商的服务质量，当外包商削减服务时，外包管理人员就可以利用其协调方面的专长及时作出反应，与外包商进行沟通与协调，明确企业业务外包的需求。有效的业务外包绩效评价手段可以减少企业在服务质量、绩效考核等方面的争端，进而减少企业的管理成本。企业所拥有的业务外包经验和知识可以促进外包关系的发展和培育，减少在设备的转换投资、人员的培训等方面引发的过渡与管理成本。相反，如果企业缺乏业务外包的经验和知识，就会导致相关经营风险与成本的增加。

## 10.2.3　业务外包合约不完善

由于市场环境，如产品价格、旅游需求、行业政策等的复杂与多变性。企业不可能获取到与合约相关的所有信息，也不可能预测到所有未来可能发生的事件，从而无法把这些事件讨论清楚写进合约条款。由于企业之间存在信息沟通与传递的障碍，以及对合约条款理解的差异，导致信息不对称的发生。合约的不完善性增加了企业业务外包后的成本。目前我国饭店业务外包合同存有三个方面的问题：一是过多地依靠短期合同来降低风险，二是业务外包合同缺乏柔性，三是合同关注点有失偏颇（伍蕾，2011b）。这些问题的存在增加了合同修订的频率与谈判协商的成本，导致企业业务外包成本的增加。

## 10.2.4　业务外包的资产专用性

外包的资产专用性是指对特定外包关系进行的人力和物力的投资，企业与外包商之间具有很强的相互依赖性。若将这些投资投入其他领域就会产生较高的转换成本。对于旅游企业来说，实行业务外包可能会产生以下几项专用性资产投资。一是企业在设备方面的投资。二是企业为了采用外包商的技术、系统等而进行的投资。三是企业对内部工作人员和外包商人员进行的培训投资。如果企业提前终止外包关系，所作的投资可能变成沉默成本，给企业造成重大的经济损失。由于企业若与新的外包商建立关系还需要进行同样的投资，因而外包商可能将企业的专用性资产作为续约时的一种讨价还价优势。资产的专用性增加了对外包合同执行的监控成本，也可能使企业难于从外包商处获得产品或服务质量的提高。

## 10.2.5　外包商隐藏信息和隐藏行为

由于在业务外包的合作过程中，企业双方的利益与经营目标是不完全相同的，从而会导致信息不对称的发生，因而外包商就会产生隐藏行为和隐藏信息的道德风险。由上一节的研究结果可知，信息的安全问题是企业决策时考虑的重要因素。

1）隐藏信息

由于外包商直接执行外包的业务活动、接触相关的环境，因此，外包商能直接观察到很多外部市场环境的变化。例如，外包的导游员就能直接观察到游客的旅游需求和旅游喜好的变化，以及旅游市场中相关行业环境的变化。外包商可能隐瞒信息、欺骗企业，从而损害企业业务的发展。旅游企业在业务外包后，只能了解到外包效果的好坏，而无法确定是外包商带来的结果还是外部市场环境变化的结果。外包商可以利用隐藏信息的优势将成功归于自己，将失误和低效率的原因归于外部市场环境、游客等。增加了企业对外包收益的控制难度。例如，在外包导游服务过程中，就有可能把失误以及服务质量的下降归于游客。

2）隐藏行为

企业与外包商签订合约后，原来由企业生产的业务将交给合作的外包商进行管理，外包企业将失去对外包的业务内容进行直接控制的权利，也不能得到外包商的直接报告。如果外包双方未在合约中清楚地界定双方的权利与义务，那么企业在业务服务质量、成本的控制、服务提供效率、对服务需求变化的灵活性掌握、企业内部的重要信息、商业秘密以及知识产权等方面都可能存在风险。由于缺少可操作且严格的监控措施导致服务质量的降低，另外由于缺少对外包商的有效激励，在技术进步时，外包商可能抑制对新技术的应用，这样企业就不能利用新技术降低经营管理的成本。例如，旅游企业把预订业务外包，外包企业就有可能出于对自身利益的考虑，不及时更新预订系统软件，采用新的营销预订系统，从而减少旅游企业的顾客数量，进而影响企业的经营效益。

# 10.3　旅游企业业务外包风险控制

　　旅游企业业务外包风险控制与规避就是制定外包风险控制与规避的对策。对业务外包决策中的风险与实施过程中的可能发生的风险进行监控，可以达到风险管理的目标，实现旅游企业业务外包利益的最大化。

　　运用业务外包风险控制策略能在一定程度上降低业务外包过程中的风险使企业决策者更能清楚地了解企业将面临外包风险的实际程度，有助于决策者更加科学合理地进行业务外包决策。针对旅游企业业务外包可能存在的风险事件，本书在综合分析前人研究的基础上，充分考虑旅游企业的行业特性，提出具有针对性的业务外包风险控制策略。

## 10.3.1　潜藏的过渡管理与服务成市风险控制策略

　　1）提高旅游业务外包企业的外包运作与管理水平

　　旅游业务外包企业要加强对业务外包管理与组织运作的学习，可以向成功实施业务外包管理的旅游企业学习。企业还可以聘请业务外包的专家或顾问到企业进行讲座，培训员工和管理者，提高旅游企业业务外包专业水平。

　　2）设立具有灵活性的合约条款

　　为了有效降低外部环境对企业造成的影响，企业应设立具有灵活性的合约条款，以便在特定的时间满足企业特定的需要、改变相关的合约条款及制订解决问题的方案。

　　3）建立有效的合约激励机制

　　企业应在保证自身利益的前提下，与承包商建立相关的合约激励机制，如合约期满后续约、高绩效高回报，促使承包商与企业的经营目标一致，避免由于信息不对称造成的外包商服务质量下降。

　　4）降低任务的复杂性和明确责任

　　一方面，企业可以选择多个承包商，但要明确外包商的责任义务范围。企业可以将整个业务服务流程划分为不同的阶段执行来降低任务的复杂性，这也有利于对外包商进行绩效考核。另一方面，企业应定期就绩效考核与评价的标准与承包商协商，及时更新评价标准，使绩效的评估更为准确，减少不必要的服务成本支出。

## 10.3.2　外包商的锁定风险控制策略

### 1）要求外包商进行相关的投资

当企业就外包业务进行相关专用性投资时，可以要求外包商也进行相关的投资，增加企业与外包商的相互依赖性，这样既可以保证业务外包项目工作的顺利进行，也可以营造良好的合作氛围，建立利益共同体，形成长期合作伙伴。

### 2）分散外包业务合同

由于资产专用性的存在，企业可以将同一外包业务分成等额的业务量，与多个不同的专业性外部组织签订合同。这样就降低了对单一外包商的依赖，同时降低了外包商锁定的风险。企业选择多个外包商，有利于在业务外包项目实施的过程中利用外包商之间的竞争实施相应的监管控制，增强在业务外包关系中的讨价还价能力。

### 3）保持选用外包商的适度动态性

旅游业务外包企业要适当保留与外包业相关的专业技术能力，密切关注业务外包商市场的变化。留意可代替现有外包商的合作者。减少对现有外包商的依赖程度，同时要最大限度地降低外包商的转换成本。

## 10.3.3　竞争力丧失的风险控制策略

### 1）保证企业的信息安全

上一节的调查结果表明：信息安全是旅游企业在业务外包中担心的最重要的影响因素之一。重要商业信息的丢失会严重影响企业业务的发展和企业持续稳定的竞争力。企业可以通过合同机制规定外包商窃取信息行为的具体表现和惩罚措施。虽然加入这些条款会增加企业支付给外包商的成本，但它可以有效降低外包商窃取信息的概率和带给企业的损失。

### 2）优化人力资源的配置

合理的人力资源配置在旅游企业业务外包成功实施的过程中具有重要的作用。成立由熟悉外包业务的专业人员、成本核算以及法律人员组成的有效的企业业务外包管理组织。正确识别企业的核心竞争力，做好业务外包决策和业务外包执行的监督与管理。对业务外包中的相关人员的工作进行重新优化配置。确保与业务外包相关的高技能人员和优秀的管理人员留在企业，最大限度地减少企业优秀人才的流失，同时也能使与外包业务相关的技能和研发创新能力得以留存。业务外包的专业人员可以运用专业知识更有效率地与外包商沟通，使外包商能快速深入地了解企业和外包业务的服务需求。

3）确保企业核心机密和技能不泄露

对与企业核心竞争力紧密相关的外包业务要谨慎对待，以免造成企业核心竞争力的丧失。当企业对外包商有较强的依赖性时，可能导致外包商将从企业获取的重要技能或信息卖给竞争对手，或是外包商利用自身这些技能或信息从而成为企业的竞争对手，这些都会使企业核心竞争力流失。因此，旅游外包企业可以选择与多个具备不同业务专长的企业进行合作，一方面可以享受专业化分工带来的利益，另一方面由于对外包业务的分割降低了外包商获取完整的知识和技能的可能性。

### 10.3.4　业务外包服务质量风险的控制策略

1）正确选择外包商

好的外包商可以使服务质量风险发生的可能性降低。每个外包商都宣称自己是最好的，但企业却很难得到关于外包商真实水平的完整信息。由于信息不对称，旅游业务外包企业可能会面临"逆向选择"问题，即旅游业务外包企业可能会错误地选择专业能力差的外包商。企业可以采取相应的信息甄别措施来验证外包商专业水平的高低，从而作出正确的选择。

2）加强对外包商的监督

加强对外包商的监督管理可以确保外包商按照合同要求完成外包任务。在合同中要明确规定外包商违约确定条件和惩罚措施。同时也要对外包商可能给企业造成的损失进行充分的预测并做好应急处理补救措施。旅行社导游服务外包，除了制定相应的服务规定条款外，还要做好应对导游员服务过程中出现的服务失误的准备，做好服务补救，尽量减少负面事件对旅游企业的影响。另外，旅游企业还可以利用外包商的品牌信誉，通过舆论的监督以及同行业的监督对外包商施加一定的压力，促使外包商保证业务服务质量。

### 10.3.5　争议、冲突与法律诉讼的风险控制策略

1）明确合作企业之间的责任

当旅游企业外包业务复杂，需要与多个外包商合作时，就要明确指定各方企业的责任，建立合作企业之间良好的沟通与协调机制。外包合作企业之间要不定

期召开会议，集中讨论研究外包实施过程中出现的问题，树立互利共赢的合作理念，营造良好的合作氛围，增强外包合作企业之间的信任感，使各方就外包业务的相关问题或看法达成目标一致的战略联盟。

2）制定科学合理的外包绩效评价标准

在企业对业务外包效果不满意，以及内部业务与外包业务的相互关联依赖程度较高时，由于没有明确的证据证明是外包商的责任，往往只有依靠法律的手段来解决争议。因此，需要制定双方都能接受的科学合理的外包绩效衡量标准，减少争议与诉讼的发生。

3）提高旅游企业文化的包容性

由于各旅游企业的企业文化不同，企业在业务外包合作的过程中就会产生文化的冲突。企业在选择外包商时，可以设定一些对外包业务起关键作用且与企业文化相关的指标对各个外包商进行评估，确保外包业务合作企业之间具有一定的相容度，可选用的指标有社会责任意识、创新精神、团队合作意识、服务意识、组织柔性等。通过努力，合作企业之间的文化冲突在一定程度上可以减少甚至是避免。

4）加强外包方的自行协调

当旅游企业需要选择多个外包业务供应商时，可以要求各外包方自行合作，共同制定提交完成企业所需服务的方案，明确各企业的责任。同时设定外包业务的主要负责方，加强外包商内部的协调，减少争议与冲突的发生。

## 10.3.6　沟通与反馈不畅的风险控制策略

1）构建合作企业之间的网络体系

一方面，由于旅游企业的产品很少涉及物流，具有构架网络沟通体系的天然优势。另一方面，业务外包的经营方式具有一定的虚拟程度。因此外包企业之间可以基于现有的网络沟通手段建立更符合企业要求的网络体系。采用现代化的网络沟通信息系统，可以加快企业之间信息的沟通效率，还可以促进企业之间知识的共享、交流与学习。

2）实行跨文化管理

旅游企业的业务外包涉及对不同企业资源的整合，由于文化的差异以及经营目标存在差异而导致企业之间不能有效合作，不能实现资源的最大化效益。实行跨文化管理就要注意以下几个方面：一是要形成目标一致的团队合作文化。二是建立企业之间的相互信任关系。基于社会交换理论，企业之间可以以"报酬和互惠"为基石，建立良好的互惠文化合作氛围，建立旅游外包企业之间真诚互惠的合作关系。三是建立旅游外包企业之间的信息交流与沟通机制，利用相关的信息沟通软件加强对信息的管理与共享，减少信息传递过程中的信息失真。

　　3）建立有效的反馈机制

　　积极鼓励外包商就外包业务实施中出现的新情况、市场顾客的变化等向企业及时作出反馈，同时企业对外包商的反馈要及时作出反应并给予相应的激励，激发外包商反馈工作的积极性。反馈激励机制包括绩效评估、监督管理等。通过反馈也可以加强企业之间知识的交流与学习、建立有效的沟通机制，能够使旅游企业更快地适应顾客的新需求，实现外包效益的最大化。通过反馈还可以及时了解外包商在业务执行过程中的各种行为。

## 10.3.7　建立风险管理信息系统

　　旅游企业建立的外包风险管理系统相当于风险预警机制，当各种风险事件发生时能够迅速作出反应，使出现的问题得到及时有效的解决。同时还要保持信息沟通的顺畅，旅游企业外包风险的管理可以说就是一个信息流控制过程，因为信息是外包合作的基础，有效且无障碍的信息沟通机制是业务外包成功的必要条件。例如，酒店把某些业务外包后，原有的管理者和员工被重新分配，在这种情况下，外包商对外包业务的态度变化会直接影响到顾客对酒店整体形象的认知，若外包业务出现问题，而承包商不及时反馈处理，就会很容易造成顾客满意度的下降，导致顾客减少，甚至失去忠诚的顾客，失去酒店原有的竞争力，因此，旅游企业要建立外包风险管理信息系统。确定系统的使用者，明确使用时需要的详细信息，界定各岗位的职责和各环节控制的内容。与此同时，还要对一些突发事件制定防范措施。

# 第4部分 案例研究

对于旅游企业来讲，业务外包战略的实施是一个长期的过程，对案例的提取需要对某一旅游企业进行长期的跟踪和深度的调研。本部分选择酒店、旅行社和旅游景区三个案例，三个案例都来自于二手资料和对其他学者研究成果的借鉴。

# 11 西安建国饭店业务外包①

## 11.1 西安建国饭店介绍

西安建国饭店建于 1989 年，地处我国西北部金融政治中心、著名的文化古都西安。它位于西安市中心东部，地理位置优越，比邻西安交通大学、第四军医大学等全国著名的高等学府，距咸阳国际机场仅 40 分钟车程，距西安火车站仅10 分钟车程，交通便利。1989 年开业时拥有套房 800 余间，2003 年饭店重新装修，更换内部设施设备并推出西北地区唯一的复式套房 27 套。2008 年首旅集团对其投资进行了五星标准的全面改造装修和增建，现由北京首旅建国酒店管理集团公司管理，于 2009 年 3 月 19 日试营业，目前已成为我国西北地区主要的会议型饭店。

2003 年，西安建国饭店被评为 SA 级绿色饭店，世界饭店金钥匙组织成员，连续 8 年被陕西省旅游局评为最佳饭店。2004 年荣获亚泰（国际）绿色旅游饭店奖。西安建国饭店是中国会议酒店联盟（The Alhance of China Conference Hotel）成员，是联盟会场推荐的主要会员。西安建国饭店以国内外高中端商务散客、会议团队等为主要接待对象，也接待一些国内外高中端旅游散客。西安建国饭店公关部张经理说，饭店会议团队为企业带来的收入，主要为会议、客房、餐饮等方面的收入占饭店总收入的 50% 左右。由此可知，西安建国饭店的核心业务是围绕会议团队的一系列业务。

西安是我国西北地区的金融政治中心，这为西安建国饭店提供了稳定的客源市场，重新装修和增建更新了饭店的会议、客房、娱乐等设施设备，使饭店拥有更加专业的综合服务能力。饭店有专业的会议配套设施以及与饭店会议业务相匹配的客房和餐饮设施，饭店设立了专门的会议部门负责饭店会议的相关工作。这些条件说明西安建国饭店市场定位明确、主题性突出，是典型的会议型饭店。

西安建国饭店是一个典型的高星级专业会议饭店，饭店业务主要是由会展宴会、住宿、餐饮和娱乐四部分组成。会议客人对饭店的要求较高，因此饭店成立了专门的会议策划部门，负责会议前的策划、组织和接待准备工作，会议现场协调和全程专业服务工作及会议的后续服务等工作，并且特别推出"一站式"24

---

① 本章内容参考张利（2010）的相关文献。

小时贴身会议服务。饭店为了合理利用企业资源、降低管理成本、分担经营风险，将企业的一些辅助业务通过外包的方式与外部专业企业合作系。这说明，西安建国饭店业务外包实施成功的重要因素之一就是管理层对业务外包的正确认识，以及对企业业务特点的正确定位和分析。

## 11.2　建国饭店业务外包状况

### 11.2.1　酒店管理系统外包

西安建国饭店引进 OPER 系统，系统包括前台管理系统、销售会议系统、信息管理系统等。企业将系统升级与维护和操作培训进行了外包，使饭店拥有专业的管理系统，饭店的管理及操作更加规范化，提高了工作效率。饭店将客房部清洁业务、洗衣业务外包给专业承包商提供服务，避免企业在非核心业务上的资源浪费。如果这些业务由饭店内部完成，那么必然造成饭店对其非核心业务投入大量的人力物力资源，并且不能保证可以达到专业的水平，既浪费了资源又无法达到专业化的规模效益。

### 11.2.2　餐饮业务外包

作为会议型饭店其餐饮设施是会展能够成功举行的保障，饭店需要与会议规格相匹配的会议宴会餐饮设施。西安建国饭店拥有多样的餐饮设施，包括四季"天下一品"中餐厅、绿荫阁咖啡厅、查理士酒吧等，其中四季"天下一品"中餐厅是通过外包合作的方式由外部餐饮公司管理。将中餐厅外包给外部专业的餐饮管理公司，提升了饭店的餐饮服务质量。外部专业的餐饮管理公司对餐饮市场更加了解，对市场动态反应敏捷，菜单更新得很合理，受到饭店客人的一致好评。饭店通过外包合作降低了管理成本，减少了各方面的资源成本投入。

### 11.2.3　康乐部业务外包

西安建国饭店康乐部完全外包，其中包括 KTV、健身房、棋牌室等。会议客人由于会议原因一般在饭店停留的时间较长，客人对高品质生活质量的追求必然要求饭店提供多样的康乐休闲设施，因此提供丰富专业的康乐休闲设施对提升客人满意度有重要的作用。由于康乐设施多样复杂，如果饭店自己经营必然要投入大量资金，并且项目众多、管理复杂，增加了企业的管理成本。饭店将康乐部通过外包方式转交给外部专业的公司，既可以得到令客人满意的专业化服务又节省了大量的资金。

### 11.2.4 绿化和 IT 服务外包

西安建国饭店将绿化业务、IT 业务（饭店网络系统的维护和升级）外包，委托外部专业的公司承包管理。绿化公司为建国饭店营造了迷人的景观和舒适的环境，提升了饭店的整体品位，提高了顾客的满意度。IT 公司的专业技术服务确保了会议的顺利进行，满足了客人对畅通的网络的需求，降低了顾客的投诉，提高了顾客的忠诚度。

## 11.3 建国饭店业务外包成功经验

由以上的案例分析可以看出西安建国饭店的业务外包运用是成功的，为我国会议型饭店今后进行业务的实施提供了很多宝贵经验。分析其成功的原因，主要有以下几个方面。

### 11.3.1 饭店管理层外包决策的科学性和正确性

业务外包成功的首要因素是西安建国饭店对自身的市场定位和业务特点有明确的认识，对饭店进行了科学的分析，确定了自身核心业务优势，为后续业务外包项目选择指明了方向。其次，饭店对外包目的明确认识，对整体业务进行了全面的分析，以减少管理成本、节约内部资源、降低经营风险和提高企业综合实力为目的，依据交易成本理论和核心竞争力理论的相关原理，将企业有限资源专注于核心业务，即会展业务，将饭店一些非核心业务，如客房部的清洁和洗衣业务、餐饮部中餐厅、康乐部等业务进行外包。因此，西安建国饭店能够成功地实施业务外包的前提就是采用科学、正确的外包决策，从而避免进入盲目的外包决策误区。

### 11.3.2 谨慎选择外包商

目前外包服务市场已具有一定的规模，但规范性差，外包商的能力平水良莠不齐，挑选到合适的专业外包商是非常重要的。西安建国饭店在挑选外包商时非常谨慎，外包商的服务品质、企业信誉、品牌知名度、企业文化等都是其挑选外包商的重要指标。外包商的专业性、信誉度、服务品质都会直接影响饭店的整体服务质量，因此在选择外包商时谨慎考虑各方面因素，对外包商的详细调查都是必不可少的，一个好的外包合作伙伴会提升饭店的美誉度，对饭店的贡献不仅仅体现在经济效益上，还体现在社会效益上。

### 11.3.3　清晰明确的合同条款

由于存在有限理性、市场信息不完全性，因此外包合同中一定要有明确的权责界定、清晰的条款规定，这有利于确保在外包过程中双方的利益不受损害。西安建国饭店非常注重合同条款，既明确规定了外包的业务服务范围和内容，也对服务应达到的水平作出明确的规定，有效避免了在外包过程中出现投机行为。

### 11.3.4　合理的激励机制

依据委托代理理论的相关原理，为了有效防止在外包过程中出现外包商消极经营的现象，西安建国饭店建立了合理的激励监督机制，使外包商感受到自身与饭店的密切联系以及饭店的重视，提高了外包商的工作积极性，起到了有效的激励作用。

### 11.3.5　良好的沟通

良好的沟通是关系管理的重点，沟通包括内部沟通和外部沟通，内部沟通是指与员工的沟通，外部沟通是指与外包商的沟通。西安建国饭店首先做好内部员工的沟通工作，将外包的对企业的重要性以及外包对企业和员工的影响传达给企业的员工，使员工对外包有一个正确的态度，树立与外包企业的合作意识，为外包的顺利进行排除了内部阻力。其次建立与外包商的合作伙伴关系，明确双方达到共赢的目的，给予外包伙伴充分的信任。

### 11.3.6　建立支持和控制系统

饭店的业务外包并不是简单地将业务完全交由外部企业来完成而自己不闻不问。外包商需要饭店的支持，协调各方面的业务才能更好发挥自身的优势，外包企业作为饭店的一部分，饭店应给予应有的支持，协调各业务之间的关系，重视企业文化的兼容。由于业务外包存在一定的风险性，因此饭店要做好防范和控制。西安建国饭店对风险和协作高度重视，建立了健全完善的控制支持系统，将外包风险降到最低。

综上所述，西安建国饭店管理层的重视、科学谨慎的决策、组织的支持协调是其外包成功的前提。在外包实施过程中，通过谨慎选择外包合作伙伴、签订权责明晰的外包合同、加强与外包商的沟通和管理，同时运用合理的激励、惩罚措施等方法，使外包业务取得了良好的效益，进一步提高了饭店的竞争力，使西安建国饭店取得很好的经济收益和社会效益，提升了饭店的知名度和美誉度。

# 11.4 案例总结

从对西安建国饭店的分析中可以看出，外包是会议型饭店提升核心竞争力、合理利用资源、降低经营风险、减少企业管理成本的有效途径。西安建国饭店市场定位明确，突出了自己的主题，在整个饭店外包的过程中始终将自己的核心会展业务作为饭店的经营重心。西安建国饭店进行了企业分析，设立专门的会议部门，针对会议业务提出"一站式"24 小时贴身会议服务，这是西安建国饭店的竞争优势。饭店通过对其他非核心业务的分析，选择适合的业务进行外包，从而达到了提升核心竞争力的目的。从西安建国饭店的成功经验可知，企业要明确自身的市场定位和业务特点，在外包过程中树立正确的外包决策思想，重视外包商的选择，签订完善的外包合同，建立健全的支持和控制系统，重视关系管理等细节问题才能成功地实施外包并达到预期的效果。

# 12  CITS 服务外包案例分析

## 12.1  CITS 介绍

中国国际旅行社总社有限公司简称"国旅"——CITS，成立于 1954 年，1984 年从原来归口外事部门的事业单位转为独立经营、自负盈亏的大型旅游企业。目前国旅已与世界上 100 多个国家和地区的 1000 多家旅行社建立了业务合作关系，并在美国、日本、澳大利亚、法国、瑞典、丹麦、中国香港、中国澳门等国家和地区设立了 14 家境外公司，有 1400 余家稳定的合作企业、150 多家子公司和联合经营企业，是中国旅行业名副其实的龙头企业，也是中国 500 强企业中唯一的旅游企业。

## 12.2  国旅呼叫中心外包状况

旅游业的蓬勃发展使国内外各大旅行社之间的竞争日趋激烈，服务质量和效率成为影响各旅游企业声誉和经济效益的关键。中国国际旅行社总社有限公司（简称"国旅"——CITS）借助计算机、网络、现代通信、多媒体等丰富的信息技术手段，整合内部资源，提升业务处理能力，建成了以呼叫中心为业务处理核心的中国国旅客户服务中心。2010 年，该社 43 家境内外企业实现税后净利润 5856 万元，同比增长 121%，利润总额 7847 万元，同比增长 131%。国旅为什么能以如此惊人的速度增长，关键在于其服务外包战略的成功。

"CITS"已成为国内外驰名商标。早在 20 世纪 80 年代，"呼叫中心"（Callcenter）作为电信企业、航空公司、商业银行与用户交互联系的一种经营模式就风靡欧美。它每天 24 小时不间断地为客户提供各类服务，传递信息及时，解决问题快捷，有柜台服务无可比拟的效率。进入 21 世纪后，通信技术与计算机技术应用整合后出现了综合信息服务系统影响了国旅，他们找到了国内最早致力于呼叫中心系统研发的公司——合力金桥软件公司（HOLLYCRM），共同打造多功能的呼叫中心。HOLLYCRM 的解决方案具有 CTI（计算机电信集成）技术与 CRM（客户关系管理）理念完美融合的优势，使国旅呼叫中心不再仅仅是一个客户服务部门，而是通过多媒体互动渠道，形成了"服务请求，业务处理，主动服务"的闭环 CRM 流程管理。

## 12.3 CITS "呼叫中心" 通过技术服务外包提高竞争力

2005 年 10 月，国旅电子商务三位一体平台成功运行，客户只需拨打 "010-85118522" 或者 "4006008888"，就可获得多项便利优质的服务，包括境内外旅游咨询、酒店机票预订、旅游产品咨询、订单受理与确认、订单查询及客户关怀服务等。国旅客户服务中心可以在第一时间解决客人的问题，满足客人需求，实现了在线业务系统的集成，前台、后台的数据共享和处理。完整的信息流转体系使国旅总社内部信息达到高度一致性和高效性，大大提升了国旅的综合竞争力。

### 12.3.1 业务创收能力

呼叫中心建成后，国旅客户服务中心咨询和预订业务扩展为酒店、机票、出境线路、国内线路、国际铁路联运、火车票、国际游轮、长江三峡游船、签证等多种旅游产品。国旅客服中心 50 个座席采用 IVR 自动语音导航，工作时间 24 小时不间断，电话呼入成功率和系统稳定性大为提高，业务创收能力迅速提升。

### 12.3.2 市场应变能力

呼叫中心将以前的传统预订业务流程实现信息化整合，信息流转速度大大加快，保证了国旅总社开发出的符合市场需求产品快速投放市场，并得到第一手反馈信息，使得国旅能够根据市场需求的变化及时调整企业经营战略，在激烈的旅行社行业市场竞争中取得竞争优势，获得更多的市场客源。

### 12.3.3 优质服务能力

呼叫中心系统支持多种语言，为国内外客户提供便捷的服务；系统能保留业务流程中每一个环节的录音，对座席代表的服务质量有据可查，优化了运营管理机制，凸显了竞争优势。通过对座席代表业务流程处理的保留，有效规避座席代表发生服务失误时推卸责任情况的发生，同时也能为处理纠纷提供明晰的证据。

## 12.4 HOLLYCRM 承接国旅呼叫中心技术服务外包的效应

通过建立国旅呼叫中心，HOLLYCRM 的技术服务能力进一步提升。

### 12.4.1 信息咨询功能

呼叫中心座席代表能为客户查询各类旅游产品、咨询旅游信息，并作出及时的反馈；满足了旅游者对各类旅游信息的需求，以快速、高效、便捷的服务赢得了市场旅游者的信赖。

### 12.4.2　订单处理功能

实现旅游订单的实时生成、查询和状态修改统一，使呼叫中心系统与国旅在线业务系统有机整合，以服务平台的先进性，保障客户服务的优质和高效。同时也方便了工作人员的及时操作，提高了工作人员的工作效率，降低了旅游企业的人力资源成本。

### 12.4.3　投诉处理功能

实现客户投诉和建议处理，座席代表可分类受理，并能按照系统工作流引擎定义的工作流程派发到对应的责任部门，保证了准确性和高质量服务。这样就清晰地定义了各个部门的工作职责和工作内容，避免了部门之间因为工作职能的不清晰相互推卸责任造成的服务效率下降。这样做不仅提高工作效率，同时也能为旅游者提供更好的服务，从而吸引更多的旅游者。

### 12.4.4　电话录音功能

全程记录客户与座席代表的通话，能在业务纠纷发生时提供有力的客观依据，使客户服务有据可查，服务更加公正、透明。通过电话录音也保证了座席代表的服务质量，防止座席代表因为监督的缺失，把自己造成的失误推卸给旅游者，为可能发生的纠纷事件提供了证明材料，有利于防范服务质量风险的发生。

### 12.4.5　传真应用功能

可实现客户发送传真的自动接收，支持人工在线派发和处理；座席代表可将一定格式的电子文档通过呼叫中心系统在线发送传真——无纸传真，降低了运营成本；同时，系统可记录所有传真，使座席代表掌握对客户的服务过程，提升服务水平。同时也有利于防范服务过程中风险的发生，通过系统的记录也有利于对相关纠纷的解决。

### 12.4.6　外拨应用功能

实现客户回访、订单确认、订单取消、业务通知和满意度调查等，支持主动服务、人工问卷调查和系统自动外拨预览式问卷调查，改变了纸质形式的调查方式，大大提高了工作和管理效率，同时由于印刷费用的减少，也降低了企业的经营成本。通过在线的及时客户调查，可以使国旅快速掌握市场客户的消费变化，及时研发新的产品，提供新的服务来满足旅游者的需求。通过满意度调查可以使国旅及时掌握工作人员的服务质量、产品中出现的问题，及时作出调整进行补救，提高旅游者的满意度，获取更多的客户资源。

### 12.4.7 国旅的外包业务进一步拓展

呼叫中心技术服务外包使国旅尝到了甜头，为追求更优的管理模式和改进业务流程，2011 年前后，国旅又与思科系统（中国）网络技术有限公司（CISCO）通力合作，应用最新 IP 呼叫中心（IPCC）和自动语音系统（CVP）解决方案，实现了对中国国旅旅游预订中心"400-600-8888"的扩容升级，使其能够为全球客户提供更加有效和专业的"7×24 小时"旅游咨询和预订服务。国旅总社在此次扩容建设中，进一步优化了网络架构，完成了基于全 IP 网络结构的呼叫中心平台部署。凭借这一领先的技术平台，国旅呼叫中心座席可与总社和各地分社专家座席实时远程联络，实现前后台高度协作；同时支持呼叫中心南方、华东分中心的快速部署，为建立全国统一的标准化旅游预订服务体系奠定了平台基础，显著提升了服务效率和服务质量，系统运营与维护成本大幅降低。国旅认识到，现代服务业的运作理念与先进的网络技术手段是打造中国旅游业龙头企业的法宝。

## 12.5 国旅呼叫中心技术服务业务外包双赢的经验和启示

呼叫中心的发展经历了热线电话、交互式语音应答（IVR）、计算机电话/电信集成（CTI）、多媒体呼叫（MCC）等阶段，体现了信息服务现代化的发展趋势。国旅与 HOLLYCRM 和 CISCO 的合作创造了服务外包的新鲜的经验，提高了自身的核心竞争力，也给人们以下启示。

### 12.5.1 服务业务外包是企业适应客户需求和管理升级的战略选择

现代呼叫中心使传统的以商品为中心的商业服务模式转移为以用户为中心，其优势十分显著。一是无地域限制。它不仅突破了企业扩大经营规模需要增加营业网点，成本不断提高的制约，而且需求双方均不需要外出，摆脱了营业地和居住地服务的限制。二是无时间限制。呼叫中心采取主动语音应答设备后，即使座席代表下班也能为顾客提供 24 小时的全天候服务。三是个性化服务。呼叫中心可根据主叫号码或被叫号码提取相关信息传送到座席终端，使服务更为周到和有针对性。四是信息记载。包括客户基本信息、以往电话记录、已解决和尚未解决的信息，便于客户衔接和信息转移，实现智能呼叫。它成为企业适应客户需求和发展客户关系的战略武器。国旅正是利用这个战略武器，构筑通向用户的桥梁，提高客户的满意度和忠诚度，树立起良好的企业形象，实现管理水平的升级。

## 12.5.2　服务业务外包实现企业内部服务流程的标准化

呼叫中心依靠先进的信息技术支撑，从电话接入开始，系统进入闭环服务流程控制，不会出现由于人为的因素导致对客户服务的遗漏或者中断。呼叫中心后台的应用软件实现了企业对工作人员、客户信息、产品质量投诉信息的管理，实现了客户服务的自动化。同时，呼叫中心促使企业转变观念，加强内部管理，提高工作效率，实现了经济效益与社会效益的完美统一。国旅呼叫中心的建立，使各个工作人员和部门的职责划分更加明确，精简不必要、不合理的岗位，服务人员的工作量可以通过各种统计数字得到量化，并随时提供监督警示功能。而对于用户来说，可以更加明确地知道什么问题应该找谁解决，减少了中间环节。呼叫中心使国旅服务流程走向标准化，与企业高附加值活动结合在一起，带来了更大的市场和利润空间。

## 12.5.3　服务业务外包节约企业运营成本，创造新的商业机会

呼叫中心集中受理客户的请求，大大降低了运营成本。国外的一项调查显示：企业进行面对面的会议方式交流，平均成本为 150 美元；采用营业厅方式交流，平均交流成本为 12 美元。采用人工话务方式进行交流，平均交流成本为 6 美元；采用人工话务员和 CTI 技术结合的方式交流，成本为 3 美元；采用自动语音应答方式进行交流，成本为 0.5 美元。可以看出，现代呼叫中心的交流成本是最低的。国旅的实践说明，作为一种新兴的信息服务形式，呼叫中心不仅具有先进、安全、可靠的特点，而且节约营运成本，贴近大众，扩大了客户群体，是拓展信息服务市场，创造商业机会的金钥匙。

## 12.5.4　服务业务外包为承接商赢得良好的声誉和市场

从服务外包承接商的角度看，良好的服务能增加自身利润，赢得良好的声誉。HOLLYCRM 的 HollyC6 呼叫中心解决方案获"中国信息产业 2005 年度优秀解决方案"，2006 年荣获"大学生最满意的诚信招聘雇主"100 强。如今思科公司又成为国旅呼叫中心升级的承接商，该公司本来就是公认的全球网络互联解决方案的领先者，用户遍及电信、金融、零售等行业以及政府部门和教育机构等，企业品牌在世界企业品牌实验室（World Brand Lab）编制的 2006 年度《世界品牌 500 强》排行榜中位列第 4，在世界企业竞争力实验室编制的 2006 年《中国 100 最佳雇主排行榜》位列第 56，在《巴伦周刊》公布的 2006 年度全球 100

家大公司受尊重度排行榜中名列第 30，年收入从 1990 年的 6900 万美元上升到 2010 年的 400 亿美元。自 1994 年进入中国市场以来，思科公司设立了 18 个业务分支机构，并在上海建立了一个大型研发中心，在中国的员工超过 3000 人，分别从事销售、客户支持和服务、研发、业务流程运营和 IT 服务外包、融资及制造等工作领域。思科公司承接国旅呼叫中心升级服务外包，意味着在中国旅游业市场将张开腾飞的翅膀。

### 12.5.5　服务业务外包是 ITO 模式的创新与发展

呼叫中心技术服务外包实际上是信息技术外包（ITO）的一种，因为 ITO 为企业带来的好处是多种的，企业有充分的选择余地。目前 ITO 主要类型有四种：一是根据外包程度分为整体外包和选择性外包，前者指将 IT 职能的 80% 或更多外包给外包商，后者指外包数量少于整体的 80%；二是根据外包关系分为市场关系型外包、中间关系型外包和伙伴关系型三种外包；三是根据外包战略意图分为信息系统改进（IS improvement）、业务提升（business impact）和商业开发（commercial exploitation）三种类型；四是根据价值中心的方法分为成本中心型、服务中心型、投资中心型和利润中心型外包。国旅与 HOLLYCRM 和 CISCO 的合作的模式既有伙伴关系型的特点，又更具有转型外包的特色，是 ITO 模式的创新与发展。

## 12.6　案 例 总 结

在中国，目前已有越来越多的旅游企业采用呼叫中心技术服务外包来提升自身的综合实力，尤其是在线旅游企业，如携程、青芒果、艺龙等，而国旅率先走出了一条属于自己的道路。国旅经过慎重的考虑，把不具有竞争优势的非核心业务呼叫中心外包，并且正确选择外包商，双方通过合作实现了共赢。在外包业务的执行过程中还注重风险事件的防范，明确业务执行过程中的负责人，每个人的工作职责，这样也能很好地规避服务质量问题的发生。通过业务外包建立了完整的信息流转体系，从而使国旅总社内部信息达到高度一致性和高效性，大大提升了国旅的综合竞争力。国旅通过外包提高自己在市场上的竞争力，获得更多旅游者的信赖，扩大市场客源，并且促进了其他业务的发展壮大。得益于业务外包带来的良好绩效，国旅获得了巨大的经济效益，而外包商在执行外包业务的过程中也提高了自己的业务技术水平和呼叫服务水平，产生明显的技术、知识溢出，提高了外包商在市场上的竞争力。

# 13　深圳华侨城旅游度假区人力资源外包[①]

## 13.1　华侨城度假区介绍

深圳华侨城位于深圳南山区深圳湾畔，面积 4.8 平方公里。1985 年 8 月，党中央和国务院，批准在深圳沙河农场设立华侨城，作为引进华侨资金、技术和人才的经济开发区，占地约 5.6 平方公里。在 20 多年的时间里，华侨城以"规划科学合理，功能配套齐全，城区环境优美，风尚高尚文明，管理规范先进"为规划、建设和管理的目标，紧扣中国旅游发展的主题，坚持自主创新，逐渐建成一个风景优美的现代海滨城区，实现从单体主题公园产品到综合配套旅游社区的转变。如今的深圳华侨城已经发展成为一个以主题公园为主体，集酒店、文化设施、体育场所、旅游院校、旅行社等旅游服务配套设施于一体的旅游度假区，也是深圳的一张城市名片，被誉为深圳湾畔的一颗"明珠"。

锦绣中华、中国民俗文化村、世界之窗、欢乐谷四大主题公园组成了全国最大的主题公园群，在中国旅游业中独树一帜地实现了文化艺术、表演艺术与旅游的完美结合；"侨城锦绣"被深圳市选为"深圳八景"之一，为深圳旅游平添异彩。1999 年以来，华侨城旅游度假区先后被评为"全国文明风景旅游区"、首批"国家 5A 级旅游景区"，被国家旅游局领导称为中国文化旅游的"一面旗帜"。截至 2008 年年底，华侨城旅游度假区累计接待游客已达 1.32 亿人次，成为中国旅游业第一品牌。在深圳华侨城旅游度假区 20 多年的发展历程中，一直非常重视人力资源管理的作用，这从华侨城的企业理念和精神上可见一斑。

华侨城的企业理念和精神是"人本、坚定、卓越"，其中，对"人本"的阐释是："优秀的员工队伍是企业的最大财富，他们是传递与实现我们承诺的品牌大使。在华侨城的广阔平台上，每一个员工都能够得到充分发展，而随着员工素质的不断提升，也成就了华侨城品牌的卓越影响力。"对"坚定"的阐释是："华侨城今天的成就源于起步时的无比的决心与坚强的毅力。面对任何挑战与障碍，我们团结一心并努力不懈。正是凭着这种坚定的意志力，我们才能走到今天，它将带领我们实现更高、更远的目标。"由此可见，华侨城将人力资源的重要性，已经提升到企业生存与发展、实现卓越的关键因素的高度。华侨城总裁任克雷在

---

[①]　本章参考陈攀（2010）的相关文献。

总结华侨城改革三十年的十条经验时说："华侨城的品牌与文化，以及华侨城的团队是华侨城集团最宝贵的两笔财富。"

# 13.2 深圳华侨城旅游度假区的人力资源外包

作为发展成熟、配套设施齐全的大型综合性景区，华侨城旅游度假区的人力资源管理工作是非常庞大的。据统计，光是度假区的员工就有 11 000 多个，而且，这些员工来自不同民族、不同国家，如民俗文化村等景区就汇聚了 30 多个民族的员工，各酒店也有很多外籍员工。华侨城旅游度假区有效管理这些员工，打造团结一致、踏实精干的团队的有力武器之一就是人力资源外包。

## 13.2.1 人力资源外包的内容

2000 年，在世纪之交，面对外资企业和民营企业日趋白热化的竞争，如何实现可持续发展成为华侨城旅游度假区面临的巨大挑战。决策者认为，能否在制度层面上构筑起自己的竞争优势，将决定企业的发展命运；而要制定出一个有效力的制度，要借助"外脑"，自此，华侨城旅游度假区开始了进行人力资源外包的历程。华侨城旅游度假区外包的主要人力资源管理活动包括以下几点。

### 13.2.1.1 人力资源战略规划的制定与改进

2000 年 8 月，华侨城聘请全球第二大管理顾问公司美国科尔尼（Atkearney）公司进行管理咨询，提出著名的"科尔尼方案"。在这一方案中，科尔尼公司拟订了华侨城旅游度假区发展战略目标的改进方案；2007 年 1 月，华侨城与国际著名管理咨询公司合益（Hay Group）合作，启动"关键人才规划项目"，并成功建立起"关键人才规划体系"。

### 13.2.1.2 人力资源管理信息系统（E-HR）的建立

为把 HR 部门工作人员从原来复杂的、繁琐的劳动中解放出来，实现 HR 部门的战略转型，2001 年，经过深思熟虑和多方考察，华侨城旅游度假区的决策者引入人力资源管理软件，并成功投入使用。

### 13.2.1.3 高级人才任职资格（人才甄选标准）设计、绩效考核制度设计

在"关键人才规划项目"进行过程中，合益项目小组借鉴世界 500 强企业的通行做法，通过实施人才测评，对高管职业发展作出评估与分析；然后，进一步扩大高管人员素质测评范围，逐步完善关键人才结构；在领导人才选拔和培养方

面，通过高管访谈、优秀经理人 BEI 访谈及大量的网上测评等手段，建立高管领导力素质模型，为华侨城旅游度假区的领导人才选拔、培养、绩效评估和职业发展规划提供重要依据。

### 13.2.1.4　薪酬体系设计

在与科尔尼公司的第一次合作中，华侨城旅游度假区就在科尔尼公司的指导下成立了薪酬管理委员会；由合益公司所完成的"关键人才规划项目"中，又进一步对度假区跨地域跨行业高管人员的薪酬体系建设进行优化设计。华侨城旅游度假区的人力资源外包是在决策层力主创新、寻求人力资源价值提升的过程中逐渐发展起来的。

## 13.2.2　人力资源外包的模式

华侨城旅游度假区在进行人力资源外包时将 ASP 模式和 CPA 模式相结合。

### 13.2.2.1　ASP 模式

华侨城旅游度假区规模大，员工人数众多，且民族背景、素质和技能水平都不同，管理起来难度可想而知。起初，人力资源部也深陷复杂、繁琐的日常工作。例如，需要靠手工重复收集信息，忙于为员工办理各种手续，无法有更多的时间和精力从事更高层次的 HR 工作。但是，从现代人力资源管理的理念来讲，人力资源部门应该是一个"参谋"部门，通过收集、掌握组织员工及其动态的详细信息，为战略决策提供支持。为此，华侨城旅游度假区的决策者决定购买人力资源管理软件，于 2001 年成功引入 E-HR 系统。

### 13.2.2.2　CPA 模式

为提高度假区的人力资源管理水平，促进人力资源管理与国际接轨，华侨城旅游度假区先后与中国人民大学，以及科尔尼、合益等国际著名管理咨询公司合作，为景区人力资源管理出谋划策。中国人民大学是华侨城旅游度假区的第一个合作者。2000 年 1 月，华侨城管理层聘请中国人民大学专家团编写出台了"华侨城宪章"，作为企业的"根本大法"，一时轰动业界。它强调，"以人为本"理念，提出人力资源是"第一资源"，为后续人力资源管理水平的飞跃奠定了基调；2000 年 8 月，华侨城第一次与科尔尼公司合作，提出著名的"科尔尼方案"；同时成立了薪酬管理委员会等，增强战略管理能力；2006 年，华侨城再次聘请科尔尼公司进行管理咨询，希望能在战略管理、人力资源管理等方面更上一层楼。科尔尼公司提交了"科尔尼 2006 创新管理模式方案"，对高级管理人才选拔、培养和跨地域跨行业高管人员薪酬体系建设、关键管理流程调整等问题进行了探索；2007 年 1 月，华侨城又与合益公司合作，启动"关键人才规划项目"，希望引入国际企业最佳实践做法，完善现有的人才管理体系和框架，解决面临的高管人员合理调配、高管职业发展及关键人才体系化管理等问题。

## 13.2.3　人力资源外包的风险防范

为降低经营风险，华侨城在风险防范方面尤为注意，采取了一系列有效措施。

### 13.2.3.1　实行关键流程重组，优化度假区的管理结构

2000 年的"科尔尼方案"提出，华侨城旅游度假区应该对区内各主题公园进行全面整合，在这一方案的指导下，华侨城旅游度假区以迪斯尼的组织结构为借鉴，对锦绣中华、中国民俗文化村、世界之窗、欢乐谷四大主题公园进行了全面整合，制定统一的发展战略，发挥协同效益；在这一做法取得巨大成功之后，2006 年的"科尔尼创新方案"进一步对度假区的关键管理流程调整进行探讨，提出以"旅游"和"房地产"为核心业务，优化度假区管理结构。这些都为人力资源外包的顺利实施提供了良好的内部环境。

### 13.2.3.2　以信誉、实力为标准选择承包商

科尔尼、合益都是国际著名的管理咨询公司，拥有高素质的专业人员队伍、广泛的资源和丰富深远的经验，为多家企业提供过卓有成效的服务。事实也证明，选择这些讲信誉、有实力的外包服务商是明智的选择，既保证了人力资源外包服务的高质量，又没有因商业机密问题造成损失。在服务商提供服务的过程中，华侨城也注意与其充分沟通、配合。例如，在与合益公司合作进行"关键人才规划"项目的过程中，华侨城就与合益充分磋商，配合其对 400 名员工进行测评，向其提供尽量充分的信息，这大大增加了项目成果的有效性。

### 13.2.3.3　建立基础的风险管理预警体系

华侨城在董事会下设战略委员会、审计委员会、薪酬与考核委员会等机构，对战略决策、财务情况、员工薪酬和考核等重大事项进行随时监控；此外，将内部管理、业务流程、信息系统等带来的运营风险，和重大协议与合同的履行带来的法律风险等列入经营管理风险范畴，进行识别分析，随时对其保持警惕。在风险管理策略上，华侨城确定了风险管理职能部门，对风险关键管理和业务流程进行梳理，初步建立起风险预警机制，并在业务部门和管理层开展风险管理文化的

培育。在风险理念方面，华侨城并未奢求"零风险经营"，而是将风险既视为损失的可能，也视为盈利的机会，沉着应对、积极进取，努力化"危"为"机"，对目标风险和非目标风险，分别采取积极管理和主动规避的不同策略，防范损失，把握机会，创造价值。这些都为人力资源外包的低风险实施提供了保障。

## 13.3　深圳华侨城旅游度假区人力资源外包效益

### 13.3.1　人力资源部门得到"解放"

人力资源管理软件的应用，使得人力资源部门的员工从曾经陷入的不起眼的、繁琐的劳动中解脱出来了。管理软件能轻松录入、保存、整理和分析各种数据，很少再需要做重复的工作，HR 员工可以花更多的时间去思考更具有战略意义的人力资源管理问题，而其他员工也从中得到了便利。例如，高层管理者可以在任何地方通过互联网进入系统，随时查阅与企业人力资源相关的信息，更好地决策；中层管理者可以借助系统轻松了解下属员工工作情况，更客观地进行绩效考评，从而参与到人力资源管理工作；对于普通员工而言，请假、休假、加班等可以通过预设审批程序轻松快速完成，还可及时查阅掌握自己的薪资福利信息，提出培训申请，等等，这极大地提高了人力资源管理的效率。对度假区人力资源管理部门员工的访谈发现，引入 E-HR 之后，员工的心态变得更加积极，对工作的满意度更高。目前，华侨城旅游度假区 300 多人的人力资源队伍，管理着区内 11 000 多名员工，并为全球其他地区下属企业的 15 000 名员工提供指导，若不借助人力资源外包是难以达到这一水平的。

### 13.3.2　人力资源管理制度得以规范和完善

华侨城旅游度假区是一个以主题公园为主体，集酒店、文化设施、体育场所、旅游院校、旅行社等旅游服务配套设施于一体的旅游度假区，区内各下属企业的行业跨度非常大，且之前各有各的管理方法。例如，每家公司都有自己的薪酬、考核体系，这使得人力资源部门既要兼顾各个子公司的特点，又要兼顾各个产业的特点，需要在多个领域进行"多边作战"，工作量巨大效果却不理想。在实行人力资源外包之后，在 E-HR 系统的整合连接下，度假区各子公司、各部门被强制联系到一起，各种人力资源信息也得以真正全面地收集上来，得到真正利用，人力资源部门的数据分析也更"权威"；此外，在科尔尼公司、合益公司的建议下，度假区进行业务整合，理顺了下属企业的关系，并借鉴国际企业的成功经验完善人才管理体系和框架，对人力资源战略规划、人才选拔标准等进行优化，使得整个度假区的人力资源管理进入了规范、高效、权威的良性轨道。

### 13.3.3　增加了度假区吸引和留住人才的能力

首先，薪酬体系、绩效考核体系、职业生涯发展路径的完善和优化，增加了员工的归属感；其次，在 E-HR 的提醒下，不管度假区有多少员工，人力资源部门都能代表公司对员工进行生日祝福、疾病慰问等，增加了员工的无形福利，提高了员工的满意度。这些都让华侨城成为人才向往、员工满意的雇主。在对度假区员工进行的访谈调查中发现，很多员工都在度假区找到了发挥自己人生价值的舞台，与度假区一同成长。整体来说，华侨城旅游度假区的人力资源外包是比较成功的，外包产生的这些成效也证实了旅游景区人力资源外包对旅游景区而言确实具有积极的作用。

## 13.4　深圳华侨城人力资源外包的不足

整体来说，华侨城旅游度假区的人力资源外包是比较成功的，外包产生的这些成效也证实了旅游景区人力资源外包对旅游景区而言确实具有积极的作用。然而，综观华侨城旅游度假区的人力资源外包，仍然存在不足的地方。

### 13.4.1　对"人力资源外包"的认识不够，没有树立清晰的外包观念

在某种程度上，华侨城旅游度假区引入人力资源管理系统软件、与人力资源外包服务商合作的初衷是提高企业管理水平，并没有明确认识到这是人力资源外包的有效方式，对其实施模式也缺乏系统的认知。在以后的发展中，应该对人力资源外包及其模式形成理论上的清晰而全面的认知，以指导人力资源外包的深入开展，推动人力资源外包向理想的 SCA 模式发展，进一步发挥外包的作用。

### 13.4.2　可以加强 PEO 模式应用，进行一般员工的租赁

华侨城旅游度假区员工数量庞大，员工薪酬支付也占人力资源成本的很大一部分。在今后的管理中，可以考虑将保安、保洁、绿化等技术含量不高的基层岗位以及一部分表演人员采用租赁的方式，灵活用工制度，以降低人力成本。

## 13.5　案 例 总 结

随着国内外旅游市场的竞争日益激烈，要想在激烈的市场竞争中获得持续的竞争优势，旅游景区及其经营管理者就要不断改进经营管理方式，采用新的管理

技术和管理方法，这也是提升旅游景区在市场上竞争力的根本出路，随着人力资源外包市场的不断发展与成熟，在旅游景区的转型升级和体制改革过程中，人力资源外包会有广阔的应用空间。但为保证人力资源业务外包的实施效果达到企业的期望，旅游景区必须要有风险防范意识。在人力资源外包实施的过程中，旅游景区还应积极推进企业自身的体制改革与转变，优化组织功能结构；谨慎选择外包业务服务商，建立有效的沟通机制，与外包商进行全面的沟通；要强化对外包业务服务供应商的控制，就要建立外包全程监控机制；仔细考虑合约条款，与外包服务商签订完善的合同。

# 参 考 文 献

白长虹，廖伟．2001．基于顾客感知价值的顾客满意研究．南开学报，6（6）：86-90．

曹航．2007．资源业务外包的形成与演进机理研究．复旦大学博士学位论文．

常艳新．2011．基于企业生命周期理论的酒店业务外包决策研究．浙江工商大学硕士学位论文．

陈菲．2005．服务外包动因机制分析及发展趋势预测：美国服务外包的验证．中国工业经济，6：67-73．

陈菊红，袁丽红．2010.TPL 企业 IT 战略的分类及其影响研究．科技管理研究，15：93-96．

陈攀，2010．旅游景区人力资源外包研究．湘潭大学硕士学位论文．

崔南方，怀劲梅．2006．综合 EVA 与 BSC 的外包绩效评估指标体系．物流技术，4：26-28．

代强，何云景，李哲．2010．基于顾客感知价值提升企业核心竞争力的研究．科技和产业，7：79-82．

邓奕辉．2012．企业业务外包战略研究．延安大学硕士学位论文．

杜荣，艾时钟，厉敏，Abbott P. 2012．信息系统外包绩效影响因素实证研究．信息资源管理学报，1：19-25．

范蓓，田彩云．2012．旅游服务外包的理论建构研究．旅游科学，2：29-39．

范秀成．1999．服务质量管理：交互过程与交互质量．南开管理评论，1（9）：8-12．

韩小坚．2002．浅析上海酒店业资源外包现状．中外酒店，1（1）：5．

赫斯克特 J L．2005．服务利润链．王兆刚译．北京：机械工业出版社．

胡强．2010．导游服务外包对提升旅行社竞争力的作用．南京旅游学会．

黄春香．2014-09-28．营销外包，突破景区营销困境的捷径．中国旅游学报，6．

黄宜，董毅明，王艳伟．2008．基于结构方程模型的企业业务流程外包绩效评价研究．科技与管理，2：18-22．

计春阳．2010．企业 IT 治理能力与 IT 外包绩效关系实证研究．经济管理，2：138-143．

简兆权，王广发．2010．广州服务外包发展的动因及影响因素分析．科技管理研究，（19）：214-218．

江小国．2011．企业业务外包决策体系与方法研究．安徽：安徽人民出版社．

姜灵敏．2010．企业服务外包的动力及风险因素分析．科技管理研究，19：224-227．

焦丽娜．2008．顾客感知价值的维度及其影响的实证研究．无锡商业职业技术学院学报，3：4-7．

金辉，杨帆．2001．企业，你外包了吗？北京：中国时代经济出版社．

克莱珀 R，琼斯 W．2003．信息技术、系统与服务的外包．杨波，等译．北京：电子工业出版社．

孔兵．2000．网站系统外包服务．计算机与网络，z1：25．

李华焰，马士华．2001．供应链企业外包战略选择模型研究．决策借鉴，14（4）：12-16．

李满，安国山．2008．顾客感知价值与感知质量、品牌形象、顾客体验的关系简析．生产力研究，22：149，150.

李莹，路世昌.2009.企业 IT 服务外包绩效指标研究.产业与科技论坛，7：136-138.

李元旭，黄平.2010.社会交换理论视角下国际服务外包企业间信任本质.求索，9：5-7.

梁峰.2010.服务外包对我国传统旅游价值链的影响及对策研究.特区经济，5：159，160.

林剑.2007.品牌权益，服务质量和顾客价值的关系研究.浙江大学硕士学位论文.

刘杰.2010.基于企业服务质量的顾客感知价值研究.燕山大学硕士学位论文.

刘景江.2003.网络时代的外包模式.中国工业经济，11：21-26.

刘涛.2006.中国饭店业务外包运作优化研究.青岛大学硕士学位论文.

鲁琨，高强.2009.创新、服务质量与绩效：B2C 电子商务业实证研究.科学学研究，7：
　　1110-1120.

马达凯.2009.服务外包战略决策.北京：化学工业出版社.

马士华，林勇.2010.供应链管理.第三版.北京：机械工业出版社.

那英续.2012.浅谈酒店业务外包管理.知识经济，22：103.

宁泽群.2005.旅游经济、产业与政策.北京：中国旅游出版社.

邵金菊，姜丽花，刘冬林.2011.服务外包：经济效应和影响因素研究.杭州：浙江大学出版
　　社.

舒奋，袁平.2012.我国政府公共服务外包绩效影响因素的实证研究.浙江社会科学，8：
　　40-45.

斯密 A.2011.国富论.谢宗林，李华夏译.北京：中央编译出版社.

宋丹霞.2009.基于服务外包的生产性服务供应链构建与绩效评价研究.华中科技大学博士学
　　位论文.

宋福丽.2010.经济型酒店顾客感知价值影响因素分析：以杭州市为例.浙江旅游职业学院学
　　报，1：23-29.

宋立.2008.新形势下旅游饭店服务系统的战略型规划及创新式发展：以国内专业型外包管理
　　模式为例.商场现代化，6：76.

宋丽丽.2008.跨国公司服务外包研究：东道国和承接方视角.复旦大学博士学位论文.

唐辉亮.2007.逆向物流外包绩效评价指标的设计与运用.中国乡镇企业会计，8：26，27.

田新华.2009.企业人力资源管理外包研究.厦门大学博士学位论文.

万世鑫.2009.物流外包的制造型企业绩效评价指标体系研究.西安科技大学硕士学位论文.

王海萍.2007.中小企业外包物流绩效评估的路径分析.中小企业科技，10：158，159.

王建军.2006.业务外包决策模型研究.大连理工大学博士学位论文.

王君正，吴贵生.2007.我国旅游企业创新对绩效影响的实证研究：以云南旅游业为例.科研
　　管理，6：56-65.

王莉.2007.饭店外包业务服务质量控制对策研究.浙江大学硕士学位论文.

王立明，刘丽文.2007.外包的起源、发展及研究现状综述.科学学与科学技术管理，3：
　　151-156.

王琼英.2009.会展业服务外包发展模式研究及前景展望.浙江树人大学学报（人文社会科学
　　版），4：39-42.

王松涛.2009.品牌形象对顾客感知因素的影响：基于我国饭店业的分析.广东商学院学报，4：43-48.

王兴琼.2007.饭店外包理论研究综述.北京第二外国语学院学报，11：46-52.

王永贵.2002.服务质量、顾客满意与顾客价值的关系剖析：基于电信产业的整合框架.武汉理工大学学报（社会科学版），6：579-587.

温碧燕，汪纯孝.2002.服务公平性、顾客服务评估和行为意向的关系研究.中山大学学报（社会科学版），2：109-116.

文雅峰.2011.基于顾客感知价值的企业绩效模型及应用.湖南财政经济学院学报，3：158-160.

吴志方.2010.企业业务外包决策模型研究.东北大学硕士学位论文.

伍华.2001.外包创新模式及管理策略研究.浙江大学硕士学位论文.

伍蕾.2011a.我国饭店业务外包的模式选择与风险规避.华侨大学博士学位论文.

伍蕾.2011b.饭店业务外包模式的选择维度及实证研究.北京第二外国语学院学报，(5)：10.

伍蕾.2011c.国内外饭店业务外包研究评述.旅游研究，3（2）：68-74.

伍蕾，郑向敏.2011a.我国饭店业务外包的模式划分.上海商学院学报，1：84-90.

伍蕾，郑向敏.2011b.资产专用性对我国饭店业务外包的影响及实证研究.重庆理工大学学报：社会科学，25（1）：72-77.

徐姝.2004.企业业务外包战略运作体系与方法研究.中南大学博士学位论文.

徐姝.2006.企业业务外包绩效影响因素分析.技术经济，4：97,98.

徐姝，胡明铭.2007.企业IT外包绩效影响因素的实证研究.统计与决策，21：100-102.

徐姝，胡明铭.2008.企业IT外包绩效评价体系设计.统计与决策，(16)：181,182.

颜澄.2005.影响饭店选择餐饮外包经营的因素研究.商业研究，17：35-38.

杨文丽.2002.构建中国星级酒店竞争优势的途径：业务外包.旅游科学，3：1.

姚建明，刘丽文.2011.企业物流服务组织模式与决策动因的对应分析.当代经济管理，33（1）：29-33.

叶宗造.2011.基于顾客感知价值的农家茶庄氛围研究.浙江大学硕士学位论文.

佚名.2014-09-28.旅行社网络推广服务外包或成趋势效果是关键.http：//ec.iresearch.cn/reservation/20100730/120567.shtml.

袁洋.2011.基于ACO-PPA的制造企业物流外包绩效评价研究.河北工程大学硕士学位论文.

曾明星，薛莹.2007.旅游景区人力资源外包管理研究.中国民族建筑研究会、中国旅游协会旅游景区分会.中国名村名镇保护与旅游发展高峰论坛论文集.中国民族建筑研究会、中国旅游协会旅游景区分会.北京，9.

张利.2010.会议型饭店的业务外包运用研究.东北财经大学硕士学位论文.

张莉.2011.我国经济型酒店业务外包决策研究.中国政法大学硕士学位论文.

赵春雨，王艳红.2012.服务外包企业客户关系管理.北京：化学工业出版社.

赵建彬.2006.顾客感知的服务质量与顾客价值关系的研究.江西财经大学硕士学位论文.

周丹.2010.整车制造企业对物流服务外包的绩效评价研究.重庆大学硕士学位论文.

周丽虹 . 2010. 业务外包与企业绩效：基于外包网络的关系嵌入性和动态能力视角的实证研究 . 暨南大学博士学位论文 .

周志娟，金国婷 . 2009. 社会交换理论综述 . 中国商界（下半月），1：281.

朱元恩 . 2013. 发展我国旅游纪念品外包业务的思考 . 长江大学学报（自科版），23：31-33.

祝招玲，谷松 . 2011. 酒店业务外包决策风险控制策略研究 . 长春大学学报，7：27-29.

Alexander M，David Y. 1996. Strategic outsourcing. Long Range Planning，29（1）：116-119.

Alner M. 2001. The effects of outsourcing on information security. Information Systems Security，10（2）：1-9.

Anderson T W. 1980. Correction to "Estimating Linear Restrictions on Regression Coefficients for Multivariate Normal Distributions" . The Annals of Statistics，8（6）：1400.

Arnold U. 2000. New dimensions of outsourcing：a combination of transaction cost economics and the core competencies concept. European Journal of Purchasing and Supply Management，6（1）：23-29.

Aubert B，Rivard S，Party M. 1996. Atransaction cost approach to outsourcing behavior：Some empirical evidence. Information and management，30：51-64.

Babakus E，Yavas U，Karatepe O M，et al. 2003. The Effect of Management Commitment to Service Quality on Employees' Affective and Performance Outcomes. Journal of the Academy of Marketing Science，31（3）：272-286.

Baldwing L P，Irani Z，Love P. 2001. Outsourcing information systems：drawing lessons from a banking case study. European Journal of Information Systems，10（1）：15-24.

Barney J. 1991. Firm resources and sustained competitive advantage. Journal of management，17（1）：99-120.

Bettis R A，Bradley S P，Hamel G. 1992. Outsourcing and industrial decline. The Executive，6（1）：7-22.

Bolton R N，Drew J H. 1991. A multistage model of customers' assessments of service quality and value. Journal of Consumer Research，17（4）：375-384.

Bush A A，Tiwana A，Tsuji H. 2008. An empirical investigation of the drivers of software outsourcing decisions in Japanese organizations. Information and Software Technology，50（6）：499，510.

Bustinza O F，Arias-Aranda D，Gutierrez L. 2010. Outsourcing，Competitive Capabilities and Performance：an Empirical Study in Service Firms. International Journal of Production Economics，126（2）：276-288.

Chen Y，Dubey P，Sen D. 2011. Outsourcing induced by strategic competition. International Journal of Industrial Organization，29（4）：484-492.

Coase R H. 1937. The Nature of the Firm. Economica，4（16）：386-405.

Cronin J J，Brady M K，Hult G T M. 2000. Assessing the Effects of Quality，Value，and Customer Satisfaction on Consumer Behavioral Intentions in Service Environments. Journal of Retailing，76（2）：193-218.

Dabholkar P A, Thorpe D I, Rentz J O. 1996. A measure of service quality for retail stores: scale development and validation. Journal of the Academy of Marketing Science, 24 (1): 3-16.

Daugherty P J, Stank T P, Rogers D S. 1996. Third-party logistics service providers: purchasers' perceptions. Journal of Supply Chain Management, 32 (2): 23-29.

David J T, Gary P, Shuen A. 1997. Dynamic capabilities and strategic management. Strategic Management Journal, 18 (7): 509-533.

David L, Michael A H. 1995. Strategic restructuring and outsourcing: the effect of mergers and acquisitions and lbos on building firm skills and capabilities. Journal of Management, 21 (5): 835-859.

Dibbern J, Goles T, Hirschheim R, et al. 2004. Information systems outsourcing: a survey and analysis of the literature. The Data Base for Advances in Information Systems, 35 (4): 6-102.

Donada C, Nogatchewsky G. 2009. Emotions in outsourcing, an empirical study in the hotel industry. International Journal of Hospitality Management, 28 (3): 367-373.

Espino-Rodríguez T F, Gil-Padilla A M. 2005. Determinants of information systems outsourcing in hotels from the resource-based view: an empirical study. International Journal of Tourism Research, 7 (1): 35-47.

Espino-Rodríguez T F, Lai P, Baum T. 2008. Asset specificity in make or buy decisions for service operations: an empirical application in the Scottish hotel sector. International Journal of Service Industry Management, 19 (1): 111-133.

Espino-Rodríguez T F, Padrón-Robaina V. 2004. Outsourcing and its impact on operational objectives and performance: a study of hotels in the Canary Islands. International Journal of Hospitality Management, 23 (3): 287-306.

Espino-Rodríguez T F, Padrón-Robaina V. 2005. A resource-based view of outsourcing and its implications for organizational performance in the hotel sector. Tourism Management, 26 (5): 707-721.

Gewald H, Dibbern J. 2009. Risks and benefits of business process outsourcing: a study of transaction services in the German banking industry. Information and Management, 46 (4): 249-257.

Gilley K M, Rasheed A. 2000. Making more by doing less: an analysis of outsourcing and its effects on firm performance. Journal of Management, 26 (4): 763-790.

Gilley K M. 2002. Human resource outsourcing and organizational performance. Journal of Business Research, 5740 (9): 1-9.

Gonzalez R, Gasco J, Llopis J. 2005. Information systems outsourcing reasons in the largest Spanish firms. International Journal of Information Management, 25 (2): 117-136.

Goodstein J, Boeker W, Stephan J. 1996. Professional interests and strategic flexibility: a political perspective on organizational contracting. Strategic Management Journal, 17 (7):

577-586.

Gottfredson M，Puryear R，Phillips S. 2005. Strategic sourcing. Harvard Business Review，83 (2)：132-139.

Grewal D，Monroe K B，Krishnan R. 1998. The effects of price-comparison advertising on buyers' perceptions of acquisition value，transaction value，and behavioral intentions. The Journal of Marketing，62 (2)：46-59.

Grover V，Cheon M J，Teng J T. 1994. A descriptive study on the outsourcing of information systems functions. Information & Management，27 (1)：33-44.

Grönroos C. 1982. An applied service marketing theory. European Journal of Marketing，16 (7)：30-41.

Grönroos C. 1984. A service quality model and its marketing implications. European Journal of Marketing，18 (4)：36-44.

Grönroos C. 1997. Value-driven relational marketing：from products to resources and competencies. Journal of Marketing Management，13 (5)：407-419.

Grönroos C. 2000. Creating a relationship dialogue：communication，interaction and value. The Marketing Review，1 (1)：5-14.

Gupta U G，Gupta A. 1992. Outsourcing the IS function：is it necessary for your organization? Information Systems Management，9 (3)：44-47.

Hall J A. 2003. Financial performance，CEO compensation，and large-scale information technology outsourcing decisions. Journal of Management Information Systems，22 (1)：193-221.

Hayes D C，Hunton J E，Reck J L. 2000. Information systems outsourcing announcements：investigating the impact on the market value of contract-granting firms. Journal of Information Systems，14 (2)：109-125.

Hemmington N，King C. 2000. Key dimensions of outsourcing hotel food and beverage services. International Journal of Contemporary Hospitality Management，12 (4)：256-261.

Hilmer F，Quinn J. 1994. Strategic outsourcing. Sloan Management Review，35 (4)：43-55.

Hsu C C，Wu C H，Peng K L. 2005. Exploring Constructs and Indicators Influencing Information System Outsourcing Performance in Taiwan's Market. International Conference on Service Systems and Service Management，85-90.

Hätönen J，Eriksson T. 2009. 30+ years of research and practice of outsourcing-exploring the past and anticipating the future. Journal of International Management，15 (2)：142-155.

Insinga R C，Werle M J. 2000. Linking outsourcing to business strategy. The Academy of Management Executive，14 (4)：58-70.

Jagdish N S，Bruce I N，Gross B L. 1991. Why we buy what we buy：a theory of consumption values. Journal of Business Research，22 (2)：159-170.

Jeffrey H D，Harbir S. 1998. The relational view：cooperative strategy and sources of interorganizational competitive advantage. Academy of ManagementReview, 23 (4): 660-679.

Jillian C S, Geoffrey N S R. 2001. Consumer perceived value: the development of a multiple item scale. Journal of Retailing, 77 (2): 203-220.

Johnsion B. 1995. The determinants of service quality: satisfiers and dissatisfiers. International Journal of Service Industry Management, 6 (5): 53-71.

Kakabadse A, Kakabadse N. 2000. Sourcing: new face to economies of scale and the emergence of new organizational forms. Knowledge and Process Management, 7 (2): 107-118.

Khan M. 2003. Ecoserv: Ecotourists' Quality Expectations. Annals of Tourism Research, 30 (1): 109-124.

Kotabe M, Michael J M, Murray J Y. 2008. Outsourcing, performance, and the role of e-commerce: a dynamic perspective. Industrial Marketing Management, 37 (1): 37-45.

Kremic T, Tukel O I, Rom W O. 2006. Outsourcing decision support: a survey of benefits, risks, and decision factors. Supply Chain Management: An International Journal, 11 (6): 467-482.

Kroes J R, Ghosh S. 2010. Outsourcing congruence with competitive priorities: impact on supply chain and firm performance. Journal of Operations Management, 28 (2): 124-143.

Kung C Y. 2006. Using fuzzy sets and grey decision-making to construct the performance evaluation model of firm's outsourcing management-a case study of avionics manufacturer in Taiwan. Quality and Quantity, 40 (4): 577-593.

Lacity M C, Hirschheim R. 2012. The information systems outsourcing bandwagon. Sloan management review, 34.

Lacity M C, et al. 1996. An empirical investigation of information technology sourcing practices: lessons from experience. MIS Quarterly, 22 (3): 363-408.

Lacity M C, Hirschheim R. 1993. The information systems outsourcing bandwagon. Sloan Management Review, 35 (1): 73-86.

Lacity M C, Khan S A, Willcocks L P. 2009. A review of the IT outsourcing literature: insights for practice. The Journal of Strategic Information Systems, 18 (3): 130-146.

Lam T, Han M X. 2005. A study of outsourcing strategy: a case involving the hotel industry in Shanghai, China. International Journal of Hospitality Management, 24 (1): 41-56.

Lamminmaki D. 2011. An examination of factors motivating hotel outsourcing. International Journal of Hospitality Management, 30 (4): 963-973.

Lapierre J. 2000. Customer-perceived value in industrial contexts. Journal of Business & Industrial Marketing, 15 (2): 122-145.

Lee J N. 2001. The impact of knowledge sharing, organizational capability and partnership quality on is outsourcing success. Information & Management, 38 (5): 323-335.

Lehtinen U, Lentinen J R. 1982. Service Quality: A Study of Quality Dimensions. Unpublished Working Paper, Helsinki: Service Management Instituted.

Loh L，Venkatraman N. 1992. Diffusion of information technology outsourcing: influence sources and the Kodak effect. Information Systems Research，3（4）：334-358.

Lufrano J，Sofronis P，Birnbaum H K，et al. 1996. Strategic outsourcing. Long Range Planning，29（1）：116-119.

Mary T H，Thomas O T. 2004. A quantitative exploration of communication's role in determining the governance of manufacturer-retailer relationships. Industrial Marketing Management，33（6）：539-548.

Mcfarlan F W，Nolan R L. 1995. How to manage an IT outsourcing alliance. Sloan Management Review，36（2）：9-23.

Mojsilović A，Ray B，Lawrence R，et al. 2007. A logistic regression framework for information technology outsourcing lifecycle management. Computers and Operations Research，34（12）：3609-3627.

Mol M J，Van Tulder R J，Beije P R. 2005. Antecedents and performance consequences of international outsourcing. International Business Review，14（5）：599-617.

Murry J Y，Kotabe M. 1999. Sourcing strategies of us service companies: a modified transaction-cost analysis. Strategic Management Journal，20（9）：791-809.

Parasuraman A，Valarie A Z，Berry L L. 1985. A conceptual model of service quality and its implications for future research. The Journal of Marketing，49（4）：41-50.

Parasuraman A，Zeithaml V A，Berry L L. 1988. Servqual. Journal of Retailing，64（1）：12-37.

Parasuramman A. 1997. Reflections on gaining competitive advantage through customer value. Journal of the Academy of Marketing Science，25（2）：154-161.

Peteraf M A. 1993. The cornerstones of competitive advantage: a resource-based view. Strategic Management Journal，14（3）：179-191.

Petrick J F. 2002. Development of a multi-dimensional scale for measuring the perceived value of a service. Journal of Leisure Research，34（2）：119-134.

Poppo L，Zenger T. 1998. Testing alternative theories of the firm: transaction cost，knowledge-based，and measurement explanations for make-or-buy decisions in information services. Strategic Management Journal，19（9）：853-877.

Prahalad C K，Hamel G. 1990. The core competence of the corporation. Harvard Business Review，3：79-91.

Qyinn J B. 1992. The intelligent enterprise a new paradigm. The Executive，6（4）：48-63.

Quinn J B. 1999. Strategic outsourcing: leveraging knowledge capabilities. Sloan Management Review，40（4）：9-21.

Quinn J B. 2000. Outsourcing innovation: the new engine of growth. Sloan management review，41（4）：13-28.

Ravald A，Grönroos C. 1996. The value concept and relationship marketing. European Journal of Marketing，30（2）：19-30.

Roy V，Aubert A B. 2002. Resources-based analysis of outsourcing. ACM SIGMIS Database，2 (33)：29-40.

Rust R T，Zahorik A J，Keiningham T L. 1995. Return on quality（roq）：making service quality financially accountable. The Journal of Marketing，59（2）：58.

Skjoett-Larsen T. 2000. Third party logistics-from an interorganizational point of view. International Journal of Physical Distribution & Logistics Management，30（2）：112-127.

Smith J B，Colgate M. 2007. Customer value creation：a practical framework. The Journal of Marketing Theory and Practice，15（1）：7-23.

Smith M A，Mitra S，Narasimhan S. 1998. Information systems outsourcing：a study of pre-event firm characteristics. Journal of Management Information Systems，15（2）：61-93.

Sweeney J C，Soutar G N. 2001. Consumer perceived value：the development of a multiple item scale. Journal of Retailing，77（2）：203-220.

Tamer B，Ozgur Y. 2009. The relationship between outsourcing and organizational performance：is it myth or reality for the hotel sector? International Journal of Contemporary Hospitality Management，21（1）：7-23.

Theoharakis V，Hooley G. 2003. Organizational resources enabling service responsiveness：evidence from Greece. Industrial Marketing Management，32（8）：695-702.

Tomas F，Espino R，Vlctor P R. 2004. Outsourcing and its impact on operational objectives and performance：a study of hotels in the Canary Islands. Hospitality Management，23（3）：287-306.

Tomás F E，Padrón Robaina V. 2005. A resource-based view of outsourcing and its implications for organizational performance in the hotel sector. Tourism Management，26（5）：707-721.

Ulaga W. 2001. Customer value in business markets：an agenda for inquiry. Industrial Marketing Management，30（4）：315-319.

Van Laarhoven P，Berglund M，Peters M. 2000. Third-party logistics in Europe-five years later. International Journal of Physical Distribution & Logistics Management，30（5）：425-442.

Venkatesan R. 1992. Strategic outsourcing：to make or not to make. Harvard Business Review，70（6）：98-107.

Wakefield K L，Barnes J H. 1997. Retailing hedonic consumption：a model of sales promotion of a leisure service. Journal of Retailing，72（4）：409-427.

Wang C Y. 2010. Service quality，perceived value，corporate image，and customer loyalty in the context of varying levels of switching costs. Psychology & Marketing，27（3）：252-262.

Watjatrakul B. 2005. Determinants of IS sourcing decisions：a comparative study of transaction cost theory versus the resource-based view. The Journal of Strategic Information Systems，14（4）：389-415.

Wernerfelt B. 1984. A resourcevbased view of the firm. Strategic management Journal，5（2）：171-180.

Wilding R，Juriado R. 2004. Customer perceptions on logistics outsourcing in the European consumer goods industry. International Journal of Physical Distribution & Logistics Management，34（8）：628-644.

Willcocks L P，Currie W L. 1997. Contracting out information technology in public sector contexts：research and critique. Journal of Management & Organization，3（2）：34-49.

Williamson O E. 1979. Transaction-cost economics：the governance of contractual relations. Journal of law and economics，22（2）：233-261.

Woodruff R B. 1997. Customer value：the next source for competitive advantage. Journal of the Academy of Marketing Science，25（2）：139-153.

Yang D，Kim S，Nam C，et al. 2007. Developing a decision model for business process outsourcing. Computers and Operations Research，34（12）：3769-3778.

Zineldin M，Bredenlöw T. 2003. Strategic alliance：synergies and challenges：a case of strategic outsourcing relationship "SOUR". International Journal of Physical Distribution & Logistics Management，33（5）：449-464.